财智睿读

财政部"十三五"规划教材
"十三五"应用型会计精品系列教材

成本会计
CHENGBEN KUAIJI

姜月运 贺翠芹 主编

中国财经出版传媒集团
经济科学出版社
Economic Science Press

图书在版编目（CIP）数据

成本会计/姜月运，贺翠芹主编. —北京：经济科学出版社，2019.2

"十三五"应用型会计精品系列教材
ISBN 978-7-5218-0239-9

Ⅰ.①成… Ⅱ.①姜…②贺… Ⅲ.①成本会计－高等职业教育－教材 Ⅳ.①F234.2

中国版本图书馆 CIP 数据核字（2019）第 023201 号

责任编辑：范庭赫
责任校对：郑淑艳
责任印制：李 鹏

成 本 会 计

姜月运 贺翠芹 主编

经济科学出版社出版、发行 新华书店经销
社址：北京市海淀区阜成路甲 28 号 邮编：100142
总编部电话：010-88191217 发行部电话：010-88191522
网址：www.esp.com.cn
电子邮件：esp@esp.com.cn
天猫网店：经济科学出版社旗舰店
网址：http://jjkxcbs.tmall.com
北京密兴印刷有限公司印装
787×1092 16 开 17.5 印张 320000 字
2019 年 3 月第 1 版 2019 年 3 月第 1 次印刷
印数：0001—3000 册
ISBN 978-7-5218-0239-9 定价：45.00 元
（图书出现印装问题，本社负责调换。电话：010-88191510）
（版权所有 侵权必究 打击盗版 举报热线：010-88191661
QQ：2242791300 营销中心电话：010-88191537
电子邮箱：dbts@esp.com.cn）

总　序

　　会计是一个信息系统，是一项重要的管理活动。随着经济社会尤其是"两权分离"和资本市场的发展而发展，随着全球经济一体化进程的深入而成为一种世界通用的商业语言。改革开放以来，中国会计改革经历了"接轨、协调、趋同、等效和调整"等不断学习、借鉴和完善的过程，财政部也于2006年发布了包括39项企业会计准则和48项注册会计师审计准则在内的中国会计准则体系，并根据市场经济发展过程中出现的新情况、新问题从2014年开始就部分准则进行了逐步修订。

　　教材建设是会计教育教学的基础，建立一套体系科学、内容新颖、结构合理的会计学系列教材，既是会计改革与发展的要求，也是应用型会计人才培养的需要。济南大学在20世纪80年代就设立了会计学专业，目前已经发展成为"山东省应用型名校工程"重点建设专业、"山东省普通本科高校应用型人才培养专业发展计划重点建设专业"和山东省唯一的"高水平应用型立项建设专业"，具有雄厚的师资队伍和丰富的办学经验，为山东省乃至全国培养了一大批高素质的复合型会计应用人才。

　　山东省是经济文化大省，国有经济成分比重较大，会计教育点多面广，特色比较突出。为了展示山东省各兄弟院校的先进会计教育教学经验，形成符合山东会计教育实际的应用型教材体系，我们组织山东省内大部分院校会计系的一线教师，根据最新会计准则及其研究成果，编撰包括基础会计、中级财务会计（Ⅰ）、中级财务会计（Ⅱ）、高级财务会计、成本会计学、管理会计学、财务管理学、高级财务管理、会计信息系统与财务分析等在内的应用型会计精品系列教材。

本着理论与实务并重、教学与科研结合、国内与国际相通的原则，本套教材力求突出以下特点：

第一，通俗易懂，深入浅出。既注重会计理论的介绍，又注重会计实务的操作，做到用简洁的语言，深入浅出地叙述、说明及解释会计和财务问题。

第二，结构新颖，内容丰富。针对国内外会计准则的新情况、新问题、新成果，着重准则解释，加强案例教学，既保持知识的连续性，又兼顾知识的发展性。

第三，紧扣准则，兼顾惯例。会计是技术性的，也是国家性的，学习会计的目的在于应用，所以必须讲原则和准则；会计是社会性的，也是国际性的，人类社会共性的会计规律应当把握，所以必须讲国际惯例。

第四，强化案例，突出应用。会计人才能否符合经济社会发展的需要，是否适应国家倡导创新创业的要求，培养应用型会计人才是关键。本系列教材在讲清楚会计准则和财务理论的基础上，增加教学案例，加强学生分析、解决会计和财务问题的能力。

"十三五"应用型会计精品系列教材编委会
2017 年 1 月

前 言

应用技术型高校以专业技能教育为主导,是高等教育的重要组成部分,肩负着培养高层次应用技术型人才的重任。应用技术型高校的人才培养目标突出应用性和技术性,培养过程注重理论与实践相结合,研究侧重于应用性创新。构建应用技术型教育体系,发展应用技术型本科教育,已经成为我国经济社会发展的迫切需要。

按照应用技术型本科教育的基本思路,结合工程认证教育"以学生为中心"的思想,我们编写了《成本会计》这本教材,旨在满足财经类专业人才,尤其是成本核算岗财务人才的技能需要。在教材编写过程中,结合企业成本会计实践现状,着重强调了课程的知识目标和能力目标,贯彻了以能力培养为核心的教学理念,注重了学生学习成果的可考核性。突出了以下特色:

第一,及时反映法规动态。本教材内容依据最新会计准则和2016年"营改增"规定,把最新法律法规的内容融入所涉及的章节,及时反映了成本会计的最新发展。

第二,章节和内容安排突出了成本核算与管理的特点。在编排上与已有教材不同,我们遵循了企业的成本管理规律,体现了企业成本管理和成本方法选择的特点。这样,教材的内容更符合企业成本管理的实际,也更有弹性。

第三,注重技能,实用性强。鉴于成本会计是财经类专业的核心课程,与以往教材选择例题选择不同,我们选用真实业务的例题,使学生体会到成本管理的真实场景,有利于企业成本管理知识的掌握。另外,本书配有电子课件、教案、课后习题,方便教学。

第四,内容设计合理。教材编写人员具有多年的成本会计教学经验，为了更好地体现产教结合，我们也邀请企业单位成本会计人员参与了课程内容设计。同时，按照模块化教学设计教材内容，也能够很好地推进项目化教学。

本书由山东交通学院姜月运教授、济南大学贺翠芹副教授主编，山东交通学院马彩凤和孔萍、济南大学刘金惠和陈琳任副主编。执笔具体安排为：第一章（马彩凤）、第二章（孔萍）、第三章（陈琳）、第四章（贺翠芹）、第五章（姜月运）、第六章（贺翠芹）、第七章（刘金惠）。

山东交通学院和济南大学的其他老师对本书也提出了不少中肯的建议，在此一并感谢。

由于编写时间仓促，缺点和错误难免，恳请广大读者指正。

编　者

2018 年 9 月

目 录

第一章　总论 ... 1
　　第一节　成本的经济实质和作用 ... 2
　　第二节　成本会计的发展 ... 5
　　第三节　成本会计的对象和成本对象 ... 11
　　第四节　成本会计的职能和任务 ... 15
　　第五节　成本会计的工作组织 ... 18

第二章　成本费用核算的要求和一般程序 ... 24
　　第一节　成本费用核算的基本要求 ... 24
　　第二节　费用的分类 ... 28
　　第三节　成本费用核算的一般程序和主要账户设置 ... 31

第三章　费用在各种产品以及期间费用之间的归集和分配 ... 38
　　第一节　各项要素费用的分配 ... 39
　　第二节　辅助生产费用的归集和分配 ... 54
　　第三节　制造费用的归集和分配 ... 64
　　第四节　废品损失和停工损失的核算 ... 69
　　第五节　期间费用的核算 ... 73

第四章　生产费用在完工产品与月末在产品之间的分配 ... 79
　　第一节　在产品数量的核算 ... 79
　　第二节　生产费用在完工产品与月末在产品之间的分配方法 ... 85
　　第三节　完工产品成本的结转 ... 100

第五章　产品成本计算的基本方法 …… **104**

　　第一节　成本计算方法概述 …… **104**
　　第二节　产品成本计算的品种法 …… **109**
　　第三节　产品成本计算的分批法 …… **122**
　　第四节　产品成本计算的分步法 …… **128**

第六章　产品成本计算的辅助方法 …… **145**

　　第一节　产品成本计算的分类法 …… **145**
　　第二节　产品成本计算的定额法 …… **158**
　　第三节　标准成本法 …… **174**
　　第四节　各种成本计算方法的实际应用 …… **193**

第七章　成本费用报表的编制与分析 …… **209**

　　第一节　成本费用报表的作用、种类、特点 …… **210**
　　第二节　成本费用报表的编制 …… **214**
　　第三节　成本分析 …… **229**

第一章
总　论

【学习目标】

1. 掌握成本的内涵、成本的经济实质，以及实际工作中的成本开支范围与产品理论成本之间的联系和区别。

2. 了解财务成本和管理成本的含义，明确为什么应该从现行会计制度和企业内部生产经营管理的需要出发来对成本会计的对象进行概括，从而全面、准确地理解和掌握成本会计的对象。

3. 了解成本会计的职能和成本会计任务之间的关系以及成本会计的各项职能之间、各项任务之间的关系；在此基础上，全面、准确地理解和掌握成本会计的职能和各项具体任务。

4. 掌握成本会计应遵循的主要原则；明确成本会计人员的职责和权限，了解成本会计机构的设置和成本会计制度所包括的内容。

【引导案例】

为什么动画片的成本这么高？

电脑动画不了解，传统动画的制作流程所包含的费用有：文字台本（改编自漫画有版权费和作者参与的费用）、造型设计（包括配件、道具，色指定另计）、画面台本（故事板），这是第一阶段。然后画面台本分成前期和后期，导演介入。后期为背景制作，前期为构图（设计稿）、原画、原画誊清（修型，也称作监）、动画、动检、线拍，前期完成。然后将动画线拍稿进行扫描、着色（色指定介入），与背景合成，完成样片，这是第二阶段。最后的样片剪辑完后进行配音、配乐，再和声效合成，加上字幕后进入市场。这还是普通电视片的流程，要求也不会太高，每秒的张数约 16~18 张（标准电影片是 24 张/秒，电视片是 25 张/秒），动作合成和口型合成 2　3 张算一张。一般会将制作长度比原定多 5~10 分钟，以满足剪辑增补的需要。这还没有算上 RE－TAKE，即客户方要求做的修改，有些是从第一阶段的修改，一般分集制作，客户会支付一定的费用，做整集整部的片子，只要不太离谱，都是制作方自己吃进，但员工的支出不会少。其中第一阶段的都是一次性按集支付，第二阶段构图按画幅、原画和作监按尺数或秒数，动画动检按张数（折算方式不同），线拍扫描基本固定工资，但动画业加班普遍，OT 也是支出。然后着色也是计件制，后期最后部分的声画合成牵扯到配音演员、歌曲作者、剪辑师和相应的场地、设备费用等，还有行政和材料的支出，十来分钟一集的动画片几十万元费用是跑不掉的。当初迪士尼制作《狮子王》花了三年时间，第一年一百多个原画到非洲写生，找各自对应的角色，整个团队的花销可想而知；第二年则在工作室里创作，还要把造型和配音演员靠拢（那些配音演员也是大牌，如杰瑞米·艾恩斯、詹姆斯·厄尔·琼斯等），当时的 3 亿美元本土票房说是靠钱堆出来的实不为过。

第一节 成本的经济实质和作用

一、成本的含义

成本作为一个价值范畴，在社会主义市场经济中客观存在。加强成本管理，努力降低成本，无论对提高企业经济效益，还是对提高整个国民经济效益，都是非常重要的。要做好成本管理工作就必须首先从理论上充分认识成本的含义。成本的含义有很多种表述，其中比较有代表性的定义有以下几种：

我国《企业会计制度》对成本的定义：成本是企业为生产产品、提供劳务而发生的各种耗费。

美国会计学会（AAA）在 1951 年的《成本概念与标准委员会报告》中对成本所下的定义为：成本是指为了一定目的而支付的或应支付的用货币测定的价值牺牲。

美国注册会计师协会（AICPA）的所属名词委员会在 1957 年发表的《第 4 号会计名词公报》中，对成本所下的定义为：成本是指为获取资产或劳务而支付的现金或以货币衡量的转移其他资产、发行股票、提供劳务、承诺债务的数额。

美国财务会计准则委员会 1980 年发布的《第 3 号财务会计概念公告》中对成本所下的定义为：成本是指经济活动中发生的价值牺牲，即为了消费、储蓄、交换、生产等所放弃的资源。

马克思在《资本论》中论述：在生产要素上耗费的资本价值 C + V 的等价物或补偿价值即补偿所消耗的生产资料价格和所使用的劳动力价格的部分就是商品的成本价格。

在 1991 年由杨纪琬、娄尔行主编，上海辞书出版社出版的《经济大辞典会计卷》中，对成本的表述为：成本是"取得资产的代价或对象化的费用（或两者兼而有之）。取得固定资产所花的支出形成固定资产成本，对象于产品上的费用为产品成本。典型地指产品成本，其经济内容是已耗费的生产资料转移价值（C）和必要劳动所创造的价值（V）"。

综上所述，成本有广义和狭义之分。广义的成本是指为在生产经营过程中所耗费的生产资料转移的价值和劳动者为自己劳动所创造的价值的货币表现，也就是企业在生产经营中所耗费的资金总和。狭义的成本仅指物质生产部门为制造产品而发生的成本，即产品成本。产品成本是企业在一定时期为生产一定种类和数量合格产品所支出的各种生产费用之和。这里强调一定时期，是因为不同时期发生的费用分属不同时期的产品，只有在本期为生产本产品而发生的费用，才能构成该产品成本。这里强调一定种类和数量，是因为只有具体发生在一定种类和数量的产品上的生产费用，才能构成该产品成本。

二、成本的经济实质

马克思指出，按照资本主义方式生产的每一个商品价值为（W），用公式来表示是 $W = C + V + M$，如果减去剩余价值 M，那么，在商品中剩下的只是一个在生产要素上耗费的资本价值（C+V）的等价物或补偿价值。C+V 只是补偿商品使资本家自身耗费的东西，所以对资本家来说，这就是商品的成本价格。马克思在这里称为商品的"成本价格"的那部分价值，指的就是商品成本。

社会主义市场经济与资本主义市场经济有着本质的区别。二者都是商品经济，但在社会主义市场经济中，企业作为自主经营、自负盈亏的商品生产者和经营者，基本的经营目标就是向社会提供商品，满足社会的需要，同时要以商品的销售收入补偿在商品的生产经营中所支出的各种费用后取得赢利。只有这样，才能使企业以至整个社会得以发展。因此，商品价值、成本、利润等经济范围，在社会主义市场经济中，仍然有其存在的客观必然性。

在社会主义市场经济中，商品的价值仍然由三部分组成：（1）已耗费的生产资料转移的价值（C）；（2）劳动者为自己的劳动所创造的价值（V）；（3）劳动者为社会劳动所创造的价值（M）。从理论上讲，上述的前两部分，即 C+V，是商品价值中的补偿部分，构成商品的理论成本。

综上所述，可以看出马克思关于商品成本的论述是指广义上的成本的含义，是对成本内涵理论上的高度概括。这一理论是指导我们进行成本会计研究的指南，是实际工作中制定成本开支范围、考虑劳动耗费的价值补偿尺度的重要理论依据。但是，社会经济现象是纷繁复杂的，企业在成本核算和成本管理中需要考虑的因素也是多种多样的。因此，理论成本与实际工作中所应用的成本概念有一定的差别。主要表现在以下两个方面：

一是从资金的补偿角度出发，把某些不形成产品价值的支出，如废品损失，季节性、修理期间的停工损失、劳动者为社会所创造的某些价值如提取的职工五险一金，作为生产费用，计入产品成本。

二是基于简化成本核算工作的考虑，大多按时期发生的期间费用，如销售费用、管理费用、财务费用和研发费用，不计入产品成本，而直接计入当期损益。

可见，生产费用不等于产品成本，生产费用是企业在一定时期内的生产耗费。它通常与一定期间相联系，只有具体发生在一定数量的产品上的生产费用，才能构成该产品的成本。它是生产费用的对象化。

由于理论成本大于或小于实际成本，为了加强对成本的管理，防止滥挤成本，国家统一规定了成本开支范围，是以产品成本的实质（$C+V$）为基础同时又考虑了加强企业经济核算的要求。

三、成本的作用

在企业的经营管理过程中，成本具有十分重要的作用，概括起来，主要包括以下四个方面：

1. 成本是产品生产耗费的补偿尺度

成本是企业生产消耗的客观范畴。任何企业要维持起码的简单再生产、保证继续经营企业的必要条件是首先补偿其在生产中发生的耗费。企业是自负盈亏的商品生产者和经营者，其生产耗费是用自身的生产成果，即销售收入来补偿的。成本是企业确定生产经营成果的重要依据，是衡量这一耗费补偿的价值尺度。企业在取得销售收入后，必须把相当于成本的数额划分出来，用以补偿生产经营中的资金耗费。这样，才能维持资金周转按原有规模进行。如果企业不能按照成本来补偿生产耗费，企业资金就会短缺，再生产就不能够按照原有的规模进行。如果这样的企业比较多，势必影响整个社会扩大再生产。因此，企业加强经济核算，讲求经济效益，既是企业自身生存的需要，也是整个社会供求发展的必然要求。

2. 成本是综合反映企业工作质量的综合指标

成本是一项综合性的经济指标。企业经营管理中各方面工作的业绩，都可直接或间接地在成本上反映出来。例如，产品设计是否合理、原材料消耗是否节约、生产工艺的合理程度、固定资产是否充分利用、劳动生产率的高低、产品质量的优劣、产品产量的多少、生产组织是否协调等，都可以通过成本直接或间接地反映出来；再如，通过正确确定和认真执行企业以及企业内部各单位的成本计划指标，可以事先控制成本水平和监督各项费用的日常开支，促使企业及企业内部各单位努力降低各种耗费；又如，通过成本的对比和分析，可能及时发现在物化劳动和活劳动消耗上的节约或浪费情况，以总结经验，找出工作中的薄弱环节，采取措施挖掘潜力，合理地使用人力、物力和财力，从而降低成本，提高经济效益。所以说，成本是综合反映企业工作质量的指标。成本既然是综合反映企业工作质量的指标，就可以通过对成本的计划、控制、监督、考核和分析等来促使企业及企业内部各核算单位加强经济核算，努力加强管理，降低成本，提高经济效益。

3. 成本是制定产品价格的一项重要因素

在商品经济中，产品价格是产品价值的货币表现。产品价格应大体上符合其价值。无论是国家还是企业，在制定产品价格时都应遵循价值规律的基本要求。但在现阶段，人们还不能直接计算产品的价值，而只能计算成本，通过成本间接地、相对地掌握产品的价值。因此，成本就成了制定产品价格的重要因素。当然，产品的定价是一项复杂的工作，应考虑的因素很多。例如，国家的价格政策及其他经济政策、各种产品的比价关系、产品在市场上的供求关系及市场竞争的态势等。所以产品成本只是制定产品价格的一项重要因素。

4. 成本是企业进行生产经营决策的重要依据

努力提高在市场上的竞争能力和经济效益，是社会主义市场经济条件下对企业的客观要求。而要做到这一点，企业首先必须进行正确的生产经营决策。进行生产经营决策，需要考虑的因素很多，成本是其中应考虑的主要因素之一。这是因为在价格等因素一定的前提下，成本的高低直接影响企业盈利的多少，而较低的成本，可以使企业在市场竞争中处于有利地位。

第二节 成本会计的发展

一、成本会计的产生

成本会计是随着商品经济的形成而产生的。生产成本产生于资本主义的简单协作和工场手工业时期，完善于资本主义大机器工业生产阶段。随着资本主义简单协作的发展，引起了工场手工业的产生，工厂在接受顾客订货时需要定价和估算盈亏，便出现了估计成本，进而开始注意积累成本资料，并用统计方法粗略计算和汇总生产中发生的直接费用，对数额不大的间接费用则作为损失处理。这时各种劳动的结合表现为资本的生产力。随着生产力的发展和生产关系的完善，对生产管理提出了新的要求，资本家为了获取更多的剩余价值，对生产过程中的消耗和支出更加注意核算，因此生产成本核算提上议事日程，分批分步骤成本计算模式初步形成并奠定了成本会计的基础，但尚未形成系统、成熟的成本核算体系，因而不是真正意义上的成本会计，被人们称为成本会计的萌芽。

二、成本会计的发展阶段

成本会计随商品经济的发展而发展。20世纪初美国和西方国家的许多企业推行泰勒制度，不仅推动了生产的发展，也促进了管理和成本会计的发展，产生了用于成本控制和分析的标准成本法，使成本会计的职能从成本计算进而扩展到成本控制和分析。第二次世界大战后，科学技术高速发展，生产力水平迅速提高，企业生产经营能力高涨，市场竞争日益激烈，促使企业成本会计不仅要精打细算，还要为降低产品成本而献计献策。

真正意义上的成本会计的产生年代尽管众说纷纭，但大多数学者认为成本会计产生于19世纪中后期，并随着生产的发展而发展，成本会计先后经历了早期成本会计、近代成本会计、现代成本会计和战略成本会计四个阶段。成本会计的方式和理论体系，随着发展阶段的不同而有所不同。

1. 早期成本会计阶段（1880~1920年）

随着英国产业革命完成，用机器代替了手工劳动，用工厂制代替了手工工场，会计人员为了满足企业管理上的需要，起初是在会计账簿之外，用统计的方法来计算成本。此时，成本会计出现了萌芽。从成本会计的方式来看，在早期成本会计阶段，主要是采用分批法或分步法成本会计制度；从成本会计的目的来看，计算产品成本以确定存货成本及销售成本。所以，初创阶段的成本会计也称为记录型成本会计。

2. 近代成本会计阶段（1921~1945年）

19世纪末20世纪初在制造业中发展起来的以泰勒为代表的科学管理，对成本会计的发展产生了深刻的影响。标准成本法的出现使成本计算方法和成本管理方法发生了巨大的变化，成本会计进入了一个新的发展阶段。近代成本会计主要采用标准成本制度和成本预测，为生产过程的成本控制提供条件。

3. 现代成本会计阶段（1945～1980年）

20世纪50年代起，西方国家的社会经济进入了新的发展时期。随着管理现代化，运筹学、系统工程和电子计算机等各种科学技术成就在成本会计中得到广泛应用，从而使成本会计发展到一个新的阶段，即成本会计发展重点已由如何对成本进行事中控制、事后计算和分析转移到如何预测、决策和规划成本，形成了新型的以管理为主的现代成本会计。

4. 战略成本会计阶段（1981年以来）

20世纪80年代以来，随着电脑技术的进步，生产方式的改变，产品生命周期的缩短，以及全球性竞争的加剧，大大改变了产品成本结构与市场竞争模式。成本管理的视角应由单纯的生产经营过程管理和重股东财富，扩展到与顾客需求及利益直接相关的、包括产品设计和产品使用环节的产品生命周期管理，更加关注产品的顾客可察觉价值；同时要求企业更加注重内部组织管理，尽可能地消除各种增加顾客价值的内耗，以获取市场竞争优势。此时，战略相关性成本管理信息已成为成本管理系统不可缺少的部分。

三、成本会计的发展趋势

（一）成本会计发生的变化

成本会计作为会计的一个重要分支，有着同会计一样的基本职能，即反映和监督，从成本会计的产生和发展的历史看，随着生产过程的日趋复杂，生产、经营管理对成本会计不断提出新的要求，成本会计向着更深的层次发展。

1. 成本会计的核算手段和应用技术的不断更新

计算机时代的发展是划时代的发展，计算机应用在会计电算化上已经是成本核算上的一个质的飞跃。目前，很多企业中的手工记账已经被电子记账所取代，再加上企业内部大范围的网络覆盖，实时的数据传输已经成为现实。企业中的办公自动化已经可以达到无纸办公的程度，也能够达到部分无人工的程度，这样企业不但提高了生产能力，又降低了成本，工作质量和效果也明显提高，从而也相应地提高了员工的职业素质和专业素质，完美地完成经营管理方式的转型。

2. 成本会计的应用范围不断扩大

成本会计管理现如今已经不仅是企业重视的热点，在其他行业也越来越受到显著的关注，例如，之前对成本控制重视不足的医院、电子设备生产厂商、航空公司等，现在由于成本控制的作用已经变得不可或缺，社会全行业都将成本会计列为生产经营的重点，这在某种程度上提高了成本会计的受关注度。

3. 成本会计中作业成本法的推广应用

成本会计由于不能适应新局面，因此，在美国，很多会计专家研究出了"作业成本法"并实行了推广，这种推广尤其是在那些竞争激烈和人工成本很低的高新技术企业，得到了广泛的应用。作业成本法在西方之所以流行，是因为作业成本法可更精确地衡量产品的盈利能力，其最大的优势就是可更精确地衡量产品的盈利，提高企业的经济效益。

4. 知识经济带来的冲击

在新的经济环境中，知识超越了传统意义上的资本与劳动力两大生产要素，成为经济发展的第一要素，企业之间竞争的成败因素已不再是资本资源而主要是知识资源。

5. 竞争使管理者更迫切希望得到准确的成本信息

经济全球化的到来和国外跨国企业的进入使国内的众多公司所面临激烈竞争，管理者愈加重视企业的成本核算，更想知道准确的成本信息。

6. 新的制造环境对成本会计的冲击

企业的生产过程中自动化和机器人的广泛应用使企业能够从事产品多样化生产，并解决了产品精致化的要求。当以很低的直接人工去分配很高的制造费用时，就会使会计信息失真，从而导致经营决策失误。

7. 产品生命周期缩短，更需要成本精确计算

技术的飞速发展缩短了产品的生命周期，因此，发现成本计算错误时，公司没有时间做出成本计算调整，迫切需要企业成本计算的正确性。

8. 网络的普及使电子商务日益风行，改变了成本会计核算前提

传统意义上的核算实体已不复存在，由于网络交易的临时性，当某项交易完成后虚拟的交易主体就会解散，在成本计算时将短暂的经营期限再划分为若干会计期间显得没有必要，成本计算方法将发生根本变化。

（二）成本会计发展的新趋势

1. 时间驱动作业法

这个方法的特点就是采用估计的工作时间来计算作业成本，而不是以调查确定的工作时间来计算基础。其做法就是，在实施将一个责任中心的成本分割为若干作业时，放弃追踪而采用估计，这种估计与上述的方法不同。它仅向经理人员进行估测，不是像过去那样，按员

工调查来确定分割比例。

2. 弹性边际成本法

这种方法和前种方法有许多相同之处，不同之处主要在于该方法下的成本中心的划分和成本分配更能反映一个部门的责任，从而有利于加强责任控制。

3. 资源消耗会计法

这种方法的特点就是，它在非金额方面，应用基于量化的产出消耗、因果关系的关联性，将成本对象所消耗的资源成本归于"结集点"；为了与计划数量或标准数量相比，财务与非财务信息相结合，有助于负责业务活动的经营者进行成本管理。

另外，还有适时制生产制度；作业成本法；质量成本。

成本会计将来的发展趋势必然要取代传统的成本法，手工成本会计也必将会被计算机技术所取代，这是成本会计未来发展的必然趋势。尤其是在企业实际财务工作中，对于成本会计在计算机工作中的应用，也极大地提高了其工作效率，对未来会计核算向高效、稳定的方向发展打下了坚实的基础。

四、面对成本会计的发展应采取的解决对策

面对现代成本会计的发展趋势，作业成本法与作业基础管理的兴起，战略成本管理方兴未艾，以及目标成本的推广应用等，我国的成本会计工作者应顺应国际国内市场环境以及企业生产环境的变化，结合国情，引进、吸收、消化各种新的管理理论与方法。

（1）加强成本理论的研究，提高我国成本会计水平。要建立具有中国特色的会计理论研究方法体系，理论研究者必须冲破传统会计观的束缚，解放思想，勇于开拓新的研究领域和研究课题；应本着创新精神、务实态度和严谨作风，深入企业调查研究，同实际工作者密切合作，发现问题，解决问题；广泛开展案例分析，从理论高度提炼成功经验，同时，理论研究应针对我国成本会计实际问题致力于将理论研究成果转化为生产力。在此基础上，讲究实效，建立成本会计理论研究成果的考核、评价和激励机制，充分发挥成本理论研究对成本会计实践的指导作用。

（2）成本会计工作者应更新观念，树立成本效益，成本回避思想，充分发挥成本会计的职能作用。长期以来，我们在评价企业成本工作绩效时，往往把成本作为唯一标准。这在理论上是说不通的，因为成本只表现一定时期内所发生的各种劳动耗费，至于这种耗费效益如何，却不是产品成本指标本身所能反映出来的。所以，成本工作绩效考核应通过投入与产出关系进行评价：一是产出的投入越少越好；

二是投入的产出越多越好；三是投入增长慢于产出增长为好；四是投入减少快于产出减少为好；五是投入下降，产出上升为好。在实践中片面强调降低成本，势必挫伤企业为未来增效而支出某些短期看来高昂但却必要的费用的积极性，从而影响企业技术革新和产品更新换代。所以，为未来增效而正视树立成本效益思想，有利于企业竞争战略的制定。

（3）推进成本会计电算化进程。利用以计算机技术为中心的信息管理手段已成为现代成本会计的一种必然趋势。电子计算机的应用，大大加快了信息反馈速度，增强了业务处理能力，能够及时、准确地进行成本预测、决策和核算，有效地实施成本控制、分析成本。实践证明，实现成本会计电算化是当务之急，是实行新的成本会计方法的技术前提。但是，当前会计电算化应用中还存在以下问题：一是简单地停留在模仿替代手工核算阶段，只能进行事后反映，无法进行科学决策、预测和事中控制；二是企业管理信息系统中，采购、营销、人事、财会等子系统互相分割，尚未形成有机联系的整个企业管理信息系统；三是会计信息系统提供的一般只是财务会计信息，不能充分反映成本会计和管理会计需求的信息。因此，为了推动会计电算化深入发展，必须加快会计电算化从核算型向管理型转变，将会计信息系统有机地融入企业整个管理信息系统，通过电算化的应用，为成本会计和管理会计提供可靠的技术支持。

（4）完善成本会计组织，提高全员成本意识和素质。为了适应现代成本会计的发展，必须完善成本会计的组织，建立和健全成本会计规章制度，实行全方位、全过程、全员管理成本，使决策层和所有部门、单位都重视成本，人人关心成本，提高全员成本意识和素质。对于成本会计人员来说，除了应具备会计职业道德之外，还要懂会计和财务管理，懂经营管理，同时还要熟悉并掌握现代成本会计的理论与方法，学会预测、决策和控制，学会使用电子计算机进行信息处理。

（5）总结完善和推广我国行之有效的成本会计方法。我国企业在长期实践中，积累了许多行之有效的成本会计经验，如编制成本计划阶段的项目测算法，成本指标归口分级管理，包括班组经济核算在内的厂内经济核算制，实际上都是强调"以人为本"，充分调动广大职工管理和控制成本的积极性、创造性，至今仍不失为现代成本会计的有效方法，因此我们要认真总结，将实践经验上升到理论，加以完善。

第三节 成本会计的对象和成本对象

一、成本会计的对象

成本会计的对象是指成本会计反映和监督的内容。明确成本会计的对象，对于确定成本会计的任务、研究和运用成本会计的方法、更好地发挥成本会计在经济管理中的作用，有着重要的意义。从理论上讲，成本所包括的内容，也就是成本会计应该反映和监督的内容。但为了更为详细、具体地了解成本会计的对象，还必须结合企业的具体生产经营过程和现行企业会计制度的有关规定来加以说明。下面以工业企业为例，说明成本会计应反映和监督的内容。

工业企业的基本生产经营活动是生产和销售工业产品。在产品的直接生产过程中，即从原材料投入生产到产成品制成的产品制造过程中，一方面制造出产品来；另一方面要发生各种各样的生产耗费。这一过程中的生产耗费，概括地讲，包括劳动资料与劳动对象等物化劳动耗费和活劳动耗费两大部分。其中房屋、机器设备等作为固定资产的劳动资料，在生产过程中长期发挥作用，直至报废而不改变其实物形态，但其价值则随着固定资产的磨损，通过计提折旧的方式，逐渐地、部分地转移到所制造的产品中去，构成产品生产成本的一部分；原材料等劳动对象，在生产过程中或者被消耗掉，或者改变其实物形态，其价值也随之一次全部地转移到新产品中去，也构成产品生产成本的一部分；生产过程是劳动者借助于劳动工具对劳动对象进行加工、制造产品的过程，通过劳动者对劳动对象的加工，才能改变原有劳动对象的使用价值，并且创造出新的价值来。其中劳动者为自己劳动所创造的那部分价值，则以工资形式支付给劳动者，用于个人消费，因此，这部分工资也构成产品生产成本的一部分。具体来说，在产品的制造过程中发生的各种生产耗费，主要包括原料及主要材料、辅助材料、燃料等的支出，生产单位（如分厂、车间）固定资产的折旧，直接生产人员及生产单位管理人员的工资以及其他一些货币支出等。所有这些支出，就构成了企业在产品制造过程的全部生产费用，而为生产一定种类、一定数量产品而发生的各种生产费用支出的总和就构成了产品的生产成本。上述产品制造过程中各种生产费用的支出和产品生产成本的形成，是成本会计应反映和监督的主要内容。

在产品的销售过程中，企业为销售产品也会发生各种各样的费用支出。例如，应由企业负担的运输费、装卸费、包装费、保险费、展览费、差旅费、广告费，以及为销售本企业商品而专设销售机构的职工工资及福利费、类似工资性质的费用、业务费等。所有这些为销售本企业产品而发生的费用，构成了企业的销售费用。销售费用也是企业在生产经营过程中所发生的一项重要费用，它的支出及归集过程，也应该成为成本会计所反映和监督的内容。

企业的行政管理部门为组织和管理生产经营活动，也会发生各种各样的费用。例如，企业行政管理部门人员的工资、固定资产折旧、工会经费、业务招待费、坏账损失等。这些费用可统称为管理费用。企业的管理费用，也是企业在生产经营过程中所发生的一项重要费用，其支出及归集过程，也应该成为成本会计所反映和监督的内容。

企业为筹集生产经营所需资金等也会发生一些费用。例如，利息净支出、汇兑净损失、金融机构的手续费等。这些费用可统称为财务费用。财务费用亦是企业在生产经营过程中发生的费用，它的支出及归集过程也应该属于成本会计反映和监督的内容。

此外，企业研究与开发其项目的费用。如与研发项目有关的薪酬、材料和劳务设备折旧、其他成本等费用，也是企业成本会计应反映和监督的内容。

上述的销售费用、管理费用、财务费用和研发费用，与产品生产没有直接联系，而是按发生的期间归集，直接计入当期损益的，因此，它们构成了企业的期间费用。

综上所述，可以把工业企业成本会计的对象概括为：工业企业生产经营过程中发生的产品生产成本和期间费用。

商品流通企业、交通运输企业、施工企业、农业企业等其他行业企业的生产经营过程虽然各有其特点，但按照现行企业会计制度的有关规定，从总体上看，它们在生产经营过程中所发生的各种费用，同样是部分形成企业的生产经营业务成本，部分作为期间费用直接计入当期损益。

以上按照现行企业会计制度的有关规定，对成本会计的对象进行了概括性的阐述。但成本会计不仅应该按照现行企业会计制度的有关规定为企业正确确定利润和进行成本管理提供可靠的生产经营业务成本和期间费用信息，而且应该从企业内部经营管理的需要出发，提供多方面的成本信息。例如，为了进行短期的生产经营的预测和决策，应计算变动成本、固定成本、机会成本和差别成本等；为了加强企业内部的成本控制和考核，应计算可控成本和不可控成本；为了进一步提高成本信息的决策相关性，还可以计算作业成本等。

上述按照现行企业会计制度的有关规定所计算的成本（包括生产经营业务成本和期间费用），可称为财务成本，为企业内部经营管理的需要所计算的成本，可称为管理成本。因此，成本会计的对象，总括地说应该包括各行业企业的财务成本和管理成本。

成本会计的对象是指成本会计核算和监督的内容。工业企业成本会计的对象是工业企业在产品制造过程中的生产成本（或制造成本）和期间费用。商品流通企业、交通运输企业、施工企业、农业企业、旅游饮食服务企业等其他行业企业在生产经营过程中所发生的各种费用，部分地形成各该行业企业的生产经营业务成本，部分地作为期间费用直接计入当期损益。

综上所述，成本会计的对象可以概括为：各行业企业生产经营业务的成本和有关期间费用，简称成本、费用。因此，成本会计实际上是成本、费用会计。随着经济的发展与科技进步、企业经营管理要求的提高，成本的概念和内容在不断发展、变化。随着成本概念的发展、变化，成本会计的对象也相应地发展、变化。现代成本会计的对象，应该包括各行业企业生产经营业务成本、有关的期间费用和各种专项成本，如边际成本、机会成本、可控成本、责任成本等。

二、成本的对象

何谓成本对象？成本对象也称"成本计算对象"或称"成本核算对象"，就是指为计算产品成本而确定的生产费用归集和分配的范围，是被计算成本的客体，是生产费用的归属对象和生产耗费的承担者，是计算产品成本的前提。在哲学范畴上，成本核算对象的确定，界定了成本核算的空间范围。成本核算对象是核算成本的主体，也就是说算"谁"的成本，"谁"就是成本核算对象。

成本计算对象是成本计算过程中所归集和分配费用的承担者。对工业企业来说，成本计算对象由成本计算的空间范围、时间范围和成本计算实体三个基本要素所构成。空间范围是指整个企业或一个车间或一个生产阶段，时间范围是指月度等成本计算期，成本计算实体是指产成品或半成品。这些要素的组合形式，取决于企业的生产特点和成本管理要求。在工业企业里，一般有三种基本成本计算对象：（1）在大量大批、单阶段生产，或大量大批，多阶段生产但成本管理不要求分阶段核算成本时，成本计算对象就是全厂某月份生产的某种产成品；（2）在大量大批，多阶段生产，成本管理要求按阶段核算成本时，成本计算对象就是各阶段某月份生产的某种半成品或产成品；（3）在单件小批组织生产情况下，无论生产工艺是单阶段还是多阶段，成本计算对象一般都是全厂某一生产周期生产的某批（件）产成品。

企业类型不同，成本计算对象也会表现为不同的形式。（1）农业企业一般按照生物资产的品种、成长期、批别（群别、批次）、与农业生产相关的劳务作业等确定成本核算对象。（2）批发零售企业一般按照商品的品种、批次、订单、类别等确定成本核算对象。(3) 建筑施工企业一般按照订立的单项合同确定成本核算对象，单项合同包括建造多项资产的，企业应当按照企业会计准则规定的合同分立原则，确定建造合同的成本核算对象。为建造一项或数项资产而签订二组合同的，按合同合并的原则，确定建造合同的成本核算对象。(4) 房地产企业一般按照开发项目、综合开发期数并兼顾产品类型等确定建造合同的成本核算对象。(5) 采矿企业一般按照所采掘的产品确定成本核算对象。(6) 交通运输企业以运输工具从事货物、旅客运输的，一般按照航线、基层站段、航次、单船（机）等确定成本核算对象。从事货物等装卸业务的，可以按照货物、成本责任部门、作业场所等确定成本核算对象；从事仓储、堆存、港务管理业务的，一般按照码头、仓库、堆场、油罐、筒仓、货棚或主要货物的种类、成本责任部门等确定成本核算对象。(7) 信息传输企业一般按照基础电信业务、电信增值业务和其他信息传输业务等确定成本核算对象。(8) 软件及信息技术服务企业的科研设计与软件开发等人工成本比重较高的，一般按照科研课题、承接的单项合同项目、开发项目技术服务客户等确定成本核算对象。合同项目规模较大、开发期较长的，可以分段确定成本核算对象。(9) 文化企业一般按照制作产品的种类、批次、印次、刊次等确定成本核算对象。

　　例如：某房地产开发公司开发一宗 300 亩的土地 A 地块，我们想了解这宗土地开发的成本，那么 A 地块就是成本核算对象。如果 A 地块分三期开发，我们想了解每期的成本情况，那么一、二、三期中的每一期就是我们要确定的成本核算对象。如果在 A 地块一期中开发的有高层、多层、商业，我们想了解高层、多层、商业各种业态的成本，那么高层、多层、商业就是我们要确定的成本核算对象。如果在 A 地块一期开发的高层中有带一层地下室，有带两层地下室等结构不同的情况，我们需要了解不同的结构类型的成本情况，我们就需要分不同的结构类型来确定成本核算对象。也就是说，成本核算对象的确定与成本核算的要求有很大的关系。那么在会计中如何确定房地产开发企业的成本？这也要看会计对成本核算的要求。成本核算对象的确定需要考虑配比原则和重要性原则。房地产公司的商品房一般是按户来销售的，各期（年或月）之间可能形成不同销售，按照配比原则需要我们在各期之间结转不同户的成本以核算各期损益，从这个意义上来说，成本核算对象（最终）最好是户，也就是按合同的销售单位。但是这可能会存在问题。有的房子是 1 楼的有的可能是 33 楼的，有的位置好有的位置差，会导致售价不同。完全按照配比原则，价格高的应多分些成本，价格低应少分些，这样分配起来会非常麻烦。所以按照重要性要则，对于同一结构的开发产品，不再具体分各楼层或按售价去分配成本。一般来说，同一栋楼结构类型相差不大，这样我们可以按照每一栋楼来确定成本核算对象。如果几栋楼结构相差不大，不会对成本造成太大影响，我们可以按着几栋楼来确定成本核算对象。谈房地产成本核算对象如何确定房地产企业为特殊的生产企业，其产品为单一的房产，没有体现质的区别。不似工业企业，产品多样化，体现质的多样化，成本计算的科学性显得尤为迫切。相当多的房地产企业会计认为只要按项目（立项）核算成本就可以了，即成本核算对象为立项项目。这种看法是错误的，没有认识房地产的内在特点。

那么，成本对象根据什么原则确定？有观点认为，因需而定，还有观点认为，满足计算损益的要求、满足经济管理需求，其他如考虑项目特点、类型、分期等因素结合企业管理需求、成本管理水平、财税组合。总体而言，最终目的是满足管理需求，称之为"结果导向"。因此，企业应当按照产品成本核算的规定和管理要求，确定产品成本核算对象，进行产品成本核算企业内部管理有相关要求的，还可以按照现代企业多维度、多层次的管理需要，确定多元化的产品成本核算对象，多维度是指以产品的最小生产步骤或作业为基础，按照企业有关部门的生产流程及其相应的成本管理要求，利用现代信息技术，组合出产品维度、工序维度、车间班组维度、生产设备维度、客户订单维度、变动成本维度和固定成本维度等不同的成本核算对象，多层次是指根据企业成本管理需要，划分为企业管理部门、工厂、车间和班组等成本管控层次。

第四节　成本会计的职能和任务

一、成本会计的职能

成本会计的主要职能可以概况为反映的职能和监督的职能，下面分别说明成本会计职能的基本内容。

（一）反映的职能

反映职能是成本会计的首要职能。成本会计的反映职能，就是从价值补偿的角度出发，反映生产经营过程中各种费用的支出，以及生产经营业务成本和期间费用等的形成情况，为经营管理提供各种成本信息的功能。就成本会计反映职能的最基本方面来说，是以已经发生的各种费用为依据，为经营管理提供真实的、可以验证的成本信息，从而使成本分析、考核等工作建立在有客观依据的基础上。随着社会生产的不断发展，经营规模的不断扩大，经济活动情况的日趋复杂，在成本管理上就需要加强计划性和预见性。因此，对成本会计提出了更高要求，需要通过成本会计为经营管理提供更多的信息，即除了要提供能反映成本现状的核算资料外，还要提供有关预测未来经济活动的成本信息资料，以便于正确地做出决策和采取措施，达到预期的目的。由此可见，成本会计的反映职能，从事后反映发展到了分析预测未来。只有这样，才能满足经营管理的需要，才能更好地发挥其在经营管理中的作用。应当指出的是，反映过去同预测未来是密切联系的。要进行成本预测，首先必须了解能够反映成本水平现状和历史的各项指标以及它们之间的内在联系，才能据以分析未来的成本状况，以及为实现预期的成本管理目标应具备的条件和应采取的措施。因此，对实际发生的生产经营耗费的反映，提供实际的成本资料，是成本会计提供成本信息的基础。

（二）监督的职能

成本会计的监督职能，是指按照一定的目的和要求，通过控制、调节、指导和考核等，监督各项生产经营耗费的合理性、合法性和有效性，以达到预期的成本管理目标的功能。在社会主义市场经济中，任何企业为了达到自己预期的经营目标，不仅要制订计划、分配资源和组织计划的实施，而且必须进行有效的监督，以使各项经济活动符合有关规定的要求。成本会计的监督是会计监督的重要组成内容，是对经济活动进行监督的一个重要方面。成本会计的监督，包括事前、事中和事后监督。首先，成本会计应从经济管理对降低成本、提高经济效益的要求出发，对企业未来经济活动的计划或方案进行审查，并提出合理化建议，从而发挥对经济活动的指导作用；在反映各种生产经营耗费的同时，进行事前的监督，即以国家的有关政策、制度和企业的计划、预算及规定等为依据，对有关经济活动的合理性、合法性和有效性进行审查，限制或制止违反政策、制度和计划、预算等的经济活动，支持和促进增产节约、增收节支的经济活动，以实现提高经济效益的目的。其次，成本会计要通过成本信息的反馈，进行事中、事后的监督，也就是通过对所提供的成本信息资料的检查分析，控制和考核有关经济活动，从中及时总结经验，发现问题，提出建议，促使有关方面采取措施，调整经济活动，使其按照规定的要求和预期的目标进行。

成本会计的反映和监督两大职能是辩证统一、相辅相成的。没有正确、及时的反映，监督就失去了存在的基础，就无法在成本管理中发挥制约、控制、指导和考核等作用；而只有进行有效的监督，才能使成本会计为管理提供真实可靠的信息资料，使反映的职能得以充分的发挥。可见，只有把反映和监督两大职能有机地结合起来，才能更为有效地发挥成本会计在管理中的作用。

二、成本会计的任务

成本会计的具体任务主要有：

1. 成本预测

通过成本预测，可以减少生产经营管理的盲目性，提高成本管理的科学性与预见性。

2. 成本决策

成本决策是在预测的基础上，根据其他有关资料，在若干个与生产经营和成本有关的方案中，选择最优方案以确定目标成本。做出最优化的成本决策是编制成本计划的前提。

优化成本决策，需要在科学的成本预测基础上收集整理各种成本信息，在现实和可能的条件下，采取各种降低成本的措施，从若干可行方案中选择生产每件合格产品所消耗活劳动和物化劳动最少的方案，使成本最低化作为制定目标成本的基础。为了优化成本决策，需增强企业员工的成本意识，使之在处理每一项业务活动时都能自觉地考虑和重视降低产品成本的要求，把所费与所得进行比较，以提高企业的经济效益。

3. 成本计划

成本计划是根据成本决策所确定的目标成本，具体规定处在计划期内为完成规定任务应达到的水平，并提出所应采取的各项措施。

4. 成本核算

成本核算是根据一定的成本计算对象，采用适当的成本计算方法，按规定的成本项目，通过各费用要素的归集和分配，正确计算出各成本计算对象的总成本和单位成本，及时提供成本信息。成本数据正确可靠，才能满足管理的需要。如果成本资料不能反映产品成本的实际水平，不仅难以考核成本计划的完成情况和进行成本决策，而且还会影响利润的正确计量和存货的正确计价，歪曲企业的财务状况。及时编制各种成本报表，可以使企业的有关人员及时了解成本的变化情况，并作为制定售价、做出成本决策的重要参考资料。

5. 成本控制

成本控制是根据成本计划、对成本发生和形成过程以及影响成本的各种因素进行限制和监督，使之能按计划进行的一种管理活动。通过成本控制可以保证成本目标的实现。成本控制包括事前控制和事中控制。

加强成本控制，防止挤占成本、消除效益。加强成本控制，首先是进行目标成本控制。主要依靠执行者自主管理，进行自我控制，以促其提高技术，厉行节约，注重效益。其次是遵守各项法规的规定，控制各项费用支出、营业外支出等挤占成本。

6. 成本分析

成本分析是利用成本核算等资料与本期计划成本、历史成本等进行比较，用以解释产品成本差异并分析产生差异的原因，以便采取相应措施，改进管理，降低耗费，提高经济效益。

7. 成本考核

成本考核是定期对成本计划及其有关指标实际完成情况进行总结和评价，以监督和促使企业加强成本管理责任制，履行经济责任，提高成本管理水平。

建立成本责任制度，加强成本责任考核。成本责任制是对企业各部门、各层次和执行人在成本方面的职责所作的规定，是提高职工降低成本的责任心，发挥其主动性、积极性和创造力的有效办法。建立成本责任制度，要把完成成本降低任务的责任落实到每个部门、层次和责任人，使职工的责、权、利相结合，职工的劳动所得同劳动成本相结合；各责任单位与个人要承担降低成本之责，执行成本计划之权，获得奖惩之利。实行成本责任制度时，成本会计要以责任者为核算对象，按责任的归属对所发生的可控成本进行记录、汇总、分配整理、计算、传递和报告，并将各责任单位或个人的实际可控成本与其目标成本相比较，揭示差异，寻找发生原因，据以确定奖惩并挖掘进一步降低成本的潜力。

以上成本会计的任务是相互联系、相互依存的。该 7 项任务中，成本核算是最基本的、是基础，没有成本核算，其他各项任务都无法进行，因而就不会有成本会计。

第五节 成本会计的工作组织

为了充分发挥成本会计的职能作用，圆满完成成本会计任务，企业必须科学地组织成本会计工作。成本会计组织具体包括三个方面，即设置成本会计机构；配备必需的成本会计人员；制定科学、合理的成本会计制度。

一、确定成本会计工作组织的原则和组织形式

（一）成本会计工作组织的原则

任何工作的组织都必须遵循一定的原则，成本会计工作也不例

外，它的组织原则主要有：

1. 成本会计工作必须与技术相结合

成本是一项综合性的经济指标，它受多种因素的影响。其中产品的设计、加工工艺等技术是否先进、在经济上是否合理，对产品成本的高低有着决定性的影响。但是，在实际工作中，成本会计往往和技术人员相脱离。控制成本一个重要的方面就是科技的发展，在传统的成本会计工作中，会计部门多注重产品加工中的耗费，而对产品的设计、加工工艺、质量、性能等与产品成本之间的联系则考虑较少，甚至有的成本会计人员不懂基本的技术问题；相反，工程技术人员考虑产品的技术方面的问题多，而对产品的成本则考虑较少。这种成本会计工作与技术工作的脱节，使得企业在降低产品成本方面受到很大限制，成本会计工作也往往仅限于事后核算，起到提供成本核算资料的作用。因此，为了在提高产品质量的同时不断地降低成本，提高企业经济效益，在成本会计工作的组织上应贯彻与技术相结合的原则。这就要求成本会计工作者，应努力向工程技术人员学生产工艺，学会剖析产品功能与价值、成本的关系，在进行费用预算、成本预测、制订成本计划、成本定额时，把成本会计工作与技术经济工作结合起来，才能使成本会计工作真正发挥其应有的作用。

2. 成本会计工作必须与经济责任制相结合

为了降低成本，实行成本管理上的经济责任制是一条重要的途径。由于成本会计工作是一项综合性的价值管理工作，涉及面宽、信息变化较快，因此，企业应摆脱传统上只注重成本会计事后核算作用的片面性，充分发挥成本会计的优势，将其与成本管理上的经济责任制有机结合起来，这样可以使成本管理工作收到更好的效果。例如，在实行成本分级归口管理的情况下，应使成本会计工作处于中心地位，由其具体负责组织成本指标的制定、分解与落实，日常的监督检查，成本信息的反馈、调节，以及成本责任的考核、分析、奖惩等工作。又如，为了配合成本分级归口管理，不仅要搞好厂一级的成本会计工作，而且应该完善各车间的成本会计工作，使之能进行车间成本的核算与分析，并指导和监督班组的日常成本管理工作，从而使成本会计工作渗透到企业生产经营过程的各环节，更好地发挥其在成本管理经济责任制中的作用。

3. 成本会计工作必须建立在广泛的职工群众基础

不断挖掘潜力，努力降低成本，是成本会计的根本性目标。但各种耗费是在生产经营的各环节中发生的。成本的高低取决于各部门、车间、班组和职工的工作质量。同时，各级、各部门的职工群众最熟悉生产经营情况，最了解哪里有浪费现象，哪里有节约的潜力。因此，要加强成本管理，实现降低成本的目标，不能仅靠几个专业人员，必须充分调动广大职工群众在成本管理上的积极性和创造性。为此，成本会计人员还必须做好成本管理方面的宣传工作，经常深入实际了解生产经营过程中的具体情况，与广大职工群众建立起经常性的联系；吸收广大职工群众参加成本管理工作，增强广大职工群众的成本意识和参与意识，以便互通信息，掌握第一手资料，从而把成本会计工作建立在广泛的职工群众基础之上。

(二) 成本会计工作组织的形式

成本会计工作的组织形式，主要是从方便成本工作的开展和及时准确地提供成本信息的需要，而按成本要素划分为材料成本、人工成本和间接费用成本组织核算。（1）材料组：一般由企业厂部成本会计人员与仓库材料管理人员共同负责，主管材料物资和低值易耗品的采购、入库、领用、结存的明细分类核算，定期盘点清查，计算材料成本费用，并对全过程进行控制和监督。（2）工资组：主管应付职工的工资、奖金的计算与分配的明细分类核算，并对全过程进行严格的控制和监督。（3）间接费用组：间接费用的核算一般是由厂部成本会计人员负责进行，这部分费用可按成本习性分为变动费用和固定费用，而变动费用以弹性预算进行控制，固定费用则用固定预算进行控制。

二、设置成本会计机构

成本会计机构是处理成本会计工作的职能部门，是整个企业会计机构的一部分。企业要根据其生产类型特点和业务规模来决定是否单独设置成本会计组织机构或组织机构的大小及组织机构的内部分工。既可以按成本会计的职能分工，如成本核算、成本分析等；也可按成本会计的对象分工，如产品成本、期间费用等。

成本会计机构是根据企业规模和成本管理要求来考虑，在专设的会计机构中是单独设置成本会计科、室或组等，还是只配备成本核算人员来专门处理成本会计工作。从成本核算组织方式来说，通常有集中和非集中两种。

以工业企业来看，采用集中核算方式下，工厂的全部成本会计工作，由厂部成本会计科、室、组集中进行处理。这种方式可以减少核算层次和工作人员，成本资料齐全，提供成本信息比较方便，但不便于车间掌握和控制成本费用。

在采用非集中核算方式下，成本会计工作，一部分由车间成本人员负责处理，如成本计划的制订、成本计算、成本控制和成本分析等，另一部分工作由厂部的成本科、室、组等负责处理那些不便或不能分散到车间去进行的成本费用工作。分散工作方式的优缺点是，这种方式下会相应增加成本会计工作中的层次和人员，但有利于车间、部门的职工和领导及时了解分析本单位的成本水平及其变化，以便控制成本费用，有利于降低成本水平。一般而言，大中型企业由于规模较大，组织结构复杂，会计人员数量较多，为了调动各级各部门控制成本费用，提高经济效益的积极性，一般应采用分散工作方式；中小型企业为了提高成本会计工作的效率和降低成本管理的费用，则一般可采用集中工作方式。也可以根据企业实际，将两种方式结合起来运用，即对某些部门采用分散工作方式，而对另一些部门则采用集中工作方式。

三、配备必需的成本会计人员

成本会计人员的配备，总的要求是胜任，即既精于核算，又善于管理；既精通国家有关政策法规和企业一系列管理制度，又熟悉企业的生产工艺流程；既能很好履行国家有关法规规定的会计人员职责和权限，又能结合企业实际创造性地开展工作。

成本会计人员是指在会计机构或专设成本会计机构中所配备的成本工作人员。对企业日常的成本工作进行处理。诸如：成本计划、费用预算、成本预测、决策、实际成本计算和成本分析、考核等。成本核算是企业核算工作的核心，成本指标是企业一切工作质量的综合表现，为了保证成本信息质量，对成本会计人员业务素质要求比较高：（1）会计知识面广，对成本理论和实践有较好的基础；（2）熟悉企业生产经营的流程（工艺过程）；（3）刻苦学习和任劳任怨；（4）良好职业道德。

成本会计人员，就思想品德而言，要求成本会计人员应具备脚踏实地、实事求是、敢于坚持原则的作风和高度的敬业精神；就业务素质而言，要求成本会计人员不仅要具备较为全面的会计知识而且要掌握一定的生产技术和经营管理方面的知识。

成本会计人员应经常深入生产经营的各个环节，结合实际情况，向有关人员和职工宣传解释国家的有关方针、政策和制度，以及企业在成本管理方面的计划和目标等，并督促他们贯彻执行；深入了解生产经营的实际情况，注意发现成本管理中存在的问题并提出改进成本管理的意见和建议，当好企业负责人的参谋。

四、制定成本会计制度

成本会计制度是指对进行成本会计工作所作的规定。它的内涵与外延随着经济环境的变化在不断发展变化。商品经济条件下，现代企业的成本会计制度内容包括成本预测、决策、规划、控制、计算、分析和考核等所做出的有关规定，指导着成本会计工作的全过程，这也称作广义的成本会计制度。

按使用范围和制定权限划分，分为全国性成本会计法规制度和特定主体的成本会计制度。

全国性成本会计法规制度是国家统一制定的，主要包括三个层次，即《中华人民共和国会计法》《企业会计准则》及国家统一的《企业会计制度》。

企业内部成本会计制度，是企业组织和处理成本会计工作的规范，属企业会计制度的一个组成部分。一般包括：

（1）关于成本预测、决策制度；
（2）关于成本定额的制定和成本计划编制的制度；
（3）关于成本控制的制度；
（4）关于成本核算和流程的制度；
（5）关于责任成本的制度；
（6）关于企业内容结算价格和内部结算办法的制度；
（7）关于成本报表的制度；
（8）关于成本分析、考核制度等；
（9）其他具体的成本会计制度。

成本会计制度是开展成本会计工作的依据和行为规范，其是否科学、合理直接影响成本会计工作的成效。因此，制定成本会计制度，是一项复杂而细致的工作。在成本会计制度的制定过程中，有关人员不仅应熟悉国家有关法规、制度等的规定，而且应深入基层做广泛、深入的调查和研究工作，在反复试点、具备充分依据的基础上进行成本会计制度的制定工作。成本会计制度一经确定，就应认真贯彻执行。但随着时间的推移，实际情况往往会发生变化，若出现新的情况，应根据情况变化，对成本会计制度进行修订和完善，以保证成本会计制度的科学性和先进性。

【本章小结】

本章首先介绍了什么是成本，什么是成本会计，成本会计的产生和发展。成本会计是工业化的产物，科学技术的发展、企业组织结构和管理模式的变化、管理思想的变革，使成本会计的内涵和外延都不断得到拓展。另外还介绍了成本会计的对象、职能和任务。成本会计的职能最基本的就是进行成本核算。成本会计除了进行成本核算以外还可以进行成本的分析、预测、决策、控制、考评等。成本会计的对象实际上研究的就是成本会计核算和监督的内容是什么，成本会计的对象综合来说就是各行业、企业生产经营业务的成本和有关期间费用,也就是说期间费用也应该是成本会计所要核算和监督的内容。成本会计既要核算和监督各行业企业生产经营的成本,同时还要核算和监督所发生的期间费用。另外教材还介绍了一下成本会计工作的组织。

【思考题】

1. 如何理解成本的经济实质?
2. 试述理论成本与实际工作中所应用到的成本概念的联系和区别。
3. 试述成本会计的对象。
4. 试述成本会计的职能。
5. 试述成本会计的任务。
6. 成本会计工作组织应遵循哪些原则?
7. 工业企业成本会计制度一般应包括哪几方面的内容?

第二章
成本费用核算的要求和一般程序

【学习目标】
1. 理解成本会计的基本工作和基本要求。
2. 掌握成本费用的分类。
3. 掌握成本核算的一般程序。
4. 具备设置成本核算主要账户的应用技能。

【引导案例】

长江公司是一家加工制造业,有两个基本生产车间和两个辅助生产车间(供水车间和供电车间)。两个基本生产车间的规模都比较大,每个车间又分别生产多种产品。两个辅助生产车间中,供电车间的规模较大,供水车间的规模较小。此外,长江公司生产产品的过程中,材料消耗比较大,材料消耗方面的费用在各产品成本中所占比例较大。

根据长江公司的情况,试讨论以下问题:

为了向公司管理层提供各种产品的成本信息,应设置哪些成本账户?如何设置产品成本项目?如何进行辅助生产车间的成本计算?

第一节 成本费用核算的基本要求

成本核算就是依据国家的法规制度和企业经营管理的要求,对生产经营过程中发生的各项成本费用,按照一定的对象和标准进行归集和分配,从而计算出各个成本核算对象的总成本和单位成本,并进行相应的账务处理,以提供有用可靠的成本信息。成本核算是成本会计工作的核心内容,是成本会计的基本任务。加强成本核算,对企业寻求降低成本费用的途径,提高企业经营管理水平,增加企业利润,具有重要意义。

为了更好地发挥成本核算的作用，在成本核算工作中，应遵循以下要求。

一、算管结合，算为管用

算管结合、算为管用，即成本核算应该满足成本管理的需求。成本核算应该与企业的经营管理相结合，成本核算应为企业管理和决策提供有用的成本信息。算管结合、算为管用是成本核算的总体性要求。

为此，成本计算不仅要对各项费用支出进行事后的核算，提供事后的成本信息，而且必须以国家有关的法规、制度，企业成本计划和相应的消耗定额为依据，加强对各项费用支出的事前、事中的审核和控制，并及时进行信息反馈。

同时，在成本计算中，既要防止片面追求简化，以致不能为管理提供所需资料的做法；也要防止为算而算，脱离管理实际需要的做法。

二、正确划分各种费用界限

产品的生产成本是企业的一种费用支出，但企业发生的各项费用支出并不都是属于产品的生产成本。为了正确地进行成本核算，必须正确划分以下几个费用界限。

1. 正确划分生产经营管理费用和非生产经营管理费用的界限

工业企业的经济活动涉及多个方面，决定了发生各种支出项目的用途是多方面的，哪些属于生产经营费用项目，哪些属于非生产经营费用项目，在成本开支范围里都有规定，核算时要分清楚，不能把企业所有的费用支出都计入产品成本和生产经营管理费用中，必须按其用途合理划分。若该界限分不清楚，会造成乱计成本或少计成本，影响成本计算的准确性。

2. 正确划分生产费用和期间费用的界限

工业企业日常生产经营中所发生的各项耗费，其用途和计入损益的时间是有所不同的。用于产品生产的生产费用会按照核算对象的不同计入产品成本，随着产品的完工和出售形成本期的销货成本，或形成期末存货。而本月发生的销售费用、管理费用和财务费用，则是作为期间费用，直接计入当月损益。因此，为了正确计算产品成本和期间费用，正确计算企业各月份的损益，必须正确地划分产品生产费用和各项期间费用的界限。

3. 正确划分各个月份之间的费用界限

为了按月分析和考核成本计划的执行情况和结果，正确计算各月损益，还必须正确划分各月份的费用界限。本月发生的费用，都应在本月全部入账，不能将其一部分延至下月入账。更重要的是，应该贯彻权责发生制原则，正确地核算待摊费用和预提费用。正确划分各月份的费用界限，是保证成本计算正确的重要环节，应当防止利用待摊和预提的办法人为地调节各月成本、损益的错误做法。

4. 正确划分各种产品之间的费用界限

生产多种产品的企业，为了分析和考核各种产品成本的计划完成情况和正确计算各种产品的单位成本，进行成本核算时，计入本期产品成本的生产费用还必须在各种产品之间分清楚。属于某种产品单独发生，能够直接计入该种产品的费用，均应直接计入该种产品成本；属于几种产品共同发生，不能直接计入某种产品的费用，则应采用适当的分配方法，分配计入这几种产品的成本。划分各种产品费用界限时，要防止在盈利产品与亏损产品、可比产品与非可比产品之间任意调节产品成本，防止以盈补亏、弄虚作假的情况。

5. 正确划分完工产品与在产品的费用界限

通过以上费用界限的划分，确定了各种产品本月应负担的生产费用。期末，如果某种产品全部完工，那么计入该种产品的生产费用即是该种产品的完工产品成本。如果某种产品均未完工，那么，这种产品的各项生产费用之和，就是这种产品的月末在产品成本。如果某种产品部分完工、部分未完工，那就要该产品的生产成本在完工产品与在产品之间采用适当的方法进行分配，分别计算完工产品成本和月末在产品成本。

三、正确确定财产物资的计价和价值结转方法

工业企业的生产经营过程，同时也是各种劳动的耗费过程。在各种劳动耗费中，财产物资的耗费（即生产资料价值的转移）占有相当的比重。因此，这些财产物资计价和价值结转方法是否恰当，会对成本计算的正确性产生重要的影响。为了正确计算产品成本和期间费用，对各种财产物资的计价和价值的结转，都应采用既合理又简便的方法。国家有统一规定的，各种方法一经确定，应保持稳定，不得随意变动，以保证成本信息的可比性。

四、做好各项基础工作

产品成本核算工作较复杂，为了保证成本核算的及时和准确，企

业应做好以下各项基础工作。

1. 建立健全各项原始记录制度

原始记录是反映生产经营活动的原始资料，是进行成本预测、编制成本计划、进行成本计算、分析消耗定额和成本计划执行情况的依据。与成本核算相关的原始记录资料主要包括工时记录、产量记录、财产物资收发领用记录、费用支出的原始凭证记录等。企业应建立既符合各方面管理需要，又符合核算要求的科学易行的原始记录制度。

2. 建立健全定额管理制度

定额是指企业在生产经营活动中对经济活动在数量和质量上应达到的水平所规定的目标和限额。科学先进的定额标准，是企业制定定额成本、编制成本计划的直接依据，也是进行成本控制和分析，进而评价企业经营业绩的客观标准。因而，健全的定额管理制度，对于企业降低劳动耗费、简化成本核算、强化成本控制有着重大意义。

3. 建立健全材料物资的计量、收发、领退和盘点制度

为了进行成本核算和成本管理，还必须对材料、物资的收发、领退和结存进行计量，建立健全材料物资的计量、收发、领退和清查制度。材料物资的收发、领退，在产品、半成品的内部转移以及产成品的入库等，均应填制相应的凭证，办理审批手续，并严格进行计量和验收。库存的各种材料物资、车间的在产品、产成品均应按规定进行盘点。

4. 建立健全企业内部结算制度

内部结算价格是指企业对原材料、自制零部件、半成品和内部各生产单位相互提供的劳务制定的，企业内部各部门、各生产单位之间进行结算的价格。建立健全内部结算价格制度有利于加快和简化成本核算工作和分清内部各单位的经济责任。内部结算价格的制定应根据管理的需要统一制定，尽可能接近实际，保持全年稳定，对企业内部各单位材料的领用、半成品的转移、劳务的提供应按计划价格结算，月末再按一定的方法计算价格差异，调整计算产品的实际成本。

五、按照生产特点和管理要求，采用适当的成本计算方法

产品成本是在生产过程中形成的，产品的生产工艺过程和生产组织方式不同，所采用的产品成本计算方法也应该有所不同。因此，企业只有按照产品生产特点和管理要求，选用适当的成本计算方法，才能正确、及时地计算产品成本，为成本管理提供有用的成本信息。

第二节 费用的分类

为了正确计算产品成本和期间费用，科学地进行成本管理，更好地进行成本控制，企业需要对种类繁多的费用进行合理分类。费用可以按不同的标准分类，其中最基本的是按费用的经济内容和经济用途的分类。

一、按经济内容分类

费用的经济内容即构成费用项目本身的性质。按经济内容分类即按费用的性质分类。企业发生的各种耗费按经济内容划分，可划归为劳动对象方面的费用、劳动手段方面的费用和活劳动方面的费用三大类。为了具体反映各种费用的构成和水平，进一步划分为以下八个费用要素。

1. 外购材料

指企业为进行生产经营而耗用的一切从外单位购进的原料及主要材料、半成品、辅助材料、包装物、修理用备件和低值易耗品等。

2. 外购燃料

指企业为进行生产经营而耗用的一切从外单位购进的各种固体、液体和气体燃料，包括液体、气体和固体燃料。

3. 外购动力

指企业为进行生产经营而耗用的一切从外单位购进的各种动力，包括电力、热力和蒸汽等。

4. 职工薪酬

指企业应计入产品成本和期间费用的职工薪酬。

5. 折旧修理费

指企业按照规定的固定资产折旧方法计算提取的折旧费用和发生的固定资产修理费用。

6. 利息支出

指企业应计入财务费用的借入款项的利息支出减利息收入后的净额。

7. 税金

指应计入企业管理费用的各种税金，如房产税、车船使用税、土地使用税、印花税等。

8. 其他支出

指不属于以上各要素但应计入产品成本或期间费用的费用支出，

如差旅费、租赁费、外部加工费以及保险费等。

以上各要素，称为耗费要素，按照耗费要素反映的耗费称为要素耗费。耗费按经济内容划分，可反映企业在一定时期内发生了哪些方面的耗费、金额是多少，通过各项金额的比重，可以分析出企业各种要素耗费占总耗费的比重，有利于考核耗费计划的执行情况。

但是，这种分类不能说明各项费用的用途，因而不便于分析各种费用的支出是否节约、合理。

二、按经济用途分类

费用按经济用途分类，亦称按经济职能分类。据此，工业企业在生产经营中发生的费用，首先可以分为计入产品成本的生产费用和直接计入当期损益的期间费用两类，下面分别讲述这两类费用按照经济用途的分类。

（一）生产费用

生产费用又分为直接用于产品生产的直接生产费用和间接用于产品生产的间接生产费用。为了具体反映计入产品成本生产费用的各种用途，提供产品成本构成情况的资料，生产费用按经济用途进一步划分为若干项目，即成本项目。

1. 直接材料

指企业在产品生产过程中消耗的直接用于产品生产、构成产品实体的原材料及主要材料、外购半成品、修理用配件、包装物、有助于产品形成的辅助材料以及其他直接材料。

2. 直接人工

指企业在生产产品和提供劳务过程中，直接从事产品生产的工人工资以及按生产工人工资总额和规定的比例计算提取的职工福利费。

3. 燃料及动力

指在生产产品过程中消耗的直接用于产品生产的外购和自制的燃料及动力费。

4. 制造费用

指间接用于产品生产的各项费用，以及虽直接用于产品生产，但不便于直接计入产品成本，因而没有专设成本项目的费用（如机器设备的折旧费用）。制造费用包括车间发生的间接用于产品生产的工资和福利费、折旧费、办公费、水电费、机物料消耗、劳动保护费、季节性和修理期间的停工损失等。

对于上述成本项目，企业可根据生产特点和管理要求做适当调整。对于管理上需要单独反映、控制和考核的费用，以及产品成本中比重较大的费用，应专设成本项目，如直接用于产品生产的外购半成品成本比重大，可以将"外购半成品"单独列为一个成本项目。否则，为了简化核算，不必专设成本项目，如小型制造企业，若生产规模小，燃料及动力费在成本中占比重小且消耗较稳定，就可不设"燃料及动力"成本项目，将耗费的燃料并入"直接材料"项目，将耗费的动力费并入"制造费用"项目。

（二）期间费用

对于不应计入产品成本和劳务成本的非生产费用即期间费用。工业企业的期间费用按照经济用途可分为销售费用、管理费用、财务费用和研发费用。

1. 销售费用

销售费用是指企业在产品销售过程中发生的费用，以及为销售本企业产品而专设的销售机构的各项经费。包括运输费、装卸费、包装费、保险费、展览费和广告费，以及为销售本企业商品而专设的销售机构的职工薪酬、业务费等经营费用。

2. 管理费用

管理费用是指企业为组织和管理企业生产经营所发生的各项费用。

3. 财务费用

财务费用是指企业为筹集生产经营所需资金而发生的各项费用，包括利息支出（减利息收入）、汇兑损失（减汇兑收益）以及相关的手续费等。

4. 研发费用

研发费用是指研究与开发所支付的费用。包括与研发项目有关的薪酬、工资和人事费用、材料和劳务支出、设备和设施折旧、其他成本等。

三、生产费用的其他分类

（一）按生产耗费在企业成本中的存在形式分类

按照生产耗费在企业成本中的存在形式划分，可分为单要素成本和综合性成本。

单要素成本是指单一性质耗费的成本项目，如"直接材料"项目；综合性成本是指两种以上性质耗费的成本项目，如"制造费用"项目。一般来说，在成本中所占比重较大、管理上要求单独考核的就应列为单要素成本项目；反之，就列为综合性成本项目。

(二) 按计入产品成本的方式分类

生产费用按计入产品成本的方式不同，可以分为直接计入费用和间接计入费用。直接计入是指分得清是哪种产品所耗用的费用，直接由该种产品承担该项费用，计入该种产品的产品成本中。间接计入指几种产品共同耗用的费用，分不清是哪种产品耗用费用的多少，不能直接计入某种产品的成本中，要采用一定的标准分配计入的费用。正确划分直接成本和间接成本，有利于正确确定成本核算的程序和采用较为合理的分配方法，贯彻配比和受益原则。

(三) 按与产品产量的关系分类

按成本与产品产量的依存关系分类，可分为变动成本、固定成本和混合成本。

变动成本是指其发生额随产量（业务量）的变动而正比例增减变动的成本。如直接材料项目。固定成本是指其发生额不随业务量的增减变动而正比例增减变动的成本，如房屋建筑物的折旧等。但就单位固定成本而言，则是随着业务量的增减变化而成反比例变动的，如保险费等。混合成本是指其发生总额虽受业务量变动的影响，但其变动幅度并不与业务量变动保持严格的正比例关系的成本。

第三节　成本费用核算的一般程序和主要账户设置

一、成本费用核算的一般程序

成本核算的一般程序指将生产经营过程中发生的各项费用，根据成本核算的一般要求，按照成本计算对象，逐步进行归集和分配，计算出各种产品的生产成本和各项期间费用的基本过程。根据前述成本核算要求和费用分类，可将成本核算的一般程序归纳如下：

(一) 确定成本计算对象

成本计算对象是成本费用归集的对象或成本费用承担的载体。工业企业成本生产费用计算对象包括产品的品种、批别、步骤。企业按照成本计算对象设置产品成本明细账，归集生产费用。所以确定成本计算对象是进行成本计算的前提。

(二) 审核各项耗费

对企业生产经营过程中发生的各项耗费,要依据国家有关法规、企业有关计划及定额等标准进行事先和事后的审核,以确保其支出的合法合理性和真实性。确定是否应计入产品成本、期间费用,以及应计入产品成本还是期间费用。

(三) 确定成本计算期

成本计算期是指成本计算的间隔期间,一般来说,成本计算期的确定有以下两种成本计算期与生产周期(适合单件、小批量生产)一致;成本计算期与报告期(适合大量、批量生产)一致。企业"以根据自身生产组织的特点来确定产品成本的计算期"。

(四) 生产费用的归集和分配

将应计入本月产品成本的各项生产费用,在各种产品之间按照成本项目进行归集和分配,计算出按成本项目反映的各种产品的成本。发生的直接计入费用直接记入成本计算对象的明细账及对应的成本项目。不能分清楚受益对象的共同性的生产费用,按照受益性原则选择合适的分配标准分配记入相应的成本明细账及对应的成本项目。

(五) 完工产品与在产品之间进行产品成本的分配

对于月末既有完工产品又有在产品的产品,将该种产品的生产费用(月初在产品生产费用与本月生产费用之和)在完工产品与月末在产品之间进行分配,计算出该种产品的完工产品成本和月末在产品成本。

二、成本费用核算的主要账户设置

(一) "生产成本"账户

该账户核算工业企业生产发生的各项生产费用。根据生产"生产成本"账户可以根据需要下设"生产成本——基本生产成本""生产成本——辅助生产成本"两个明细账户。

1. "生产成本——基本生产成本"账户

"生产成本——基本生产成本"账户用于核算基本生产车间为生产产品所发生的各项生产费用和计算完工产品成本的账户。其借方登记企业在基本生产过程中发生的直接材料、直接人工、其他直接费用和分配转入的间接费用;贷方登记基本生产单位结转入库的完工产品成本。该账户的期末余额在借方，表示尚未完工的在产品成本。

该账户按产品品种或产品批别、生产步骤等成本计算对象设置产品成本明细分类账（或称基本生产明细账、产品成本计算单，见表 2-1），产品成本明细账采用多栏式明细账，账内按产品成本项目分设专栏或转行。

表 2-1　　　　　　　　　基本生产成本明细账

产品名称：甲产品　　　　　　　　　　　　　　　　　　　单位：元

年		凭证号	摘要	成本项目			
月	日			直接材料	直接人工	制造费用	合计

2."生产成本——辅助生产成本"科目

辅助生产是指为整个企业服务而进行的其他产品生产和劳务供应（如机械行业的工具、模具、修理用备件的制造，修理、运输、供水、供电等劳务的提供）。辅助生产产品目的，主要不是对外销售，而是供企业内部使用。

"生产成本——辅助生产成本"账户是用于归集辅助生产车间为辅助产品生产或劳务供应等所发生的各项生产费用和计算辅助产品成本及分配辅助劳务的。其借方登记在辅助生产过程中发生的直接材料、直接人工以及分配转入的间接费用；贷方登记完工入库产品的成本或分配转出的劳务成本。该账户的期末余额在借方，表示辅助生产在产品或劳务的成本。

该账户按辅助生产车间和生产的产品品名或不同劳务分设明细分类账，账中按辅助生产的成本项目或费用项目分设专栏或专行进行明细登记（见表 2-2）。

表 2-2　　　　　　　　　辅助生产成本明细账

车间名称：供电车间　　　　　　　　　　　　　　　　　　单位：元

年		凭证号	摘要	成本项目			
月	日			直接材料	直接人工	制造费用	合计

(二) "制造费用" 账户

该账户核算企业生产车间为生产产品和提供劳务而发生的各项间接生产费用,以及虽直接用于产品生产,但未有专设成本项目的直接生产费用。该账户借方登记实际发生的制造费用;贷方登记分配转出的制造费用;月末一般无余额。该账应按不同的车间设置明细账,账内按耗费的内容设专栏进行明细核算。

"制造费用"科目,应按车间、部门设置明细分类账(多栏式明细账),账内按费用项目设立专栏进行明细登记(见表2-3)。

表2-3　　　　　　　　　制造费用明细账

车间名称:基本生产车间　　　　　　　　　　　　　　　单位:元

年		凭证号	摘要	金额分析					
月	日			材料费	折旧费	人工费	保险费	……	合计

(三) "管理费用" 账户

该账户核算企业行政管理部门为组织和管理生产经营活动而发生的各项管理费用。其借方登记发生的各项管理费用;贷方登记期末转入"本年利润"账户的金额。期末结转后该账户无余额。

"管理费用"科目的明细分类账(多栏式明细账),应按费用项目设置专栏,进行明细登记。

(四) "销售费用" 账户

该账户核算企业为组织销售而发生的各项费用。为了核算企业在产品销售过程中所发生的各项费用以及为销售本企业产品而专设的销售机构的各项经费,应设置"销售费用"科目。该科目的借方登记实际发生的各项产品销售费用;贷方登记期末转入"本年利润"科目的产品销售费用;期末结转后该科目应无余额。

该账户明细分类账(多栏式明细账),应按费用项目设置专栏,进行明细登记。

(五) "财务费用" 账户

该账户核算企业为筹集生产经营所需资金而发生的各项筹资费用。其借方登记发生的各项财务费用;贷方登记应冲减财务费用的利息收入、汇兑收益以及期末转入"本年利润"科目的财务费用；期末结转后该账户无余额。

该账户明细分类账（多栏式明细账），应按费用项目设置专栏，进行明细登记。

（六）"废品损失"账户

需要单独核算废品损失的企业，应设置"废品损失"科目。该科目的借方登记不可修复废品的生产成本和可修复废品的修复费用；贷方登记废品残料回收的价值、应收的赔款以及转出的废品净损失；该账户月末应无余额。

"废品损失"科目应按车间和产品品种设置明细分类账，账内按成本项目设置专栏或专行。

【本章小结】

正确核算企业的生产成本，对于加强企业的经济管理，控制和降低成本，增强企业的竞争能力，提高经济效益，以及正确确定企业的收益，处理好企业与国家、投资者的利益和关系，有着十分重要的意义。本章主要介绍了成本费用核算的要求和一般程序，以及费用的分类和设置的主要账户。为了更好地发挥成本核算的作用，在成本核算工作中，应遵循算管结合，算为管用、正确划分各种费用界限、正确确定财产物资的计价和价值结转方法、做好各项基础工作，按照生产特点和管理要求，采用适当的成本计算方法等基本要求。生产费用按经济内容主要分为外购材料、外购燃料、外购动力、职工薪酬、折旧修理费、利息支出、税金及其他支出八项内容。生产费用按经济用途分为生产费用和期间费用两大类。生产费用可进一步分为直接材料、直接人工、燃料和动力、制造费用。期间费用包括管理费用、销售费用和财务费用。除此以外，生产成本还有其他的分类形式。生产费用按经济内容和经济用途的分类，对成本、费用的构成要素、产品成本归集与分配的原则和方式等都具有重要的意义。企业成本费用核算要按照一定的程序，通过各项耗费，按用途和范围归类、登记、分配、计算和转出等一系列过程。企业成本费用核算，还要通过设置专门的成本类、权益类账户为载体，来组织日常与定期的核算与结转。

【思考题】
1. 成本核算的基本要求有哪些？
2. 生产费用按经济用途分为哪几类？每一类的具体内容有哪些？
3. 生产费用按经济内容分为哪几类？
4. 企业成本费用核算的一般程序有哪些？

5. 企业成本费用核算应设置的会计账户有哪些？

【业务练习题】

一、单项选择题

1. 根据工业企业费用要素的划分，下列各项中不属于"外购材料"项目的是（　　）。
   A. 外购半成品　　　　　　　　　B. 外购包装物
   C. 外购低值易耗品　　　　　　　D. 外购燃料

2. 下列选项中，属于耗费要素的是（　　）。
   A. 制造费用　　　　　　　　　　B. 直接材料
   C. 外购材料　　　　　　　　　　D. 管理费用

3. 计入产品成本的费用是（　　）。
   A. 生产费用　　　　　　　　　　B. 销售费用
   C. 财务费用　　　　　　　　　　D. 管理费用

4. 下列选项中，属于成本项目的是（　　）。
   A. 外购材料　　　　　　　　　　B. 职工薪酬
   C. 直接材料　　　　　　　　　　D. 折旧费

二、多项选择题

1. 为了充分发挥成本核算的作用，在成本核算工作中，应贯彻实施的要求有（　　）。
   A. 算管结合，算为管用
   B. 正确划分各种费用界
   C. 正确确定财产物资的计价和价值结转方法
   D. 采用适当的成本计算方法

2. 按成本与产品产量的依存关系分类，可分为（　　）。
   A. 变动成本　　　　　　　　　　B. 固定成本
   C. 混合成本　　　　　　　　　　D. 单要素成本

3. 按照生产特点和管理要求，工业企业一般可以设立的成本项目有（　　）。
   A. 直接材料　　　　　　　　　　B. 燃料和动力
   C. 直接人工　　　　　　　　　　D. 制造费用

4. 下列费用项目中属于期间费用的有（　　）。
   A. 制造费用　　　　　　　　　　B. 销售费用
   C. 管理费用　　　　　　　　　　D. 财务费用

三、判断题

1. 工业企业成本核算的内容就是产品生产成本即产品成本的核算。
2. 企业本期发生的成本与期间费用，都直接引起本期损益的变化。
3. 制造费用和管理费用均应作为期间费用处理，不计入产品成本。
4. 工业企业成本会计的对象就是指产品的生产成本。

5. "生产成本——基本生产成本"总账科目是为了进行归集基本生产所发生的各种生产费用和计算基本生产产品成本而设立的。基本生产所发生的各项费用，计入该科目的借方；完工入库的产品成本，计入该科目的贷方；该项目的余额，就是基本生产月末品的成本。

6. 进行成本核算时，应该正确划分完工产品与月末在产品的费用界限，防止任意提高或降低月末在产品费用，人为调节完工产品的成本。

四、实训题

资料：长江机械厂 1 月有关成本费用资料如下：

（1）生产耗用原材料 300 000 元。

（2）生产耗用燃料 6 000 元，生产耗用水电费 3 000 元。

（3）支付本月生产产品工人工资 1 500 100 元，生产管理人员工资 170 000 元。

（4）支付销售部门人员工资 4 000 元。

（5）支付广告费 300 000 元。

（6）支付企业管理人员工资 230 000 元。

（7）支付车间办公费 12 000 元。

（8）支付厂部办公室电话费 2 000 元。

（9）支付第一季度报纸杂志费 1 200 元。

（10）本月折旧 600 000 元，其中公司管理部门 70 000 元，车间 530 000 元。

（11）支付本季度利息 40 000 元。

要求：请分别计算生产成本、生产费用和期间费用的金额。

第三章
费用在各种产品以及期间费用之间的归集和分配

【学习目标】

1. 掌握原材料费用、燃料、动力费用的归集对象的确定和多种产品共同耗用一种材料费用的具体分配方法。

2. 掌握应付职工薪酬的组成内容,明确职工薪酬中计时工资、计件工资的计算方法,能根据结算表和分配表进行会计处理。

3. 掌握辅助生产费用和制造费用等费用的基本分配方法,掌握基本成本账户总账和明细账户的设置方法和结构。

【引导案例】

长春汽车配件厂主要生产与捷达轿车配套的Ⅰ型前驱轴和Ⅱ型前驱轴两种产品。产品生产过程分为以下几个阶段:下料与清洗阶段、初加工与热处理阶段、打磨与精加工阶段、组装阶段、检验阶段。设有两个辅助生产间,即机修车间和配电车间,负责对全厂机器设备的维修及产品生产电力配送。该厂产品生产自动化程度较高,各步骤机器工时均有记录;原材料消耗以产品消耗定额作为考核依据,生产时间以定额生产工时作为考核依据;生产工人工资除基本工资之外与加工轴承数量挂钩作为效益工资,废品在每个步骤均有记录,其他管理人员工资是每月基本工资加工人平均效益奖;基本生产车间与辅助生产车间经济效益独立考核。

该厂财务部门为了对新聘试用期的会计人员张某业务能力进行考察,要求其针对上述资料回答如下问题:(1)该企业原材料费用分配应采用什么方法?为什么?(2)该企业人工费用分配应采用什么方法?为什么?(3)该企业辅助生产费用分配应采用什么方法?为什么?(4)该企业制造费用分配应采用什么方法?为什么?[①]。

---

① 周云凌:《成本会计——原理、实务、案例、实训》,东北财经大学出版社2011年版。

第一节 各项要素费用的分配

一、要素费用分配概述

各项要素费用包括材料费用、外购动力费、职工薪酬等应当按照其用途和发生地点，进行归集和分配，具体内容包括：

（1）对于基本车间直接用于产品生产，专设成本项目的各项费用，应记入"基本生产成本"总账和"基本生产成本"明细账的相关成本项目；对于直接用于几种产品生产，而且专设成本项目的直接生产费用，应采用适当的分配方法分配后记入"基本生产成本"总账和"基本生产成本"明细账的相关成本项目。

（2）对于直接用于产品生产，但没有专设成本项目的各项费用以及间接用于产品生产的费用，应先记入"制造费用"总账及其所属明细账有关费用项目，然后转入或分配转入"基本生产成本"总账及所属明细账中的"制造费用"项目。

（3）用于辅助生产的费用，按两类情况分别处理：①若辅助车间单独设有"制造费用"账户，则其费用的处理方式可以参照基本车间的费用处理办法进行。②若辅助车间未设"制造费用"账户，则辅助车间发生的各项费用均记入"辅助生产成本"总账及所属明细账的相关费用项目。

（4）企业经营管理过程中发生的销售费用、行政部门的管理费用以及筹资费用等期间费用，应分别记入"销售费用""管理费用""财务费用"等账户，然后期末转入"本年利润"账户。

（5）上述费用中的各项间接计入费用，应选择适当的分配方法进行分配，分配费用的计算公式可以概括为：

$$费用分配率 = 待分配费用 \div 分配标准总额$$

$$某分配对象应分配的费用 = 该对象分配标准额 \times 费用分配率$$

其中分配的标准可以是产品重量、体积、产量、生产工时、机器工时等。

二、材料费用的分配

企业生产经营过程中领用的各种材料，如原材料及主要材料、半成品、辅助材料、低值易耗品等，都应当按照材料的用途进行分配和归集。

（一）原材料费用的分配

1. 原材料费用的分配原则

（1）对于用于产品生产并构成产品主要实体或有助于产品形成的各种原材料费用，应由所生产的产品负担，记入该产品成本计算单中的"直接材料"成本项目。各级账户平行登记。其中，为生产一种产品而耗用的材料费用，直接计入该产品成本；为生产几种产品而共同耗用的材料费用，则需要按照一定的标准分配计入各种产品成本。

（2）对于生产车间一般耗用的材料费用，应由生产车间负担，记入"制造费用"账户中的相关项目中。

（3）对于行政管理部门一般耗用的材料费用，应由行政管理部门负担，记入"管理费用"账户中的相关项目中。

2. 原材料费用的分配方法

为生产一种产品而耗用的材料费用，直接计入该产品成本。对于几种产品共同耗用的原材料费用，应选择合理的分配标准，分配计入各有关产品的成本。原材料费用分配标准可供选择的很多，如定额消耗量比例、定额费用比例、产品重量比例、产品产量比例等。企业应根据耗用材料的情况选择合理的标准进行分配。

（1）按原材料定额消耗量比例分配原材料费用。

该方法是以产品的材料定额消耗量作为分配标准，按照各种产品的材料定额耗用量比例分配材料费用的一种方法。适用于各项材料消耗定额健全且比较准确的企业。其计算公式如下：

① 某产品原材料定额耗用量 = 该产品实际产量 × 单位产品材料定额耗用量

② 原材料定额耗用量分配率 = $\dfrac{\text{原材料实际消耗总量}}{\text{各种产品原材料定额消耗量之和}}$

③ 某种产品应分配的实际原材料数量 = 该产品材料定额耗用量 × 原材料定额耗用量分配率

④ 某种产品应分配的原材料费用 = 某种产品应分配的实际材料数量 × 原材料单价

（2）按原材料定额费用比例分配原材料费用。

各项材料消耗定额健全且比较准确的企业也可以采用该类方法，其计算公式如下：

① 某种产品原材料定额费用 = 该产品实际产量 × 单位产品原材料费用定额

② 原材料费用分配率 = $\dfrac{\text{各种产品原材料实际费用总额}}{\text{各种产品原材料定额费用总额}}$

③ 某种产品分配的实际原材料费用 = 该种产品原材料定额费用 × 原材料费用分配率

【例 3 - 1】 长城公司某月生产甲、乙两种产品，共同耗用 A 材料 23 970 千克，A 材料单价为 3 元/千克，计 71 910 元。甲产品实际产量为 300 件，每件定额消耗 A 材料 20 千克；乙产品实际产量为 500 件，每件定额消耗材料为 35 千克。

要求：分别用定额耗用量比例分配法及定额费用比例分配法核算甲、乙两种产品应分摊的材料费用。

方法一：按原材料定额消耗量的比例分配法

甲产品原材料定额消耗量 = 300 × 20 = 6 000（千克）

乙产品原材料定额消耗量 = 500 × 35 = 17 500（千克）

原材料消耗量分配率 = 23 970 ÷ (6 000 + 17 500) = 1.02

甲产品应分配原材料实际消耗量 = 6 000 × 1.02 = 6 120（千克）

乙产品应分配原材料实际消耗量 = 17 500 × 1.02 = 17 850（千克）

甲产品应分配的实际原材料费用 = 6 120 × 3 = 18 360（元）

乙产品应分配的实际原材料费用 = 17 850 × 3 = 53 550（元）

方法二：按原材料定额费用的比例分配法

甲产品原材料定额费用 = 300 × 20 × 3 = 18 000（元）

乙产品原材料定额费用 = 500 × 35 × 3 = 52 500（元）

原材料费用分配比率 = 71 910 ÷ (18 000 + 52 500) = 1.02

甲产品应分配的实际原材料费用 = 18 000 × 1.02 = 18 360（元）

乙产品应分配的实际原材料费用 = 52 500 × 1.02 = 53 550（元）

（3）产品产量比例分配法。

以产品产量作为分配标准，按照各种产品的产量比例分配材料费用的一种方法。适用于产品所耗材料费用的多少与产品产量有直接联系的情况。计算公式如下：

$$\text{原材料费用分配率} = \dfrac{\text{待分配的原材料费用总额}}{\text{各种产品产量之和}}$$

某种产品应分配的原材料费用 = 该种产品产量 × 原材料费用分配率

【例 3 - 2】 长城公司生产甲、乙两种产品，共耗用 B 材料 4 032 千克，每千克 6 元，甲产品实际产量为 1 800 件，乙产品实际产量为 2 400 件，采用产品产量比例分配法分配材料费用。

分配材料费用的结果如下：

材料费用分配率 = (4 032 × 6) ÷ (1 800 + 2 400) = 5.76

甲产品应分配的材料费用 = 1 800 × 5.76 = 10 368（元）

乙产品应分配的材料费用 = 2 400 × 5.76 = 13 824（元）

(4) 产品重量比例分配法。

以产品重量作为分配标准,按照各种产品的重量比例分配材料费用的一种方法。适用于产品所耗材料费用的多少与产品重量有直接联系的企业。计算公式和方法参照产品产量比例分配法。

原材料费用的分配是通过编制原材料费用分配表进行的,根据原材料费用分配表上列示的材料用途而编制会计分录。原材料费用分配表要按车间、部门和原材料类别分别编制,分配表格式及举例见宏远公司20××年5月材料费用分配表(见表3-1)。

表3-1　　　　　　　　　原材料费用分配表

20××年5月

应借科目		直接计入金额(元)	分配计入		材料费用合计(元)
			定额消耗量	分配金额(元)(分配率2.1)	
基本生产成本	甲产品	12 000	21 000	44 100	56 100
	乙产品	10 000	12 000	25 200	35 200
	小计	22 000	33 000	69 300	91 300
辅助生产成本	供水车间	8 000			8 000
	供电车间	9 000			9 000
	小计	17 000			17 000
制造费用	基本生产车间	6 000			6 000
	供水车间	4 000			4 000
	供电车间	2 000			2 000
	小计	12 000			12 000
管理费用		800			800
销售费用		900			900
合计		52 700		69 300	122 000

根据原材料费用分配表编制会计分录,据依登记有关总账和明细账。会计分录如下:

借:基本生产成本——甲产品　　　　　　　　56 100
　　　　　　　——乙产品　　　　　　　　35 200
　　辅助生产成本——供水　　　　　　　　8 000
　　　　　　　——供电　　　　　　　　9 000
　　制造费用——基本车间　　　　　　　　6 000
　　　　　——供水车间　　　　　　　　4 000
　　　　　——供电车间　　　　　　　　2 000

管理费用	800
销售费用	900
贷：原材料	122 000

最后，上述原材料是按照实际成本进行核算分配的，如果原材料费用是按照计划成本进行核算，还应该分配材料成本差异额。

（二）燃料费用的分配

燃料费用分配是将燃料费用按照一定的原则和方法计入产品成本。燃料包括固体燃料、液体燃料和气体燃料。燃料也属于材料，假如企业在生产产品的过程中消耗的燃料数量较多，可以单独设置"燃料"会计科目，并在产品成本明细账中单独设置"燃料及动力"成本项目，用以归集和分配所发生的燃料费用。假如所消耗的燃料数量不多，可以将燃料并入"原材料"科目核算。

和材料费用一样，燃料费用也是按用途进行分配的：直接用于产品生产的材料费用记入各种产品成本明细账的"燃料及动力"成本项目。假如是生产一种产品发生的材料费用，可直接记入该产品成本明细账的"燃料及动力"成本项目，此时的燃料费用属于直接计入费用。假如是生产几种产品共同发生的燃料费用，可分配记入各种产品成本明细账的"燃料及动力"成本项目，此时的材料费用属于间接计入费用。间接计入的燃料费用在各种产品之间的分配可以采用燃料定额耗用量分配法、燃料定额费用分配法、重量比例分配法、实际产量分配法、产品体积分配法等。

直接用于辅助车间的燃料费用应直接记入"辅助生产成本"账户，对于间接用于生产以及用于企业管理和产品销售的费用，应分别记入"制造费用""管理费用"和"销售费用"账户。

【例3-3】 新大工厂8月份生产的甲、乙两种产品本月共发生燃料费用40 000元，共生产甲产品2 000件、乙产品6 000件，甲产品燃料费用定额为8元，乙产品燃料费用定额为4元。

按燃料定额费用分配未能计算甲、乙产品应负担的燃料费用如下：

（1）燃料费用分配率＝40 000÷（2 000×8＋6 000×4）＝1
（2）甲产品应分摊的燃料费用＝2 000×8×1＝16 000（元）
（3）乙产品应分摊的燃料费用＝6 000×4×1＝24 000（元）

会计分录如下：

借：基本生产成本——甲产品	16 000
——乙产品	24 000
贷：燃料	40 000

三、外购动力费用的分配

外购动力费用是指企业在生产经营、管理过程中耗用的从外部购进的各种动力,如电力、热力等。本企业自产的动力不包括在内。在有仪表记录的情况下,应根据仪表所示耗用动力的数量以及动力的单价计算;在没有仪表的情况下,可按生产工时比例、机器工时比例、定额耗电量比例分配。

1. 基本车间外购动力费的分配方法

(1) 直接用于产品生产工艺动力用电,属于直接燃料及动力,应记入"基本生产成本"总账和相应产品的基本生产成本明细账的"直接燃料及动力"成本项目。

(2) 基本生产车间照明用电,则记入"制造费用"总账和所属明细账进行归集。月末分配记入"基本生产成本"总账和相应产品的基本生产成本明细账的"制造费用"成本项目。

2. 辅助生产车间耗用的动力分配方法

(1) 直接用于辅助产品生产工艺动力用电,应记入"辅助生产成本"总账和相应产品或劳务的明细账的"直接燃料及动力"成本项目。用于辅助生产车间照明用电先记入"制造费用"总账和所属明细账进行归集。月末分配记入"辅助生产成本"总账和所属明细账的"制造费用"成本项目。

(2) 如果辅助生产不对外提供商品产品,而且辅助生产车间规模较小、辅助产品或劳务单一时,为了简化核算工作,可不设辅助生产的"制造费用"科目,辅助生产车间耗用所有电力直接全部记入"辅助生产成本"总账和相应的明细账。

3. 销售机构、行政管理部门耗用的电力

销售机构、行政管理部门耗用的电力,不计入产品成本,而应分别记入"销售费用""管理费用"总账和所属明细账,作为期间费用转入"本年利润"账户,冲减当期损益。

【例3-4】8月份某企业耗电40 000度,每度电的单价0.4元,应付电力费16 000元,未付。该企业基本生产车间耗电33 000度,其中车间照明电3 000度,企业行政管理部门耗用7 000度。企业基本生产车间生产A、B两种产品,A产品生产工时36 000小时,B产品生产工时24 000小时。

要求:按所耗电度数分配电力费用,A、B产品按生产工时分配电费(见表3-2),编制分配电力费用的会计分录。

基本生产车间电费 = 33 000 × 0.4 = 13 200(元)

其中:照明用电 = 3 000 × 0.4 = 1 200(元)

A产品电费 = 12 000/(36 000 + 24 000) × 36 000 = 7 200（元）
B产品电费 = 12 000/(36 000 + 24 000) × 24 000 = 4 800（元）

表 3-2　　　　　　　外购动力费用分配表
20××年5月

应借科目		成本或费用项目	生产工时（小时）（分配率0.2）	度数（分配率0.4）	金额（元）
基本生产成本	A产品	直接燃料和动力	36 000		7 200
	B产品	直接燃料和动力	24 000		4 800
	小计		60 000		12 000
制造费用	基本生产车间	水电费		3 000	1 200
管理费用	行政管理部门	水电费		7 000	2 800
合计					16 000

外购动力费用的分配通过编制外购动力费用分配表进行。外购动力费用总额应根据有关转账凭证或付款凭证记入"应付账款"或"银行存款"账户的贷方。

根据外购动力分配表编制的会计分录如下：

借：基本生产成本——甲产品　　　　　　　7 200
　　　　　　　　——乙产品　　　　　　　4 800
　　制造费用　　　　　　　　　　　　　　1 200
　　管理费用　　　　　　　　　　　　　　2 800
　贷：应付账款　　　　　　　　　　　　　　　　16 000

四、职工薪酬的分配

职工薪酬是指企业为获得职工提供的服务或解除劳动关系而给予各种形式的报酬或补偿，具体包括短期薪酬、离职后福利、辞退福利和其他长期职工福利。企业提供给职工配偶、子女、受赡养人、已故员工遗属及其他受益人等的福利，也属于职工薪酬。

（一）工资费用的分配

工资费用分配是指将工资费用按照一定的原则和方法计入产品成本。由于工资形式不同，工资费用的分配方法也各不相同。现以计时工资形式与计件工资形式分别介绍直接工资费用的分配方法。在计时工资形式下，如果基本生产车间只生产一种产品，则可以将该项工资直接记入该产品成本明细账的"直接人工"成本项目；如果生产两种以上的产品，则可以将该车间生产工人的工资按工时比例进行分配后记入各有关品种的成本明细账该成本项目。在计件工资形式下，可直接根据各种产量记录所记合格品数乘以计件单价求得，并将其直接记入各有关产品成本明细账的"直接人工"成本项目。至于计件工人应得的津贴、补贴和非工作时间的工资，一般应按各种产品计件工资费用比例进行分配。

1. 计时工资和计件工资的计算

工资作为职工薪酬的重要组成部分，在工资总额中较大比重。而工资总额中计时工资和计件工资又是构成工资总额的主要内容，所以需要采用一定的方法进行计算。

（1）计时工资的计算。计时工资是指按照劳动者的工作时间来计算工资的一种方式。计时工资可分为：月工资制、日工资制和小时工资制等。其中最常用的是月薪制的计算，所以下面只重点介绍月薪制下计时工资的计算。在月薪制下，不论当月日历天数多少，只要职工该月出全勤，即可领取固定的月标准工资额。如果发生缺勤，可按下列公式计算应付工资额：

$$应付工资 = 月标准工资 - 应扣缺勤工资$$
$$应扣缺勤工资 = 缺勤天数 \times 日工资率 \times 缺勤扣款比例$$

或者

$$应付工资 = 出勤天数 \times 日工资率 + 应发缺勤工资$$
$$应发缺勤工资 = 缺勤天数 \times 日工资率 \times (1 - 缺勤扣款比例)$$

从上述公式可以看出，为了计算应付工资额，还应当根据月标准工资额计算日工资率。由于各月的日历天数不同，为了简化核算，日工资率一般按下列两种方法计算：第一，每月按30天固定计算，用月标准工资除以30求得日工资率；第二，用月平均工作天数20.83（365天减去104个双休日和11个法定节假日）计算日工资率，用月标准工资除以20.83求得日工资率。应付工资额可以按照日工资率乘以出勤天数计算，也可以按月标准工资扣除缺勤工资计算。这样应付工资有四种计算方法：第一，按30日计算日工资率，按缺勤天数扣除月工资；第二，按30日计算日工资率，按出勤天数计算月工资；第三，按20.83天计算日工资率，按缺勤天数扣除月工资；第四，按20.83天计算日工资率，按出勤天数计算月工资。

在按30天计算日工资率的企业中，出勤期间的节假日也算工资，缺勤期间的节假日要按缺勤天数扣除工资。在按20.83天计算日工资率的企业中，节假日不算，不扣工资。

【例3-5】假定某企业某工人的月标准工资为3 600元。某月，该工人病假4天，事假3天，周末休假9天，出勤15天。按照企业规定该工人病假工资按标准工资额的80%计算。该工人在病假和事假期间没有节假日。

按照上述四种方法分别计算该工人该月的应付工资：

第一，按 30 日计算日工资率，按缺勤天数扣除月工资。

日工资率 = 3 600 ÷ 30 = 120（元）

应扣病假工资 = 120 × 4 ×（1 − 80%）= 96（元）

应扣事假工资 = 120 × 3 = 360（元）

应付工资 = 3 600 − 96 − 360 = 3 144（元）

第二，按 30 日计算日工资率，按出勤天数计算月工资。

应付出勤工资 = 120 ×（15 + 9）= 2 880（元）

应付病假工资 = 120 × 4 × 80% = 384（元）

应付工资 = 2 880 + 384 = 3 264（元）

第三，按 20.83 天计算日工资率，按缺勤天数扣除月工资。

日工资率 = 3 600 ÷ 20.83 = 172.83（元）

应扣病假工资 = 172.83 × 4 ×（1 − 80%）= 138.26（元）

应扣事假工资 = 172.83 × 3 = 518.49（元）

应付工资 = 3 600 − 138.26 − 518.49 = 2 943.25（元）

第四，按 20.83 天计算日工资率，按出勤天数计算月工资。

应付出勤工资 = 172.83 × 15 = 2 592.45（元）

应付病假工资 = 172.83 × 4 × 80% = 553.06（元）

应付工资 = 2 592.45 + 553.06 = 3 145.51（元）

（2）计件工资的计算。计件工资是按照劳动者生产合格产品的数量和预先规定的计件单价计量和支付劳动报酬的一种工资形式。计件工资按计件对象不同分为个人计件工资和集体计件工资，下面内容将重点讲解个人计件工资的计算。

个人计件工资的计算。职工的计件工资应根据登记的每个工人的产品产量，乘以规定的计价单价计算。这里的产量包括不是由于工人自身过失造成的不合格品产量。由于工人本人过失造成的不合格品，不支付工资。

产品计价单价是根据工人生产单位产品所需工时定额和该级工人每小时工资率计算得出的。

计件工资的计算公式为：

$$某种产品的计件单价 = 单位产品所需工时定额 \times 该级工人每小时工资率$$

$$应付工资 = \sum 月内每种产品的产量 \times 该种产品的计件单价$$

【例 3 − 6】假定甲、乙两种产品由一级工人加工。甲产品的工时定额为 30 分钟，乙产品工时定额为 45 分钟。一级工人的小时工资率为 12 元。如果某位一级工人共加工甲产品 100 件，乙产品 400 件，求该工人的计件工资。

甲、乙产品的计件工资单价计算如下：

甲产品计价单价 = 12 × 30/60 = 6（元）

乙产品计价单价 = 12 × 45/60 = 9（元）

该工人的计件工资 = 100 × 6 + 400 × 9 = 4 200（元）

2. 工资费用的分配

工资费用的分配是指将企业职工工资，按照其用途和发生部门进行归集和分配。企业生产经营发生的工资费用，应计入产品成本和期间费用。

生产工人的计件工资属于直接计入费用，应记入"基本生产成本"科目及其所属明细账的"直接人工"成本项目。生产工人的计时工资在生产一种产品时属于直接计入费用可以直接计入产品成本，在生产多种产品时，则属于间接计入费用，应按照产品的实际生产工时比例或定额生产工时比例等分配标准分配后再记入各种产品明细账的"直接人工"成本项目。

按照产品生产工时（定额或实际）比例分配生产工人薪酬费用的计算公式如下：

$$工资费用分配率 = \frac{某车间生产工人计时工资总额}{该车间各种产品生产工时（实际或定额）总额}$$

$$某种产品应分配计时工资 = 该产品生产工时（实际或定额） \times 工资费用分配率$$

【例3-7】某公司生产甲、乙两种产品，两种产品的计时工资为300 000元。甲、乙产品的实际生产工时分别为2 000小时和3 000小时。求甲、乙产品分配的工资费用。

按生产工时比例分配如下：

$$工资费用分配率 = \frac{300\ 000}{2\ 000 + 3\ 000} = 6$$

甲产品分配工资费用 = 2 000 × 6 = 12 000（元）

乙产品分配工资费用 = 3 000 × 6 = 18 000（元）

生产车间管理人员和技术人员工资应记入"制造费用"科目；其他部门人员工资应分别记入"销售费用""管理费用"等相关账户。

工资费用分配是通过编制工资费用分配表进行的，根据工资费用分配表编制会计分录，登记有关总账和明细账。

【例3-8】宏远公司20××年工资费用分配表如表3-3所示。

表 3-3　　　　　　　　　　　工资费用分配表

20××年6月　　　　　　　　金额单位：元

应借科目		成本或费用项目	直接计入	分配计入			工资费用合计
				生产工时（小时）	分配率	分配金额	
基本生产成本	甲产品	直接人工	70 000	30 000	6	180 000	250 000
	乙产品	直接人工	60 000	50 000	6	300 000	360 000
	小计		130 000	80 000		480 000	610 000
辅助生产成本	供水	直接人工	20 000				20 000
	运输	直接人工	30 000				30 000
	小计		50 000				50 000
制造费用	基本车间	职工薪酬	40 000				40 000
	供水车间	职工薪酬	50 000				50 000
	运输车间	职工薪酬	30 000				30 000
	小计		120 000				120 000
管理费用		职工薪酬	10 000				10 000
合计			310 000			480 000	790 000

根据工资费用分配表编制的会计分录如下：

借：基本生产成本——甲产品　　　　　　250 000
　　　　　　　　——乙产品　　　　　　360 000
　　辅助生产成本——供水车间　　　　　 20 000
　　　　　　　　——运输车间　　　　　 30 000
　　制造费用——基本生产车间　　　　　 40 000
　　　　　　——供水车间　　　　　　　 50 000
　　　　　　——运输车间　　　　　　　 30 000
　　管理费用　　　　　　　　　　　　　 10 000
　　贷：应付职工薪酬　　　　　　　　　790 000

（二）其他职工薪酬的分配

其他职工薪酬包含的内容较多，这里只讲述职工福利费、各种保险费、住房公积金、工会经费、职工教育经费的分配。

根据有关规定，上述职工薪酬应当按照工资总额的一定比例提取，并根据收益对象记入相关产品的成本和费用账户。

【例3-9】假定宏远公司20××年6月应付职工的工资数额如表3-3所示，企业按照有关规定，从工资总额中按一定比例提取了职工福利费、各种保险费、住房公积金、工会经费、职工教育经费费用。本例为简化计算，假设企业按40%的总计比例提取上述各项费用。

根据表3-3和相应计提比例，计算宏远公司6月份其他职工薪酬如下：

应记入"基本生产成本"账户的其他职工薪酬为：

甲产品：250 000 × 40% = 100 000（元）

乙产品：360 000 × 40% = 144 000（元）

应记入"辅助生产成本"账户的其他职工薪酬为：

供水：20 000 × 40% = 8 000（元）

运输：30 000 × 40% = 12 000（元）

应记入"制造费用"账户的其他职工薪酬为：

基本生产车间：40 000 × 40% = 16 000（元）

供水：50 000 × 40% = 20 000（元）

运输：30 000 × 40% = 12 000（元）

应记入"管理费用"账户的其他职工薪酬为：

10 000 × 40% = 4 000（元）

根据以上计算编制宏远公司其他职工薪酬分配表，如表3-4所示。

表3-4　　　　　其他职工薪酬费用分配表

20××年6月　　　　　　　　　　　　　　　单位：元

应借科目	成本或费用项目		工资总额	计提其他职工薪酬
基本生产成本	甲产品	直接人工	250 000	100 000
	乙产品	直接人工	360 000	144 000
	小计		610 000	244 000
辅助生产成本	供水	直接人工	20 000	8 000
	运输	直接人工	30 000	12 000
	小计		50 000	20 000
制造费用	基本车间	职工薪酬	40 000	16 000
	供水车间	职工薪酬	50 000	20 000
	运输车间	职工薪酬	30 000	12 000
	小计		120 000	48 000
管理费用		职工薪酬	10 000	4 000
合计			790 000	316 000

根据其他职工薪酬费用分配表编制的会计分录如下：

```
借:基本生产成本——甲产品              100 000
          ——乙产品                    144 000
    辅助生产成本——供水车间              8 000
          ——运输车间                   12 000
    制造费用——基本生产车间              16 000
          ——供水车间                   20 000
          ——运输车间                   12 000
    管理费用                             4 000
  贷:应付职工薪酬                                316 000
```

五、固定资产折旧费用的分配

固定资产在长期使用过程中保持实物形态不变,但其价值随着固定资产的损耗而逐渐降低,这部分减少的价值即为固定资产折旧,它应该以折旧费的形式计入产品成本和期间费用。企业生产车间的折旧费用应当计入产品成本,企业管理部门、销售部门的折旧费应计入期间费用。企业生产产品需要多种机器设备,而且某种设备可能要用于多种产品的生产,所以,生产车间机器设备的折旧费虽然是直接用于产品的生产,但属于间接计入费用。为了简化核算工作,没有专设成本项目,而是与生产车间的其他固定资产折旧费一起记入"制造费用"科目,对于企业行政管理部门和销售部门的固定资产折旧费用,分别记入"管理费用""销售费用"科目。

关于企业固定资产的折旧方法和计算折旧的范围等内容,请参见《财务会计学》的相关内容,这里不再述及。

折旧费用的分配是通过编制折旧费用分配表进行的,企业据以编制会计分录,登记总账和相关明细账户。折旧费用分配表格式如表3-5所示。

【例3-10】宏远公司20××年6月的折旧费用分配表如表3-5所示。

表3-5　　　　　　　　折旧费用分配表

20××年6月　　　　　　　　单位:元

项目	基本生产车间	辅助生产车间		行政管理部门	专设销售机构	合计
		供水	供电			
折旧费	12 000	6 000	4 000	3 000	2 000	27 000

企业编制的会计分录如下:

借：制造费用——基本生产车间	12 000
——供水车间	6 000
——运输车间	4 000
管理费用	3 000
销售费用	2 000
贷：应付职工薪酬	27 000

六、利息费用

要素费用中的利息费用，不是产品成本的组成部分，而是企业财务费用的组成部分。企业从银行借入短期借款的利息，一般按季定期支付；若从其他金融机构或有关企业借入，借款利息一般于到期日连同本金一起支付。为了正确反映各月借款利息的实际情况，会计上应按权责发生制原则，按月计提利息；如果数额不大，也可于实际支付月份一次计入当期损益。短期借款利息一般计入财务费用，利息预提的，应在"应付利息"科目中核算，不通过"短期借款"科目核算。长期借款及其利息费用的核算比较复杂，请参见《财务会计学》相关内容，这里不再述及。

【例3-11】假定宏远公司20××年1月1日从银行取得期限3个月，年利率为10%的短期借款240 000元，用于生产经营周转。该企业对短期借款的利息支出采用预提的办法处理。

有关会计分录如下：

1. 取得借款时

借：银行存款	240 000
贷：短期借款	240 000

2. 各月（1月、2月、3月）末预提利息费用

月末预提利息费用 $=240\ 000 \times 10\% \times \dfrac{1}{12} = 2\ 000$（元）

借：财务费用	2 000
贷：应付利息	2 000

3. 该项借款到期，归还本息

借：短期借款	240 000
应付利息	6 000
贷：银行存款	300 000

七、税金

要素费用中的税金，如印花税、房产税、车船税和土地使用

税，不是产品成本的组成部分，而是期间费用中管理费用的组成部分，可以在"管理费用"账户中设置"税金"费用项目予以反映。对于印花税，如果购买税票金额较小，可直接记入"管理费用"账户；如果印花税是一次购买，分期使用，且金额较大，可以作为待摊费用处理。购买时，借记"待摊费用"账户，贷记"银行存款"科目；按月摊销时，借记"管理费用"账户，贷记"待摊费用"账户。

对于预先计算应交金额，然后缴纳税金的，如房产税、车船使用税和土地使用税等，在计算应交税金时，借记"管理费用"科目，贷记"应交税费"科目；在实际缴纳时，应借记"应交税费"科目，贷记"银行存款"科目。本部分例题略。

八、其他费用

其他费用是指除上述费用以外的其他费用，包括差旅费、邮电费、运输费、办公费、水电费等。这些费用有些是产品成本的组成部分，有的是期间费用的组成部分。因此这些费用发生时，要根据有关的付款凭证，按照费用的用途分别借记"制造费用""辅助生产费用""管理费用""销售费用"等账户。

【例3-12】宏远公司以银行存款支付6月份的费用42 000元，其中，基本车间的水电费2 000元，供水车间的办公费800元，销售机构的广告费30 000元，办公费700元，企业行政管理部门的办公费8 500元。

根据付款凭证，编制的会计分录如下：

借：制造费用——基本生产车间 　　　　　2 000
　　　　　　——供水车间 　　　　　　　　800
　　管理费用 　　　　　　　　　　　　　8 500
　　销售费用 　　　　　　　　　　　　　30 700
　贷：银行存款 　　　　　　　　　　　　　42 000

【例3-13】宏远公司20××年5月用银行存款支付保险费11 000元，其中，基本生产车间为7 000元，供电车间为2 000元，行政管理部门为1 300元，专设销售机构为700元。

借：制造费用——基本生产车间 　　　　　7 000
　　　　　　——供电车间 　　　　　　　2 000
　　管理费用 　　　　　　　　　　　　　1 300
　　销售费用 　　　　　　　　　　　　　700
　贷：银行存款 　　　　　　　　　　　　　11 000

【例 3-14】 宏远公司以银行存款 6 月份办公房租金 42 000 元。

会计分录如下：

借：管理费用　　　　　　　　　　　　　42 000
　　贷：银行存款　　　　　　　　　　　　　　42 000

通过对以上各种要素费用的核算、分配，已经将这些费用按照用途分别借记"基本生产成本"总账科目及其所属明细科目的"直接材料""直接燃料和动力""直接人工"等成本项目，"制造费用""辅助生产成本""管理费用"等账户。

第二节　辅助生产费用的归集和分配

辅助生产指主要为基本生产车间、企业行政管理部门等单位服务而进行的产品生产和劳务供应。辅助生产费用是指企业所属辅助生产部门为生产提供工业性产品和劳务所发生的各种辅助生产费用。由于辅助生产车间提供的可能是产品，也可能是劳务，所以核算的方法也不太一样。若提供的是产品，其核算同于基本生产车间的产品；若提供的是劳务，则应根据辅助生产车间所提供的产品或劳务的数量及其受益单位和程序等情况的不同采用适当的方法进行分配。

一、辅助生产费用的归集

为了归集所发生的辅助生产费用，应设置"辅助生产成本"科目，按辅助生产车间及其生产的产品、劳务的种类进行明细核算。日常发生的各种辅助生产费用，在"辅助生产成本"科目的借方进行归集。需要说明的是，辅助生产车间发生的制造费用，可以直接在"辅助生产成本"科目的借方归集；也可以通过"制造费用"科目进行，月末再结转到"辅助生产成本"科目的借方。若为计算简单，可直接归属于"辅助生产成本"。

二、辅助生产费用的分配

由于辅助生产车间提供的可能是产品，也可能是劳务，所以核算的方法也不太一样。若提供的是产品，其核算同于基本生产车间的产品；若提供的是劳务，则应根据辅助生产车间所提供的产品或劳务的数量及其受益单位和程序等情况的不同采用适当的方法进行分配。分配遵循统一的分配原则，即根据辅助生产车间所提供的产品和劳务数量，采用一定的分配标准和方法，将费用从"辅助生产成本"账户的贷方分别转入各有关账户。辅助生产提供的产品和劳务，主要是为基本生产车间和管理部门使用和服务的，但在某些辅助生产车间之间也有相互提供产品和劳务的情况。如，锅炉车间为供电车间供汽取暖，供电车间也为锅炉车间提供电力。这样，为了计算供汽成本，就要确定供电成本；为了计算供电成本，又要确定供汽成本。这里就存在一个辅助生产成本在各辅助生产成本在各辅助生产车间交互分配的问题。因此，采用什么样的方法处理各辅助车间之间的费用分配问题是辅助生产费用分配的特点。

分配辅助生产费用的方法主要有直接分配法、顺序分配法、交互分配法、代数分配法和按计划成本分配法等。

（一）直接分配法

直接分配法是指不考虑辅助生产内部相互提供的劳务量，即不经过辅助生产成本的交互分配，直接将各辅助生产车间发生的成本分配给辅助生产以外的各个受益单位或产品一种分配方法。

【例3-15】某企业有供水和供电两个辅助生产车间，主要为本企业基本生产车间和行政管理等部门服务，根据"辅助生产成本"明细账汇总的资料，供水车间本月发生的费用为50 080元，供水车间本月发生的费用为96 000元。各辅助生产车间提供的产品或劳务数量见表3-6。

表3-6　　　　辅助生产车间提供的产品或劳务数量

受益单位	耗水（立方米）	耗电（度）
基本生产车间——甲产品		20 600
基本生产车间	41 000	16 000
供电车间	20 000	
供水车间		6 000
行政管理部门	16 000	2 400
专设销售机构	5 600	1 000
合计	82 600	46 000

采用直接分配法的辅助生产费用分配表详见表3-7。

表 3-7　　　　　　　　　　辅助生产费用分配表

（直接分配法）　　　　　　　单位：元

项目		供水车间	供电车间	合计
待分配辅助生产费用		50 080	96 000	146 080
供应辅助生产以外的数量		62 600	40 000	
单位成本（分配率）		0.8	2.4	
基本生产车间——甲产品	耗用数量		20 600	
	分配金额		49 440	49 440
基本生产车间	耗用数量	41 000	16 000	
	分配金额	32 800	38 400	71 200
供电车间	耗用数量	20 000		
	分配金额	—		
供水车间	耗用数量		6 000	
	分配金额		—	
行政管理部门	耗用数量	16 000	2 400	
	分配金额	12 800	5 760	18 560
专设销售机构	耗用数量	5 600	1 000	
	分配金额	4 480	2 400	6 880
合计		50 080	96 000	146 080

有关数据的计算过程如下：

单位成本（分配率）＝

$$\frac{待分配辅助生产费用}{辅助生产劳务（产品）总量 - 其他辅助生产劳务（产品）耗用量}$$

供水车间单位成本 $= \dfrac{50\ 080}{82\ 600 - 20\ 000} = 0.8$（元/立方米）

供电车间单位成本 $= \dfrac{96\ 000}{46\ 000 - 6\ 000} = 2.4$（元/度）

根据辅助生产费用分配表编制的会计分录如下：

借：基本生产成本——甲产品　　　　　　49 440
　　制造费用　　　　　　　　　　　　　71 200
　　管理费用　　　　　　　　　　　　　18 560
　　销售费用　　　　　　　　　　　　　 6 880
　　贷：辅助生产成本——供水　　　　　50 080
　　　　　　　　——供电　　　　　　　96 000

采用直接分配法时，由于辅助生产车间相互提供产品或劳务量差异较大时，分配结果往往与实际不符，因此，这种分配方法只适宜在辅助生产内部相互提供产品或劳务不多、不进行费用的交互分配对辅助生产成本和产品制造成本影响不大的情况下采用。

（二）顺序分配法

顺序分配法是在各辅助生产车间分配费用时，按照各辅助生产车间受益多少的顺序排列，并逐一将其费用分配给其他车间（包括排在后面的辅助生产车间）、部门。受益少的辅助生产车间排在前面，受益多的辅助生产车间排在后面，并依次序向后面各车间、部门分配，后面的辅助生产车间费用不再对前面的辅助生产车间进行分配。

【例3-16】沿用【例3-15】的资料。按顺序分配法分配辅助生产费用：

1. 确定辅助生产费用的分配顺序

供水车间单位成本 $= \dfrac{50\,080}{82\,600} = 0.6063$（元/立方米）

供电车间单位成本 $= \dfrac{96\,000}{46\,000} = 2.0870$（元/度）

供水车间为供电车间提供的服务 $= 20\,000 \times 0.6063 = 12\,126$（元）
供电车间为供水车间提供的服务 $= 6\,000 \times 2.0870 = 12\,522$（元）

通过计算知道，供电车间的受益要小于供水车间，因此供电车间排在前面先分配费用。

2. 分配辅助生产费用

先分配供电车间费用

供电车间单位成本 $= \dfrac{96\,000}{46\,000} = 2.0870$（元/度）

供水车间分配的电费 $= 6\,000 \times 2.0870 = 12\,522$（元）
甲产品分配的电费 $= 20\,600 \times 2.0870 = 42\,992.20$（元）
基本生产车间分配的电费 $= 16\,000 \times 2.0870 = 33\,392$（元）
行政管理部门分配的电费 $= 2\,400 \times 2.0870 = 5\,008.8$（元）
专设销售机构分配的电费 $= 96\,000 - (12\,522 + 42\,992.20 + 33\,392 + 5\,008.8) = 2\,085$（元）

再分配供水车间费用

供水车间待分配费用 $= 50\,080 + 12\,522 = 62\,602$（元）

供水车间单位成本 $= \dfrac{62\,602}{82\,600 - 20\,000} = 1.0$（元/立方米）

基本生产车间分配的电费 $= 41\,000 \times 1.0 = 41\,000$（元）

行政管理部门分配的电费 = 16 000 × 1.0 = 16 000（元）

专设销售机构分配的电费 = 62 602 − (41 000 + 16 000) = 5 602（元）

采用顺序分配法的辅助生产费用分配表详见表3−8。

表3−8　　　　　　　辅助生产费用的分配表
（顺序分配法）　　　　　　　　　　单位：元

项目		供电车间	供水车间	合计
待分配辅助生产费用		96 000	62 602	158 602
提供劳务的数量		46 000	62 600	
单位成本（分配率）		2.087	1.0	
基本生产车间——甲产品	耗用数量	20 600		
	分配金额	42 992.2		42 992.2
基本生产车间	耗用数量	16 000	41 000	
	分配金额	33 392	41 000	74 392
供电车间	耗用数量		20 000	
	分配金额		—	
供水车间	耗用数量	6 000		
	分配金额	12 522		12 522
行政管理部门	耗用数量	2 400	16 000	
	分配金额	5 008.8	16 000	21 008.8
专设销售机构	耗用数量	1 000	5 600	
	分配金额	2 085*	5 602*	7 687
合计		96 000	62 602	158 602

注：*数字四舍五入，小数尾差计入销售费用。

3. 根据辅助生产费用分配表编制的会计分录如下

（1）分配电费。

借：基本生产成本——甲产品　　　　　42 992.20
　　辅助生产成本——供水　　　　　　12 522
　　制造费用　　　　　　　　　　　　33 392
　　管理费用　　　　　　　　　　　　5 008.8
　　销售费用　　　　　　　　　　　　2 085
　　贷：辅助生产成本——供电　　　　　　　96 000

(2) 分配水费。

借：制造费用　　　　　　　　　　　　　41 000
　　管理费用　　　　　　　　　　　　　16 000
　　销售费用　　　　　　　　　　　　　 5 602
　贷：辅助生产成本——供电　　　　　　　　　62 602

采用顺序分配法，在一定程度上考虑了辅助生产车间互相提供劳务因素，计算工作有所简化。但由于排列在前的辅助生产车间不负担排列在后的辅助生产车间的费用，因而分配结果的正确性会受一定的影响。所以，这种方法仅适用于各辅助生产车间之间相互受益程序有明显顺序的企业采用。

（三）交互分配法

交互分配法，是对各辅助生产车间的成本费用进行交互分配和直接分配两次分配。首先，根据各辅助生产车间相互提供的产品或劳务的数量和交互分配率，在各辅助生产车间之间进行一次交互分配；其次，将各辅助生产车间交互分配后的实际费用（交互分配前的成本费用加上分配转入的成本费用，减去交互分配转出的费用），再按对外提供产品或劳务数量，在辅助生产车间以外的各受益单位之间进行分配。

【例3-17】宏远公司设有供电、修理两个辅助生产车间，根据"辅助生产成本"明细账汇总的资料，修理车间本月发生的费用为1 800元，供电车间本月发生的费用为4 000元。各辅助生产车间提供的产品或劳务数量表见表3-9。

表3-9　　　　辅助生产车间提供的产品或劳务数量表

受益单位	修理服务（小时）	耗电量（度）
基本生产车间——甲产品	200	10 000
基本生产车间	100	4 000
修理车间		2 000
供电车间	100	
行政管理部门	120	2 200
专设销售机构	80	1 800
合计	600	20 000

根据表3-9中所列数字，采用交互分配法分配辅助生产费用，分配结果见表3-10。

表 3-10　　　　　　　　　辅助生产费用的分配

（交互分配法）　　　　　　　　　　单位：元

项目			修理车间	供电车间	合计
待分配辅助生产费用			1 800	4 000	5 800
提供劳务的数量			600 小时	20 000 度	
交互分配	单位成本（分配率）		3	0.2	
	修理车间	耗用数量		2 000	
		分配金额		400	400
	供电车间	耗用数量	100		
		分配金额	300		300
对外分配	待分配辅助生产费用		1 900	3 900	5 800
	单位成本（分配率）		3.8	0.2167	
	基本生产车间——甲产品	耗用数量	200	10 000	
		分配金额	760	2 167	2 927
	基本生产车间	耗用数量	100	4 000	
		分配金额	380	866.8	1 246.8
	行政管理部门	耗用数量	120	2 200	
		分配金额	456	476.74	932.74
	专设销售机构	耗用数量	80	1 800	
		分配金额	304	389.46*	693.46
合计			1 900	3 900	5 800

注：*数字四舍五入，小数尾差计入销售费用。

表 3-10 中有关数据计算过程如下：

（1）交互分配。

修理费的分配率 = 1 800/600 = 3

电费的分配率 = 4 000/20 000 = 0.2

供电车间分配的修理费 = 100 × 3 = 300（元）

修理车间分配的电费 = 2 000 × 0.2 = 400（元）

（2）交互分配后的实际费用。

供电车间的实际费用 = 4 000 + 300 - 400 = 3 900（元）

修理车间的实际费用 = 1 800 + 400 - 300 = 1 900（元）

（3）对外分配。

修理费的分配率 = 1 900/(600 - 100) = 3.8

电费的分配率 = 3 900/(20 000 - 2 000) = 0.2167

甲产品分配的修理费 = 200 × 3.8 = 760（元）

甲产品分配的电费 = 10 000 × 0.2167 = 2 167（元）
基本车间分配的修理费 = 100 × 3.8 = 380（元）
基本车间配的电费 = 4 000 × 0.2167 = 866.8（元）
行政管理部门分配的修理费 = 120 × 3.8 = 456（元）
行政管理部门分配的电费 = 2 200 × 0.2167 = 476.74（元）
专设销售机构分配的修理费 = 80 × 3.8 = 304（元）
专设销售机构分配的电费 = 1 800 × 0.2167 = 389.46（元）

根据辅助生产费用分配表编制的会计分录如下：

（1）交互分配。

借：辅助生产成本——修理车间　　　　　　400
　　　　　　　　——供电车间　　　　　　300
　　贷：辅助生产成本——修理车间　　　　　　300
　　　　　　　　——供电车间　　　　　　400

（2）对外分配。

借：基本生产成本——甲产品　　　　　　2 927
　　制造费用　　　　　　　　　　　　1 246.80
　　管理费用　　　　　　　　　　　　932.74
　　销售费用　　　　　　　　　　　　693.46
　　贷：辅助生产成本——修理车间　　　　　　1 900
　　　　　　　　——供电车间　　　　　　3 900

采用交互分配法要进行两次分配，增加了计算工作量，但是提高了分配结果的正确性。此方法适合于在各辅助生产车间较多，相互提供劳务量较大情况下采用。

（四）代数分配法

代数分配法，是用数学中解联方程的方法，计算辅助生产劳务的单位成本（分配率），然后根据各受益单位（包括辅助生产车间）耗用的数量和单位成本计算分配辅助生产费用的一种方法。采用这种分配方法的计算程序是：首先，将辅助生产车间产品或劳务的单位成本设为未知数，并根据各辅助生产车间相互提供的劳务数量，求解联立方程，计算出辅助生产车间产品或劳务的单位成本；其次，再根据各受益单位（包括辅助生产车间）耗用的数量和单位成本计算分配辅助生产费用。

【例3-18】沿用上例交互分配法下修理和供电车间的有关资料，设修理车间的修理费单位成本为 x 元，供电车间电费单位成本为 y 元。根据以上资料建立以下联立方程：

$1\ 800 + 2\ 000y = 600x$

$4\ 000 + 100x = 20\ 000y$

解此联立方程得：

x = 3.7287

y = 0.2186

根据 x、y 的值以及各受益单位所耗用的修理小时数和电的度数，即可求出各受益单位应负担的费用金额。编制的辅助生产费用分配表如表 3-11 所示。

表 3-11 辅助生产费用分配表
（代数分配法） 单位：元

项目		修理车间	供电车间	合计
待分配辅助生产费用		2 237.22	4 372	6 609.22
提供劳务的数量		600 小时	20 000 度	
单位成本（分配率）		3.7287	0.2186	
修理车间	耗用数量		2 000	
	分配金额		437.2	437.2
供电车间	耗用数量	100		
	分配金额	372.87		372.87
基本生产车间——甲产品	耗用数量	200	10 000	
	分配金额	745.74	2 186	2 931.74
基本生产车间	耗用数量	100	4 000	
	分配金额	372.87	874.4	1 247.27
行政管理部门	耗用数量	120	2 200	
	分配金额	447.44	480.92	928.36
专设销售机构	耗用数量	80	1 800	
	分配金额	298.3*	393.48	691.78
合计		2 237.22	4 372	6 609.22

注：*数字四舍五入，小数尾差计入销售费用。

根据辅助生产费用分配表编制会计分录如下：

借：基本生产成本——甲产品　　　　　2 931.74
　　辅助生产成本——修理车间　　　　　437.2
　　　　　　　　——供电车间　　　　　372.87
　　制造费用　　　　　　　　　　　　1 247.27
　　管理费用　　　　　　　　　　　　　928.36
　　销售费用　　　　　　　　　　　　　691.78
　贷：辅助生产成本——修理车间　　　　2 237.22

——供电车间　　　　　　　　　4 372

采用代数分配法,其费用成本分配结果最正确。但在辅助生产车间较多的情况下,未知数较多,计算复杂,因而这种分配方法适宜在计算工作已经实现电算化的企业采用。

(五) 计划成本分配法

计划成本分配法是指按照计划成本将费用在各辅助生产车间进行分配和调整的一种方法。具体来说,就是根据各辅助生产车间为各受益车间和部门提供服务的数量,按照计划单位成本分配给各受益车间和部门(包括受益的其他辅助生产车间),然后将各辅助生产车间发生的实际费用,加上其他辅助生产车间分配来的费用,与按计划单位成本计算的分配数之间的差额,对辅助生产车间以外的受益单位进行追加分配,或为了简化计算,将其差额全部计入管理费用。

【例3-19】沿用上例资料,采用按计划成本分配法编制辅助生产费用分配表,详见表3-12。

表3-12　　　　　辅助生产费用分配表
(计划成本分配法)　　　　　　　金额单位:元

项目		修理车间	供电车间	合计
待分配辅助生产费用		1 800	4 000	5 800
提供劳务的数量		600 小时	20 000 度	
计划单位成本(分配率)		3.6	0.22	
修理车间	耗用数量		2 000	
	分配金额		440	440
供电车间	耗用数量	100		
	分配金额	360		360
基本生产车间——甲产品	耗用数量	200	10 000	
	分配金额	720	2 200	2 920
基本生产车间	耗用数量	100	4 000	
	分配金额	360	880	1 240
行政管理部门	耗用数量	120	2 200	
	分配金额	432	484	916
专设销售机构	耗用数量	80	1 800	
	分配金额	288	396	684
按计划成本分配合计		2 160	4 400	6 560
辅助生产实际成本		2 240	4 360	6 600
辅助生产成本差异		80	-40	40

辅助生产实际成本：
修理车间实际成本 = 1 800 + 440 = 2 240（元）
供电车间实际成本 = 4 000 + 360 = 4 360（元）
根据辅助生产费用分配表编制会计分录如下：

（1）按计划成本分配。

借：基本生产成本——甲产品　　　　　　　2 920
　　辅助生产成本——修理车间　　　　　　　 440
　　　　　　　　——供电车间　　　　　　　 360
　　制造费用　　　　　　　　　　　　　　1 240
　　管理费用　　　　　　　　　　　　　　　916
　　销售费用　　　　　　　　　　　　　　　684
　　贷：辅助生产成本——修理车间　　　　　2 160
　　　　　　　　　　——供电车间　　　　　4 400

（2）结转辅助生产成本差异。

为了简化核算，将辅助成本差异记入"管理费用"科目。

借：管理费用　　　　　　　　　　　　　　　 40
　　贷：辅助生产成本——修理车间　　　　　　80
　　　　　　　　　　——供电车间　　　　　 -40

采用计划成本分配法分配辅助生产费用，不是在辅助生产车间的实际费用结算后进行，计算过程比较简便及时。各辅助生产车间只需掌握其耗用其他辅助生产车间的产品或劳务的数量及计划单位成本，就能计算出其应负担的辅助生产费用，从而确定其实际成本，通过对各辅助生产车间实际成本与计划成本之间的比较分析，还可以考核各辅助生产车间的成本会计计划执行情况。由于辅助生产车间的实际成本与计划成本的差异一般全部计入管理费用，各受益单位所负担的辅助生产费用都不包括辅助生产车间的成本差异因素，因而还便于考核和分析各受益单位的成本变动的原因，有利于分清企业内部各单位的经济责任。但是采用此方法，如果计划单位成本制定得不准确，会影响到辅助生产费用分配的准确性。因此，计划成本分配法适用于计划管理比较好，计划成本制定得比较准确的企业。

第三节　制造费用的归集和分配

企业在产品生产过程中，除了直接消耗各种材料费用、人工费用和燃料动力费即专设成本项目的生产费用外，还会发生各种制造费用。为此，正确核算制造费用，对于正确计算产品成本至关重要。本节着重讲述基本生产车间的制造费用的归集和分配。

一、制造费用的归集

制造费用是指企业各生产单位为组织和管理生产而发生的各项间接费用。它包括工资和福利费、折旧费、修理费、办公费、水电费、机物料消耗、劳动保护费、租赁费、保险费、排污费及其他制造费用。

企业发生的各项制造费用，应按其用途和发生地点，通过"制造费用"科目进行归集和分配，"制造费用"科目可以按生产车间开设明细账，账内按照费用项目开设专栏，进行明细核算。费用发生时，根据支出凭证借记"制造费用"科目及其所属有关明细账，但是，材料、工资、折旧以及待摊和预提费用等，要在月末时，根据汇总编制的各种费用分配表计入。归集在"制造费用"科目借方的各项费用，月末时应全部分配转入"基本生产成本"科目，计入产品成本。"制造费用"科目一般月末没有余额。

【例 3-20】根据各种费用分配表及付款凭证登记宏远公司制造费用明细账，详见表 3-13。

表 3-13　　　　　　　制造费用明细账

车间：基本生产车间　　　20××年5月　　　　　　单位：元

摘要	机物料消耗	动力费	职工薪酬	折旧费	电费	合计	转出
材料分配表	5 000					5 000	
动力费用分配表		2 000				2 000	
折旧费用分配表				4 000		4 000	
职工薪酬分配表			7 000			7 000	
制造费用分配表							18 000
合计	5 000	2 000	7 000	4 000		18 000	18 000

二、制造费用的分配

核算制造费用时，汇总在"制造费用"的数额，在只生产一种产品或一种劳务的生产车间，直接计入该种产品或劳务的成本；在生产多种产品或提供劳务的生产车间，则应采用适当的分配方法，分配计入产品或劳务的成本，即记入"基本生产成本""辅助生产成本"科目的借方及其明细账的"制造费用"成本项目。制造费用的分配方法一般有生产工时比例法、生产工人工资比例法、机器工时比例法和按年度计划分配率分配法等。分配方法一经确定，不应任意变更。

（一）生产工时比例法

生产工时比例法是按照各种产品所用生产工时的比例分配制造费用的一种方法。其计算公式如下：

$$制造费用分配率 = \frac{制造费用总额}{车间产品生产工时总额}$$

某种产品分配的制造费用 = 该产品定额工时 × 制造费用分配率

【例 3-21】宏远公司某基本生产车间发生的制造费用总额为 2 100 元，其中基本生产车间甲产品生产工时为 1 200 小时，乙产品生产工时 800 小时，按生产工时比例法分配制造费用，编制制造费用分配表。

制造费用计算分配如下：

某生产车间的制造费用分配率 = 2 100 ÷ (1 200 + 800) = 1.05
甲产品应负担的制造费用 = 1 200 × 1.05 = 1 260（元）
乙产品应负担的制造费用 = 800 × 1.05 = 840（元）

按生产工时比例法编制的制造费用分配表，见表 3-14。

表 3-14　　　　　　　制造费用分配表

车间：基本生产车间　　　　　　金额单位：元

应借科目		生产工时（小时）	分配金额（分配率：1.05）
基本生产成本	甲产品	1 200	1 260
	乙产品	800	840
合计		2 000	2 100

根据制造费用分配表，编制会计分录如下：

借：基本生产成本——甲产品　　　　　　1 260
　　　　　　　　——乙产品　　　　　　　840
　　贷：制造费用　　　　　　　　　　　2 100

（二）生产工人工资比例法

生产工人工资比例法又称生产工资比例法，是按照各种产品所用生产工人工资的比例分配制造费用的一种方法。其计算公式如下：

$$制造费用分配率 = \frac{制造费用总额}{车间产品生产工人工资总额}$$

某种产品分配的制造费用 = 该产品生产工人工资 × 制造费用分配率

【例 3-22】明星企业某基本生产车间发生的制造费用总额为 4 000 元,其中基本生产车间甲产品生产工人工资为 1 200 元,乙产品生产工人工资为 800 元,按生产工人工资比例法分配制造费用。

制造费用的分配结果如下:
该生产车间的制造费用分配率 = 4 000 ÷ (1 200 + 800) = 2
甲产品应负担的制造费用 = 1 200 × 2 = 2 400(元)
乙产品应负担的制造费用 = 800 × 2 = 1 600(元)

(三) 机器工时比例法

机器工时分配法是按照各种产品生产所用机器设备运转时间的比例分配制造费用的方法。这种方法适用于产品生产的机械化程度较高的车间。因为在这种车间的制造费用中,与机器设备使用有关的费用比重比较大,而这一部分费用与机器设备运转的时间有着密切的联系。采用这种方法,必须具备各种产品所用机器工时的原始记录。

由于制造费用包括各种性质和用途的费用,为了提高分配结果的合理性,在增加核算工作量不多的情况下,也可以将制造费用加以分类,例如分为与机器设备使用有关的费用和由于管理、组织生产而发生的费用两类,分别采用适当的分配方法进行分配;例如前者可按机器工时比例分配,后者可按生产工时比例分配。

【例 3-23】宏远公司织布车间本月生产甲、乙、丙三种原布,归集制造费用共计 40 500 元,生产甲、乙、丙三种产品的设备运转时间分别为 2 400 小时、10 000 小时和 2 600 小时,采用机器工时作为分配标准分配制造费用。

制造费用的分配结果如下:
制造费用分配率 = 40 500 ÷ 15 000 = 2.7
甲产品制造费用分配额 = 2.7 × 2 400 = 6 480(元)
乙产品制造费用分配额 = 2.7 × 10 000 = 27 000(元)
丙产品制造费用分配额 = 2.7 × 2 600 = 7 020(元)

(四) 按年度计划分配率法

计划分配率法是指分配制造费用时不论各月实际发生的制造费用多少,均按各种产品实际产量的定额工时和年度计划分配率,计算各种产品应分配的制造费用的一种方法。其计算公式如下:

$$年度计划分配率 = \frac{年度制造费用计划总额}{年度各种产品计划产量的定额工时总额}$$

某种产品分配的制造费用 = 该月该产品实际产量定额工时数 × 年度计划分配率

按照年度计划分配率分配制造费用时,年度内各月实际发生的制造费用与按计划分配率计算分配的制造费用会出现一定的差额，即"制造费用"账户月末可能有余额。年终时，应将差额调整计入12月份的产品成本。调整时，如果制造费用实际发生额大于计划分配额，用蓝字补记；如果实际发生额小于计划分配额，则用红字冲减。

按计划分配率分配制造费用，手续简便，特别适用于季节性生产的企业或车间，但要求企业或车间具有较高的计划管理水平。否则，计划分配额与实际发生数差异过大，就会影响分配结果的准确性，最终导致产品成本的数据不实。

采用计划分配率法分配制造费用的程序如下：首先，根据企业正常生产经营条件下的各生产单位制造费用的年度预算和年度计划产量的定额直接人工工时计算确定计划分配率；其次，根据各月的实际产量的标准直接人工工时和计划分配率分配当月制造费用；最后，采用适当的方法调整按计划分配率计算分配的制造费用和实际发生的制造费用的差额。

【例3-24】宏远公司生产西服和童装两种产品。单间西服的工时定额为10小时，单间童装的工时定额为4小时。全年制造费用预算为200 000元。计划生产西服8 000套，童装5 000套。若该分厂1月份实际归集制造费用18 000元，共生产西服500套，童装1 500套。假设到年末共归集制造费用220 500元，已采用计划成本分配210 000元，其中西服分配150 000元。童装分配60 000元，对年末制造费用余额进行调整。

制造费用的分配过程如下：
(1) 计算计划分配率。
计划分配率 = 200 000 ÷ (10 × 8 000 + 4 × 5 000) = 2
(2) 1月份配制造费用的分配。
1月份西服应负担制造费用 = 2 × (10 × 500) = 10 000（元）
1月份童装应负担制造费用 = 2 × (4 × 1 500) = 12 000（元）
制造费用分配的会计分录如下：
借：基本生产成本——西服　　　　　　　　10 000
　　　　　　　——童装　　　　　　　　　12 000
　　贷：制造费用　　　　　　　　　　　　　　22 000

1月份分配结转制造费用共计22 000元，比实际归集的制造费用18 000元多分配4 000元，平时不作调整，留待年末再调。

(3) 年末对制造费用余额作出调整。

假设到年末服装分厂共归集制造费用220 500元。已采用计划成本分配210 000元。其中西服分配150 000元。童装分配了60 000元。属于少分配了10 500元。应进行追加调整如下：

追加调整分配率 = 10 500 ÷ 210 000 = 0.05

西服应调增生产成本 = 0.05 × 150 000 = 7 500（元）
童装应调增生产成本 = 0.05 × 60 000 = 3 000（元）
作会计分录如下：
  借：基本生产成本——西服   7 500
       ——童装   3 000
    贷：制造费用   10 500

相反，若到年末服装分厂共归集制造费用 208 000 元，已采用计划分配率法分配 250 000 元，其中西服分配 180 000 元，童装分配 70 000 元。则多分配了 42 000 元，应进行追加调整如下：

追加调整分配率 = 42 000 ÷ 250 000 = 0.168
西服应调减生产成本 = 0.168 × 180 000 = 30 240（元）
童装应调减生产成本 = 0.168 × 70 000 = 11 760（元）
以红字作冲减会计分录如下：
  借：基本生产成本——西服   30 240
       ——童装   11 760
    贷：制造费用   42 000

第四节 废品损失和停工损失的核算

一、废品损失的归集和分配

生产中的废品是指那些质量不符合技术标准的规定，不能按照原定用途加以利用的，或是只有通过加工修复后才能利用的产成品和半成品，而不论它们是在生产中发现的，还是在入库后发现。废品损失是指在生产过程中发现的、入库后发现的不可修复废品的生产成本，以及可修复废品的修复费用，扣除回收的废品残料价值和应收赔款以后的损失。

废品按其不符合原定规格或技术标准的程度，可分为可修复废品可不可修复的废品。可修复废品，指废品经过修复可以使用，而且花费的修复费用在经济上是合算的；不可修复的废品指废品不能修复，或者所花费的修复费用在经济上是不合算的。废品损失，包括不可修复废品的成本减去废品可回收残值后的报废损失，以及可修复废品的修复费用。出售后发现的废品所发生的一切损失，包括退回废品时所支付的运杂费等，应作为管理费用处理，不包括在废品损失之内。可修复废品的损失一般与合格产品发生的费用一样，先根据材料费用、工资费用、辅助生产费用、制造费用等分配表借记"废品损失"科目,贷记有关科目。

为了核算生产过程中发生的废品损失,可设置"废品损失"账户组织核算。借方登记不可修复废品的生产成本和可修复废品的修复费用;贷方登记应从废品成本中扣除的回收废料的价值。该账户借贷双方上述内容相抵后的差额,即为企业的全部废品净损失。其中对应由过失人负担的部分,则从其贷方转入"其他应收款"账户借方,及时要求赔偿;其余废品净损失,应该全部归由本期完工的同种产品成本负担,列入"废品损失"项目,即从"废品损失"账户的贷方,转入"基本生产成本"账户的借方,结转后的"废品损失"账户应无期末余额。

(一)不可修复废品损失的归集和分配

进行不可修复废品损失的核算,先应计算截至报废时已经发生的废品生产成本;然后扣除残值和应收赔款,算出废品损失。不可修复废品的生产成本,可按废品所耗实际费用计算,也可按废品所耗定额费用计算。

1. 按废品所耗实际费用计算

在采用按废品所耗实际费用计算的方法时,由于废品报废以前发生的各项费用是与合格产品一起计算的,因而要将废品报废以前与合格品计算在一起的各项费用,采用适当的分配方法,在合格品与废品之间进行分配,计算出废品的实际成本,从"基本生产成本"科目的贷方转入"废品损失"科目的借方。

【例3-25】宏远公司生产甲产品1 000件,其中100件为不可修复废品,废品残值20元,假设100件不可修复废品是在生产的最终阶段发生的,无赔偿。这种产品的成本资料如下:发生直接材料费(一次投料)为5 100元,直接人工费为2 280元,制造费用为1 500元。

废品损失的核算过程如下:

首先,按成本项目分别计算应负担的废品成本

废品应负担的材料费用 = 5 100/1 000 × 100 = 510(元)

废品应负担的工资费用 = 2 280/1 000 × 100 = 228(元)

废品应负担的制造费用 = 1 500/1 000 × 100 = 150(元)

废品应负担的废品成本 = 510 + 228 + 150 = 888(元)

其次,编制废品损失核算的会计分录。

结转废品成本

借:废品损失——甲产品　　　　　　　　　　　　888
　　贷:基本生产成本——甲产品——直接材料　　510

　　　　　　　　——直接人工　　　　　　228
　　　　　　　　——制造费用　　　　　　150
回收废品残料入库
　借：原材料　　　　　　　　　　　　　20
　　　贷：废品损失——甲产品　　　　　　　　20
废品损失转入该种产品合格品成本：
　借：基本生产成本——甲产品——废品损失　　868
　　　贷：废品损失——甲产品　　　　　　　　868

2. 按废品所耗定额费用计算的方法

在按废品所耗定额费用计算不可修复废品的成本时，废品的生产成本则按废品的数量和各项费用定额计算。按废品的定额费用计算废品的定额成本，由于费用定额事先规定，不仅计算工作比较简便，而且还可以使计入产品成本的废品损失数额不受废品实际费用水平高低的影响。也就是说，废品损失大小只受废品数量差异（差量）的影响，不受废品成本差异（价差）的影响，从而有利于废品损失和产品成本的分析和考核。但是，采用这一方法计算废品生产成本，必须具备准确的消耗定额和费用定额资料。

【例 3 - 26】宏远公司不可修复废品成本按定额成本计价。有关资料如下：不可修复废品 5 件，每件直接材料定额 100 元，每件定额工时为 20 小时，每小时直接人工 5 元、制造费用 6 元，不可修复废品回收残料计价 200 元，并作为辅助材料入库；应由过失人赔款 150 元。废品净额损失由当月同种产品成本负担。

不可修复废品生产成本 = $5 \times 100 + 5 \times 20 \times 5 + 5 \times 20 \times 6 = 1\,600$（元）

结转不可修复废品成本：
　借：废品损失——A 产品　　　　　　　1 600
　　　贷：基本生产成本——A 产品　　　　　　1 600
残料入库：
　借：原材料　　　　　　　　　　　　　200
　　　贷：废品损失——A 产品　　　　　　　　200
过失人赔偿：
　借：其他应收款　　　　　　　　　　　150
　　　贷：废品损失——A 产品　　　　　　　　150
结转废品净损失：
　借：基本生产成本——A 产品——废品损失　1 250
　　　贷：废品损失——A 产品　　　　　　　　1 250

(二) 可修复废品损失

可修复废品损失返修以前发生的生产费用,不是废品损失,不计算其生产成本,而应留在"基本生产成本"科目和所属有关产品成本明细账中,不需要转出。返修发生的各种费用,应根据各种费用分配表,记入"废品损失"科目的借方。

【例 3-27】宏远公司费用分配表中列示 A 产品可修复废品的修复费用为:直接材料 2 000 元,直接人工 1 000 元,制造费用 1 500 元。

可修复废品的修复费用 = 2 000 + 1 000 + 1 500 = 4 500(元)

结转可修复废品成本:

借:废品损失——A 产品　　　　　　　　　　　4 500
　　贷:原材料　　　　　　　　　　　　　　　　2 000
　　　　应付职工薪酬　　　　　　　　　　　　　1 000
　　　　制造费用　　　　　　　　　　　　　　　1 500

结转可修复废品净损失:

借:基本生产成本——A 产品——废品损失　　　4 500
　　贷:废品损失——A 产品　　　　　　　　　　4 500

二、停工损失的归集和分配

停工损失是指生产车间或车间内某个班组在停工期内发生的各项费用,包括停工期内支付的生产工人的工资、提取的福利费、所耗燃料和动力费用以及应负担的制造费用等。计算停工损失的时间界限,由主管企业部门规定,或由主管企业部门授权企业自行规定。停工不满 1 个工作日的,可以不计算停工损失。

停工损失的归集和分配,是通过设置"停工损失"账户进行的。该账户应按车间和成本项目进行明细核算。根据停工报告单和各种费用分配表,分配汇总表等有关凭证,将停工期内发生、应列作停工损失的费用记入"停工损失"账户的借方进行归集。过失单位、过失人员或保险公司的赔款,应从该账户的贷方转入"其他应收款"等账户的借方。将停工净损失从该账户贷方转出,属于自然灾害部分转入"营业外支出"账户的借方,应由本月产品成本负担的部分,则转入"基本生产成本"账户的借方,并采用合理的分配标准,分配计入各车间各产品成本明细账停工损失成本项目。

为了简化核算工作,辅助生产车间一般不单独核算停工损失。季节性生产企业的季节性停工,是生产经营过程中的正常现象,停工期间发生的各项费用不属于停工损失,不作为停工损失核算。

【例 3-28】宏远公司第一基本生产车间生产甲产品,本月由于设备故障停工5天,根据"材料费用分配汇总表""工资及福利费分配汇总表"和"制造费用分配表"等原始凭证提供的资料可知,停工期间应支付工人工资2 000元,应提取的福利费用280元,应分摊的制造费用900元,其损失计入甲产品成本;第二基本生产车间生产乙产品,由于外部供电线路原因停工3天,根据相关资料可知,停工期间损失材料费用3 000元,应支付工人工资1 500元,应提取的福利费249.2元,应分摊的制造费用980元,供电公司已同意赔偿2 800元,其余净损失计入营业外支出。

根据资料,作会计分录如下:

1. 归集停工损失

借:停工损失——一车间　　　　　　　　　3 180
　　　　　　——二车间　　　　　　　　　5 729.2
　　贷:原材料　　　　　　　　　　　　　3 000
　　　　应付职工薪酬——工资　　　　　　3 500
　　　　应付职工薪酬——福利费　　　　　529.2
　　　　制造费用——一车间　　　　　　　900
　　　　　　　　——二车间　　　　　　　980

2. 应收赔偿款

借:其他应收款——供电公司　　　　　　　2 800
　　贷:停工损失——二车间　　　　　　　2 800

3. 结转停工净损失

借:基本生产成本——一车间(甲产品)　　 3 180
　　营业外支出　　　　　　　　　　　　　2 929.2
　　贷:停工损失——一车间　　　　　　　3 180
　　　　　　　　——二车间　　　　　　　2 929.2

第五节　期间费用的核算

期间费用是指不能直接归属于某个特定产品成本的费用。它是随着时间推移而发生的与当期产品的管理和产品销售直接相关,而与产品的产量、产品的制造过程无直接关系,即容易确定其发生的期间,而难以判别其所应归属的产品,因而是不能列入产品制造成本,而在发生的当期从损益中扣除。期间费用包括销售费用、管理费用和财务费用。由于当期的期间费用是全额从当期损益中扣除的,因而,其发生额不会影响下一个会计期间。

一、销售费用的归集和核算

销售费用是指企业在销售产品、自制半成品和提供劳务等过程中发生的各项费用,包括由企业负担的包装费、运输费、广告费、装卸费、保险费、展览费、租赁费(不含融资租赁费)和销售服务费、销售部门人员工资、职工福利费、差旅费、折旧费、修理费、物料消耗、低值易耗品摊销以及其他经费等。企业在销售商品过程中发生的包装费、保险费、展览费和广告费、商品维修费、预计产品质量保证损失、运输费、装卸费等费用,借记"销售费用"科目,贷记"库存现金""银行存款"等科目;企业发生的为销售本企业商品而专设的销售机构的职工薪酬、业务费、折旧费、修理费等经营费用,借记"销售费用"科目,贷记"应付职工薪酬""银行存款""累计折旧"等科目。期末,应将"销售费用"科目余额转入"本年利润"科目,借记"本年利润"科目,贷记"销售费用"科目。

【例 3-29】根据宏远公司各种费用分配表和有关凭证,登记销售费用明细账,如表 3-15 所示。

表 3-15 销售费用明细账

20××年5月　　　　　　　　　　　　　单位:元

摘要	职工薪酬	折旧费	电费	办公费	合计	转出	余额
付款凭证				900	900		
职工薪酬分配表	20 000				20 000		
折旧分配表		1 700			1 700		
外购动力分配表			1 100		1 100		23 700
转账凭证						23 700	0
合计	20 000	1 700	1 100	900	23 700	23 700	0

月末,结转销售费用。编制会计分录如下:
借:本年利润　　　　　　　　　　　　　23 700
　　贷:销售费用　　　　　　　　　　　　　23 700

二、管理费用的归集和结转

管理费用是指企业为组织和管理企业生产经营活动而发生的各种管理费用,包括企业在筹建期间发生的开办费、董事会和行政管理部门在企业的经营管理中发生的以及应由企业统一负担的公司经费(包括行政管理部门职工工资及福利、物料消耗、低值易耗品摊销、办公费和差旅费等)、行政管理部门负担的工会经费、董事会费（包括董事会成员津贴、会议费和差旅费等)，聘请中介机构费、咨询费（含顾问费)、诉讼费、业务招待费、房产税、车船税、城镇土地使用税、印花税、技术转让费、矿产资源补偿费、研究费用、排污费等。

企业应通过"管理费用"科目，核算管理费用的发生和结转情况。该科目的借方登记企业发生的各项管理费用，贷方登记期末转入本年利润的管理费用，结转后该科目应无余额。该科目应按管理费用的费用项目进行明细核算。

【例3-30】根据宏远公司各种费用分配表和有关凭证，登记管理费用明细账，如表3-16所示。

表3-16 管理费用明细账

20××年5月　　　　　　　　　　　　　单位：元

摘要	职工薪酬	折旧费	电费	办公费	合计	转出	余额
付款凭证				800	800		
职工薪酬分配表	30 000				30 000		
折旧分配表		2 300			2 300		
外购动力分配表			3 700		3 700		36 800
转账凭证						36 800	0
合计	30 000	2 300	3 700	800	36 800	36 800	0

月末，结转管理费用。编制会计分录如下：

借：本年利润　　　　　　　　　　　　　　36 800
　　贷：管理费用　　　　　　　　　　　　　36 800

三、财务费用的归集和结转

财务费用是指企业为筹集生产经营所需资金等而发生的筹资费用，包括利息支出（减利息收入)、汇兑损益以及相关的手续费、企业发生的现金折扣等。

企业应通过"财务费用"科目，核算财务费用的发生和结转情况。该科目的借方登记企业发生的各项财务费用，贷方登记期末结转入本年利润的财务费用。结转后该科目应无余额。该科目应按财务费用的费用项目进行明细核算。企业发生的各项财务费用，借记"财务费用"科目，贷记"银行存款""应收账款"等科目；企业发生的应冲减财务费用的利息收入、汇兑差额、现金折扣，借记"银行存款""应付账款"等科目，贷记"财务费用"科目。期末，应将

"财务费用"科目余额转入"本年利润"科目,借记"本年利润"科目,贷记"财务费用"科目。

【例3-31】根据宏远公司的各种费用分配表和有关凭证登记财务费用明细账,如表3-17所示。

表3-17　　　　　　　　　财务费用明细账

20××年5月　　　　　　　　　　　　　　单位:元

摘要	利息支出	手续费	其他	合计	转出	余额
利息支出	800			800		
银行手续费		120		120		920
期末结转					920	0
合计	800	120			920	0

月末,将财务费用直接转入"本年利润"科目。编制会计分录如下:

借:本年利润　　　　　　　　　　　　　920
　　贷:财务费用　　　　　　　　　　　　920

【本章小结】

本章主要介绍了什么是要素费用以及它们的分配方法,另外还介绍了跨期摊提费用的归集和分配。在辅助生产费用的归集和分配部分,重点介绍了五种方法以及费用分配表的编制,介绍了制造费用的几种分配方法,并通过例题做了详细说明。最后对废品损失和停工损失以及期间费用的归集和分配做了简单说明。

【思考题】

1. 如果原材料是间接计入费用,一般应采用哪些分配方法进行分配?怎样进行分配?

2. 分配辅助生产费用的方法有哪些?怎样进行分配?

3. 分配制造费用的方法有哪些?每种方法怎么使用?

【业务练习题】

1. 练习原材料的分配。

某企业生产A、B两种产品,共同耗用甲、乙两种材料,本月投产A产品150件,B产品100件。材料汇总资料如下表所示。

原材料名称	A产品消耗定额(千克)	B产品消耗定额(千克)	实际消耗费用(元)
甲材料	150	200	510 000
乙材料	40	30	180 000

要求：计算 A、B 两种产品耗用原材料的实际成本。

2. 练习制造费用的分配。

某基本生产车间生产甲、乙、丙三种产品，共计生产工时 25 000 小时，其中：甲产品 5 000 小时，乙产品 10 000 小时，丙产品 10 000 小时。本月发生各种间接费用如下：

（1）以银行存款支付劳动保护费 2 400 元；
（2）车间管理人员工资 3 000 元；
（3）按车间管理人员工资的 2.5% 提取职工教育经费、按 2% 提取工会经费；
（4）车间一般消耗材料 2 000 元；
（5）车间固定资产折旧费 1 800 元；
（6）车间其他费用以银行存款支付 800 元；
（7）本月摊销车间保险费 600 元；
（8）辅助生产成本转入 1 400 元；
（9）以银行存款支付办公费、水电费、邮电费及其他支出等共计 1 880 元。

要求：根据上述资料，采用生产工时比例法在各种产品之间分配制造费用，编制制造费用发生和分配的会计分录。

3. 某基本生产车间同时生产甲、乙两种产品，本期共发生制造费用 6 000 元，甲产品生产工人工资数为 60 000 元，乙产品生产工人工资为 40 000 元。

要求：按生产工人工资比例法计算甲乙产品各自应负担的制造费用应为多少？

4. 某企业某年度 1 月份制造费用预算为 62 000 元，本年度实际费用为 60 000 元，基本生产车间的有关资料如下表所示。

生产费用相关资料

产品名称	年度预算产量（件）	单位产品定额工时（小时）	1月份实际产量（件）
甲	3 000	5	400
乙	2 000	8	100

要求：（1）根据上述资料，计算 1 月份甲、乙产品负担的制造费用；

（2）做出相应的会计分录。

5. 练习交互分配法辅助生产费用的分配

企业有供水、供电两个辅助生产车间，有关资料如下表所示。

辅助生产车间		供水车间	供电车间
明细账归集的费用		40 000 元	36 000 元
提供的劳务量		50 000 吨	60 000 度
受益单位受益数量	修理车间	—	10 000 度
	供电车间	8 000 吨	—
	基本生产车间	36 000 吨	47 000 度
	行政管理部门	6 000 吨	3 000 度

要求：（1）按交互分配法分配辅助生产成本；

（2）若计划单位成本为水 2.50 元、电 0.55 元，请按计划成本分配法分配辅助生产成本。

6. 练习废品损失的核算

新华企业各种费用分配表中列示甲产品可修复废品的修复费用为：原材料 2 130 元，应付生产工人工资 850 元，提取职工福利费 119 元，制造费用 1 360 元。不可修复废品按定额成本计价。不可修复废品损失计算表中列示甲产品不可修复废品的定额成本资料为：不可修复废品 5 件，每件原材料费用定额 100 元，每件定额工时 30 小时，每小时工资及福利费 3 元及制造费用 4 元。可修复废品和不可修复废品的残料价值 160 元作为辅助材料入库，另应由过失人赔偿 120 元，废品净损失由当月同种产品成本负担。

要求：（1）计算甲产品不可修复废品的生产成本；

（2）计算甲产品可修复废品和不可修复废品的净损失；

（3）编制有关的会计分录。

第四章
生产费用在完工产品与月末在产品之间的分配

【学习目标】
1. 能描述完工产品与在产品费用分配的原理。
2. 能根据企业生产特点选用在产品成本计算方法。
3. 能利用约当产量法、定额比例法、定额成本法计算在产品成本。

【引导案例】
财经大学会计专业毕业生返校举行毕业十周年聚会，十年过后大家除了回忆青春，也大话当前。同学中在上海工作的小张和北京工作的小王在席间对话知道，他们都是各自公司的财务骨干——财务总监，聊起了各自的工作，都认为成本控制和在产品成本计算对于企业非常重要。小张说："我们目前在产品成本计算用的是定额成本法，计算非常简单，也符合企业的实际"。小王说："我们公司使用的是约当产量法，在产品成本计算非常精确"。那么，到底什么是"定额成本法"和"约当产量法"呢？

第一节 在产品数量的核算

一、在产品与完工产品

（一）完工产品

完工产品是指在一个企业内已完成生产过程、按规定技术标准检验合格、可供销售的产品。在完工产品和在产品成本的计算中，对完工产品通常有广义和狭义两种不同的含义。广义的完工产品，一般是指在企业对某个生产车间或生产步骤而言已经加工完成，经检验合格入库但尚未完成全部的生产过程，需等待其他生产步骤继续加工的半成品，以及已经完成全部生产步骤加工经技术检验合格的产成品。狭义的完工产品仅指已经完成了全部生产步骤的加工，经技术检验合格的产成品。

(二) 在产品

在产品也称在制品。是指没有完成全部生产过程，不能作为商品销售的产品。

在产品有广义在产品与狭义在产品之分。广义在产品是从整个企业的角度来看的，是指企业已经投入生产，在生产车间（或生产步骤、工段）正在加工中的，尚未完成全部生产过程，不能作为商品销售的产品。广义在产品包括正在各个生产车间或生产步骤加工中的零部件和半成品，已经完成一个或多个生产步骤的加工，但还留存在半成品库和以后各生产步骤需要继续加工的零部件和半成品，正在返修或等待返修的可修复废品，已经加工完成尚待验收入库的产成品。已经验收入库准备对外销售的自制半成品，属于商品产品，不属于在产品。狭义在产品是从企业某个生产车间或生产步骤、工段来讲，指正在某一生产车间或生产步骤加工的零部件和半成品，不包括该生产步骤已经完工交付的自制半成品。

(三) 完工产品成本与在产品成本之间的关系

前面一章在各项要素费用的归集分配中，已将企业在生产过程中为加工产品发生的各项要素费用，期末经过费用的归集，按用途在各产品和受益部门间进行分配，并将辅助生产车间发生的辅助费用、生产车间发生的间接费用归集分配，如果企业单独核算产品生产中发生的废品损失，在废品损失的核算后，所有当期为生产产品发生的生产费用，按成本项目全部归集在"基本生产成本"账户及其所属的各"产品成本计算单"中。这些费用的总和扣除退回仓库的废料价值后，即为当期产品生产耗用的生产费用。如果企业月初有未完工的在产品，则该产品本期发生的生产费用额加上期初在产品成本，等于期末该产品生产费用总额。如果该种产品月末没有在产品，则该产品的生产费用即为该种完工产品的总成本；如果本月没有完工产品，计入该种产品的全部生产费用就是月末在产品成本；如果既有完工产品，又有在产品，该种产品本月发生的生产费用加月初在产品的生产费用，需要根据企业的具体情况，选择适当的分配方法，在本月完工产品和月末在产品之间，选择进行分配，分别计算出完工产品成本和月末在产品成本。

月初在产品成本、本月发生的费用、月末完工产品成本和月末在产品成本之间的关系可用下列公式表示：

$$月初在产品成本 + 本月发生生产费用 = 月末完工产品成本 + 月末在产品成本$$

对完工产品和月末在产品成本的计算，根据企业产品加工的情况一般有三种确定方式：

（1）先计算出月末在产品的成本，然后将月初在产品成本加本月发生的生产费用合计，减去月末在产品成本，余额即为完工产品成本。

（2）先计算本月完工产品成本，然后将生产费用合计减去完工产品成本后，其余额即为月末在产品成本。

（3）选择适当方法同时计算出完工产品成本和月末在产品成本。

在计算完工产品成本和月末在产品成本时，月末完工产品和在产品的数量、成本大小、相关定额资料的准确程度、各成本项目在产品成本中所占比重的大小等因素，对计算的产品成本的真实性影响重大，企业应根据实际情况，选择适当的方法，合理地计算完工产品成本与月末在产品成本。无论采用哪种分配方法，取得在产品收、发和结存的真实的数量资料，是正确计算完工产品成本的前提条件。

二、在产品收发结存的日常核算

在产品的管理与核算，是成本核算的基础工作，期末在产品的数量与成本的核算是否正确，直接影响到产品成本计算的正确性。

在产品数量结存的数量，同其他材料、库存商品等物资结存数量一样，必须同时具备账面核算资料和实际盘点资料。企业一方面要做好在产品收发结存的日常核算工作，另一方面要做好在产品的清查工作。做好这两项工作，既可以从账面上随时掌握在产品的动态，又可以清查在产品的实际数量。这不仅对正确计算产品成本，加强生产资金管理，以及保护企业财产有着重要意义，而且对掌握产品生产进度，加强生产管理也有着重要意义。

企业在产品（或零、部件）品种规格较多，又处在不断流动之中，因此，在产品收发结存数量的核算，是一个比较复杂的问题。为了加强实物管理，企业必须设置有关凭证账簿来记录在产品的收入、发出结存情况。在设有半成品仓库的企业，自制半成品收入、发出和结存数量的核算，可以比照原材料收入、发出和结存数量的核算，设置有关凭证和账簿，组织自制半成品的日常核算。各生产车间在产品的收发结存的日常核算，通常是通过"在产品收发结存账"进行的。在实际工作中，"在产品收发结存账"又称"在产品台账"，应分别车间按照产品的品种和在产品的名称（如零、部件的名称）设立的，以便用来反映生产车间各种在产品的变动情况及结果。根据生产的特点和管理要求，有的企业还应进一步按照加工工序组织在产品的数量核算。

各车间应认真做好在产品的计量、验收和交接工作，应在此基础上，根据材料领料凭证、在产品内部转移凭证、产成品检验凭证和产品交库存单和废品交库单等原始凭证及时逐笔序时登记在产品收发结存账。该账可以由车间核算人员登记，也可以由各生产班级工人核算员登记，最后由车间核算人员审核汇总。在产品收发结存账基本格式如表4-1所示。

表4-1　　　　　　　　　　在产品收发结存账

车间名称：第一车间　　　　零部件名称：5206　　　　　　　单位：件

20××年		摘要	收入		转出			结存	
月	日		凭证号	数量	凭证号	合格品	废品	完工	未完工
6	1	结存							5
6	2	…	…	20	…	18	…	1	6
…	…	…	…	…	…	…	…	…	…
6	30	合计	…	568	…	564	1	2	6

三、在产品清查的核算

为了核实在产品的数量，保护在产品的案例与完整，企业必须认真做好在产品的清查工作，对在产品进行定期或不定期的清查，做到账实相符，保持在产品的安全完整。

在产品清查采用实地盘点法，清查工作应在有关生产单位和生产工序实物负责人的直接参加下进行。如果车间没有建立在产品收发日常核算，每月月末必须清查一次在产品，以便取得在产品的实际盘存资料用来计算产品成本。车间在清查盘点在产品时，在不影响生产的前提下，必须由生产工人和成本核算人员参加，进行认真的实地盘点，为避免发生重点、漏点或错点，各有关车间或工序要同时盘点。在清查盘点后，应根据实际盘点数和账面资料编制"在产品盘存报告单"，列明在产品的账面数、实有数、盘盈或盘亏在产品的名称、数量、单价、金额，以及发生盈亏的原因和处理意见等，对于报废和毁损的在产品应填列"在产品毁损报告单"，除了登记毁损在产品的名称、数量、单价、金额和发生毁损的原因外，还应登记毁损在产品的残值。成本核算人员对"在产品盘存报告单"进行认真审核后，再按企业内部财务管理制度规定的审批程序报送有关部门和领导批准后,对在产品盘盈、盘亏或毁损按照规定进行账务处理。

为了全面反映盘盈、盘亏、毁损在产品的处理过程,企业应当设置"待处理财产损溢"账户。在产品发生盘盈时,应按盘盈在产品的生产成本(一般可以按同种产品或零部件的计划成本、定额成本,也可以按其账面平均成本),借记"基本生产成本——×产品"账户,贷记"待处理财产损溢——待处理流动资产损溢"账户。经审核批准进行转账处理时,一般是借记"待处理财产损溢——待处理流动资产损溢"账户,贷记"管理费用"账户,冲减当期的管理费用。

在产品发生盘亏和毁损时,应按盘亏、毁损在产品的账面实际成本(或定额成本、计划成本),借记"待处理财产损益——待处理流动资产损溢",贷记"基本生产成本——×产品",冲减在产品的账面价值。毁损在产品的残值,记入"原材料""银行存款"等科目的贷方,贷记"待处理财产损溢——待处理流动资产损溢"账户,冲减发生的损失。经审核批准后,应根据不同情况分别将损失从"待处理财产损溢——待处理流动资产损溢"账户的贷方转入有关科目的借方,其中准予计入管理费用的损失应转入"管理费用"账户的借方;由于自然灾害造成的非常损失中应由保险公司赔偿的部分,记入"其他应收款"账户的借方,收到保险公司的保险赔款部分,记入"银行存款"账户的借方,其余部分的损失记入"营业外支出"账户的借方;应由过失单位和过失人赔偿的记入"其他应收款"账户的借方,等待赔偿。为了正确核算制造费用,在产品盘盈、盘亏的账务处理,应该在制造费用结账之前进行,以便正确、及时地归集和分配制造费用。

【例4-1】某机床厂加工车间月末盘点在产品,盘点人员根据盘存结果编制的"在产品盘点报告单",如表4-2所示。

表4-2 在产品盘点报告单

填制单位:加工车间　　　　　　20××年6月30日　　　　　　金额单位:元

产品名称	单位	账存数量	盘存数量	溢缺毁损数量			定额成本	溢缺毁损金额		
				盘盈	盘亏	毁损		盘盈	盘亏	毁损
A部件	件	230	240	20			18	360		
B部件	件	150	145		10		20		200	
C部件	件	180	180			4	25			100
车间意见	盘亏系收发差错;毁损部分保管人员有一定的责任,请领导批示。		公司意见	毁损部分由保管人员赔偿50元,其他核销。			溢缺原因	收发差错		

毁损的两件 C 部件，已作废料入库，每件残值估价 5 元。

1. 盘盈在产品的账务处理

（1）收到加工车间"在产品盘存表"，编制如下会计分录：

借：基本生产成本——A 部件　　　　　　　　360
　　贷：待处理财产损溢——待处理流动资产损溢　　360

（2）经批准后对盘盈的在产品进行处理，编制如下会计分录：

借：待处理财产损溢——待处理流动资产损溢　　360
　　贷：管理费用　　　　　　　　　　　　　　360

2. 盘亏在产品的账务处理

（1）收到加工车间"在产品盘存表"，编制如下会计分录：

借：待处理财产损溢——待处理流动资产损溢　　200
　　贷：基本生产成本——B 部件　　　　　　　200

（2）经批准后对盘亏的在产品进行处理，编制如下会计分录：

借：管理费用　　　　　　　　　　　　　　　200
　　贷：待处理财产损溢——待处理流动资产损溢　　200

3. 毁损在产品的账务处理

（1）收到加工车间"在产品盘存表"，编制如下的会计分录：

借：待处理财产损溢——待处理流动资产损溢　　100
　　贷：基本生产成本——B 部件　　　　　　　100

（2）经批准后对盘亏的在产品进行处理，编制如下会计分录：

借：其他应收款——责任人　　　　　　　　　50
　　营业外支出　　　　　　　　　　　　　　50
　　贷：待处理财产损溢——待处理流动资产损溢　　100

【例 4 - 2】某工业企业基本生产车间在产品清查结果：甲产品的在产品盘盈 5 件。单位定额成本 20 元；乙产品的在产品盘亏 8 件，单位定额成本 15 元，应由过失人赔款 50 元；丙产品的在产品毁损 250 件，单位定额成本 20 元，残料入库作价 100 元。丙产品在产品的毁损是由自然灾害造成的，应由保险公司赔偿 2 000 元（款项尚未收到），其余损失计入营业外支出。上述清查结果都已经批准转账。

1. 盘盈在产品的账务处理

（1）盘盈时，编制如下会计分录：

借：基本生产成本——甲产品　　　　　　　　100
　　贷：待处理财产损溢——待处理流动资产损溢　　100

（2）经批准后对盘盈的在产品进行处理，编制如下会计分录：

借：待处理财产损溢——待处理流动资产损溢　　100
　　贷：管理费用　　　　　　　　　　　　　　100

2. 盘亏在产品的账务处理
（1）盘亏时，编制如下会计分录：
借：待处理财产损溢——待处理流动资产损溢　　120
　　　贷：基本生产成本——乙产品　　　　　　　　120
（2）经批准后对盘亏的在产品进行处理，编制如下会计分录：
借：管理费用　　　　　　　　　　　　　　　　70
　　其他应收款　　　　　　　　　　　　　　　50
　　　贷：待处理财产损溢——待处理流动资产损溢　120
3. 毁损在产品的账务处理
（1）毁损转账，编制如下会计分录：
借：待处理财产损溢——待处理流动资产损溢　5 000
　　　贷：基本生产成本——丙产品　　　　　　　5 000
（2）残料入库，编制如下会计分录：
借：原材料　　　　　　　　　　　　　　　　100
　　　贷：待处理财产损溢——待处理流动资产损溢　100
（3）经批准后对盘亏的在产品进行处理，编制如下会计分录：
借：其他应收款——责任人　　　　　　　　2 000
　　营业外支出　　　　　　　　　　　　　　2 900
　　　贷：待处理财产损溢——待处理流动资产损溢　4 900

第二节　生产费用在完工产品与月末在产品之间的分配方法

企业发生的生产费用在完工产品与月末在产品之间的分配，是成本计算中一项重要而复杂的工作，企业应根据生产过程的特点和月末在产品数量的多少、各月在产品数量变化的大小、月末在产品的完工程度、各成本项目在总成本中所占的比例以及产品定额管理水平的高低等具体条件，选择简便合理的分配方法。

在完工产品与月末在产品之间分配费用的方法有多种，但若将其加以归纳，大体上可以分为两种类型：第一种是将月初在产品费用与本月费用之和划分为本月完工产品费用和月末在产品费用两部分；第二种类型是先确定月末在产品费用，然后用月初在产品费用与本月费用之和减去月末在产品费用即可以得到本月完工产品费用。为了便于对问题的理解，我们可以用公式将两种类型的分配方法表述如下：

第一种类型：月初在产品费用 + 本月生产费用 = 月末完工产品费用 + 月末在产品费用

第二种类型：月初在产品费用＋本月生产费用－月末在产品费用＝本月完工产品费用

完工产品和月末在产品之间分配费用通常采用的具体方法包括：不计算在产品成本法、按年初数固定计算在产品成本法、在产品按所耗直接材料费用计价法、约当产量比例法、在产品按完工产品成本计算法、在产品按定额成本计价法和定额比例法。下面分别介绍这些方法的具体应用。

一、不计算在产品成本法

不计算在产品成本法是指将当月发生的生产费用全部作为完工产品的总成本的方法。月末虽然有在产品，但是不计算在产品成本。

这种方法适用于月末没有在产品，或者月末虽然有在产品，但月末结存的在产品数量很少，在产品价值也很低，或管理上不要求计算在产品成本的企业。如煤炭、发电、供水等企业。由"月初在产品成本＋本月生产费用＝完工产品成本＋月末在产品成本"的计算公式可以看出，本月完工产品成本的多少，主要取决于生产费用与月初和月末在产品成本的差额。如果各月月末在产品数量很小，月初和月末在产品的成本就很小，月初在产品成本与月末在产品成本的差额就更小。在这种情况下，不计算在产品成本对于完工产品成本的影响很小。为了简化成本计算工作，可以不计算在产品成本，即该种产品当月归集的全部生产费用就是其完工产品的总成本，用总成本除以产量，就是该种产品的单位成本。

不计算产品成本法的优点是产品成本核算工作简单。但是缺点是如果企业月末有在产品，该方法则忽略了在产品的成本，有可能使完工产品成本虚增。

二、按年初固定在产品成本计算法

按年初固定在产品成本计算法，是指对各月月末（年末除外）的在产品成本按年初在产品成本固定计价，从而计算的方法。采用该种分配方法，各月月末在产品成本均按年初数计价，"产品成本计算单"中累计生产费用扣除年初在产品成本，为完工产品总成本（当月发生的生产费用即为当月完工产品的总成本），除以完工产品的数量，为完工产品的单位成本。至每年年末，应根据实际盘点的在产品数量，采用其他合适的方法，重新计算当年12月末在产品的实际成本，并将其作为下一会计年度各月固定在产品成本。以免按年初固定在产品成本计算在产品成本与实际相关较大，从而影响产品成本计算的正确性。

按年初固定在产品成本计算各月末在产品，主要适用于在产品结存量较少，或者在产品结存数量较多，但各月月末在产品的数量比较稳定，月初、月末在产品成本的差额较小，计算或不计算各月在产品成本的差额，对完工产品成本的影响不大。为了简化核算成本核算工作，同时又反映在产品占用的资金，各月在产品成本计算可以按年初固定在产品成本计算各月末在产品成本。如纺织、炼钢厂、化工厂等生产比较稳定的企业。

按年初固定在产品成本计算各月末在产品的优点是产品成本核算工作简单。但如果各月末在产品数量有波动，或各月产品生产费用的发生有较大起伏，按此方法计算会影响完工产品成本与月末在产品成本的真实。

三、在产品按所耗用直接材料费用计价法

在产品按所耗用直接材料费用计价法是指将在产品所耗用直接材料费用作为月末在产品成本，将其余的生产费用全部作为完工产品成本的方法。

这种方法适用于原材料费用在成本中所占比重较大的产品，如酿酒、造纸、纺织等企业。采用该方法，月末在产品只计算耗用的原材料费用，不计算所耗用的各项加工费用，产品的加工费用全部由完工产品负担。即某种产品的全部成本费用，减月末在产品原材料费用，就是完工产品的成本。

【例4-3】 某企业生产甲产品，该产品直接材料费用在产品成本中所占比重较大，完工产品与在产品之间的费用分配采用在产品按所耗直接材料费用计价法。甲产品月初在产品直接材料费用（即月初在产品费用）为 50 000 元；本月发生直接材料费用 200 000 元，直接人工费用 8 000 元，制造费用 2 000 元；完工产品 1 000 件，月末在产品 250 件。该种产品的直接材料费用是在生产开始时一次投入，直接材料费用按完工产品和在产品的数量比例分配。

直接材料费用分配及完工产品成本计算如下：

直接材料费用分配率 =

$$\frac{月初在产品实际费用 + 本月实际费用}{月初在产品定额费用（产量） + 本月投入定额费用（产量）}$$

完工产品直接材料费用 = 1 000 × 200 = 200 000（元）
月末在产品直接材料费用 = 250 × 200 = 50 000（元）
完工产品成本 = 200 000 + 8 000 + 2 000 = 210 000（元）

四、约当产量比例法

约当产量比例法是指将月末实际结存的在产品数量按照其完工程

度（或用料程度）折算为相当于完工产品的产量，即约当产量，然后，把产品成本计算单上归集的生产费用，按照完工产品产量与月末在产品折合的约当产量比例进行分配，计算完工产品成本和月末在产品成本的方法。

如果月末在产品各月不均衡，数量也较多，而且产品成本中原材料费用和工资及其他费用比重都较大，可采用约当产量法计算完工产品与在产品成本。

约当产量法又称折合产量法。由于在产品只是进行了某一部分的加工，尚未经过全部生产过程的加工，因此，其应负担的费用应根据其完工程度来分配，如果原材料也是随完工程度逐步投入，那么原材料费用与工资等其他费用一样，按完工程度（完工率）进行分配。所谓约当产量法，是先将月末在产品数量按其完工程度折合成约当完工产品的产量（即约当产量），然后把产品成本计算单中的累计生产费用，按照完工产品产量和在产品约当产量的比例进行分配计算完工产品成本和月末在产品成本的方法。其计算公式如下：

在产品约当产量 = 在产品数量 × 在产品完工百分比

$$某项费用分配率 = \frac{该项费用总额}{完工产品产量 + 在产品约当产量}$$

完工产品应负担的某项费用 = 完工产品产量 × 某项费用分配率

月末在产品应负担的某项费用 = 在产品约当产量 × 某项费用分配率

或：月末在产品应负担的某项费用 = 某项费用总额 − 完工产品应负担的费用额

【例4-4】某企业生产甲产品，原材料于生产开始时一次投入，月末在产品数量为200件，完工程度（完工率）为50%，当月完工入库产品400件。完工产品和在产品的费用分配见表4-3。

表4-3　　　　　　　　产品成本计算单

产品名称：甲产品　　　　20××年×月　　　　　　　　单位：元

摘要	原材料	燃料和动力	直接人工	制造费用	合计
月初在产品成本	4 000	640	700	800	6 140
本月投入生产费用	20 000	2 260	2 800	3 700	28 760
累计生产费用	24 000	2 900	3 500	4 500	34 900
单位成本（分配率）	40	5.8	7	9	
完工产品成本	16 000	2 320	2 800	3 600	24 720
月末在产品成本	8 000	580	700	900	10 180

表4-3中资料按约当产量法计算完工产品和在产品的成本如下：

原材料成本项目在产品约当产量 = 200 × 100% = 200（件）

其他费用项目在产品约当产量 = 200 × 50% = 100（件）

(1) 直接材料费用分配率 = $\dfrac{24\,000}{400+200}$ = 40（元/件）

完工产品负担的材料费用 = 400 × 40 = 16 000（元）

在产品负担的材料费用 = 200 × 40 = 8 000（元）

(2) 燃料动力费用分配率 = $\dfrac{2\,900}{400+100}$ = 5.8（元/件）

完工产品负担的燃料和动力费用 = 400 × 5.8 = 2 320（元）

在产品负担的燃料和动力费用 = 100 × 5.8 = 580（元）

(3) 直接人工分配率 = $\dfrac{3\,500}{400+100}$ = 7（元/件）

完工产品负担的直接人工 = 400 × 7 = 2 800（元）

在产品负担的直接人工 = 100 × 7 = 700（元）

(4) 制造费用分配率 = $\dfrac{4\,500}{400+100}$ = 9（元/件）

完工产品负担的制造费用 = 400 × 9 = 3 600（元）

在产品负担的制造费用 = 100 × 9 = 900（元）

(5) 计算完工产品和在产品成本

完工产品成本 = 16 000 + 2 320 + 2 800 + 3 600 = 24 720（元）

月末在产品成本 = 8 000 + 580 + 700 + 900 = 10 180（元）

从以上计算公式可以看出，在约当产量比例法下，在产品完工程度的测定，对于费用分配的正确性有着决定性的影响。从精细化分配费用的角度看，应针对不同成本项目的具体情况来确定其完工率及约当产量，并在此基础上分配各项费用。但一般来说，各项加工费用是按照生产工时进行分配和归集的，因此，采用约当产量比例法时，一般可以按照生产工时投入情况来确定在产品的加工速度，即完工程度，进而计算约当产量，分配各项加工费用。直接材料的投入方式可以有多种，因此，在采用约当产量比例法时，应根据直接材料投入方式的不同以及其他具体情况来确定投料率，进而计算约当产量，分配直接材料费用。

（一）直接材料费用的分配

如果直接材料费用是在生产开始时一次性投入的，由于完工产品与月末在产品所消耗的直接材料费用是一样的，因此，就应该按照完工产品与月末在产品的实际数量来进行直接材料费用的分配，即在产品的投料率按100%来确定。【例4-3】中直接材料费用的分配就是如此。

如果直接材料随加工进度陆续投入，则可以分为以下三种情况：

（1）直接材料随加工进度陆续投入，且直接材料投入的程度与加工进度完全一致或基本一致，这时分配直接材料费用所依据的月末在产品约当产量可以与分配加工费用所采用的在产品约当产量一致，即月末在产品的投料率可以采用分配加工费用时的完工率。

（2）直接材料随加工进度陆续投入，其投料程度与加工进度不一致，则应按工序分别确定各工序在产品的投料率。在确定各工序的投料率时，一般以各工序的直接材料消耗定额为依据，投料程度按完成本工序投料的50%折算。

（3）直接材料随加工进度分工序投入，但在每一道工序则是在开始时一次投入，则也应按工序确定投料率，不过在确定各工序的投料率时，应以各工序的直接材料消耗定额为依据，投料程度按完成本工序投料的100%计算。

【例4-5】某产品需经两道工序制成，直接材料消耗定额为500千克，其中，第一道工序直接材料消耗定额为200千克，第二道工序直接材料消耗定额为300千克。月末在产品数量：第一道工序为200件，第二道工序为150件。完工产品为255件，月初在产品和本月发生的直接材料费用共计40 000元。其计算过程和结果如表4-4所示。

表4-4　　　　　　　　　约当产量法计算结果

工序	本工序直接材料消耗定额	完工率	在产品约当产量	完工产品	合计
1	200千克	$\frac{200 \times 50\%}{500} \times 100\% = 20\%$	$200 \times 20\% = 40$（件）	—	
2	300千克	$\frac{200 + 300 \times 50\%}{500} \times 100\% = 70\%$	$150 \times 70\% = 105$（件）		
合计	500千克	—	145件	255件	400件

直接材料是在每道工序随加工进度陆续分次投料，因此每道工序投料程度按50%折算。

直接材料费用分配率 $= \dfrac{40\ 000}{145 + 255} = 100$

完工产品分配直接材料费用 $= 255 \times 100 = 25\ 500$（元）

月末在产品分配直接材料费用 $= 145 \times 100 = 14\ 500$（元）

【例4-6】采用【例4-5】中某产品在各工序的直接材料消耗定额，但直接材料在各工序开始时一次投入，其计算过程和结果如表4-5所示。

表 4-5　　　　　　　　　定额法在产品计算结果

工序	本工序直接材料消耗定额	完工率	在产品约当产量	完工产品	合计
1	200 千克	$\frac{200}{500} \times 100\% = 40\%$	$200 \times 40\% = 80$（件）	—	—
2	300 千克	$\frac{200+300}{500} \times 100\% = 100\%$	$150 \times 100\% = 150$（件）	—	—
合计	500 千克	—	230 件	255 件	485 件

由于直接材料是在每道工序一开始就投入的，在同一工序中各种在产品直接材料的消耗定额，就是该工序的消耗定额，不应按 50% 折算，最后一道工序在产品的消耗定额，为完工产品的消耗定额，完工率为 100%。

直接材料费用分配率 = $\frac{40\ 000}{230+255}$ = 82.47

完工产品分配直接材料费用 = 255 × 82.47 = 21 029.85（元）

月末在产品分配直接材料费用 = 230 × 82.47 = 18 968.1（元）

（二）加工费用的分配

采用约当产量比例法分配加工费用时，首先要测定在产品的完工程度（完工率），在此基础上，计算在产品的约当产量，进而进行费用的分配。测定在产品完工程度的方法一般有两种：

第一种，平均计算。即一律按 50% 作为各工序在产品的完工程度。这种方法适用于在各工序在产品数量和单位产品在各工序的加工量都相差不多的情况下采用。在这种情况下，后面各工序在产品多加工的程度可以抵补前面各工序少加工的程度，这样，全部在产品完工程度可按 50% 平均计算。

第二种，各工序分别测定完工率。为了保证成本计算的准确性，加速成本的计算工作，可以按照各工序的累计工时定额占完工产品工时定额的比率计算，事前确定各工序在产品的完工率。其计算公式如下：

某工序在产品的完工程度 = $\frac{\text{第一工序至该工序某工序前为止产品生产累计定额工时} + \text{该工序产品生产定额工时} \times 50\%}{\text{该产品完工时累计定额工时}} \times 100\%$

公式中的"该工序"，即在产品所在工序，其工时定额乘以

50%，是因为该工序中各件在产品的完工程度不同，为了简化完工率的测算工作，在产品所在工序的加工程度一律按平均完工率 50% 计算。在产品从上一道工序转入下一道工序，因上一道工序已经完工，所以前面各道工序的工时定额应按 100% 计算。

【例 4 – 7】某产品甲要经过三道工序加工完成，单位产品完工时累计工时定额为 60 小时，其中第一道工序工时定额为 12 小时；第二道工序工时定额为 24 小时；第三道工序工时定额为 24 小时。各道工序内各件在产品加工程度均按 50% 计算。

计算各工序在产品完工程度如下：

第一工序在产品完工程度 $= \dfrac{12 \times 50\%}{60} \times 100\% = 10\%$

第二工序在产品完工程度 $= \dfrac{12 + 24 \times 50\%}{60} \times 100\% = 40\%$

第三工序在产品完工程度 $= \dfrac{36 + 24 \times 50\%}{60} \times 100\% = 80\%$

根据各工序的月末在产品数量和各工序完工率，计算出月末各工序在产品的约当产量及其总数，据以分配费用。

【例 4 – 8】假定【例 4 – 7】中的甲产品本月完工 200 件。第一道工序的在产品 20 件，第二道工序的在产品 40 件，第三道工序的在产品 60 件。

根据各工序在产品的数量和各工序的完工率，分别计算各工序月末在产品的约当产量及其总数，如表 4 – 6 所示。

表 4 – 6　　　　　　　　　　约当产量计算表

产品名称：甲　　　　　　　20××年×月　　　　　　　　单位：件

在产品所在工序	完工率（%）	在产品数量		完工产品产量	产量合计
		结存量	约当产量		
1	10	20	2		
2	40	40	16		
3	80	60	48		
合计	—	120	66	200	266

假定【例 4 – 7】中甲产品月初加本月发生的加工费用为：直接人工费用 7 980 元；制造费用 8 512 元。完工产品与月末在产品加工费用的分配计算如下：

(1) 直接人工费用的分配。

直接人工费用分配率 $= \dfrac{7\,980}{200+66} = 30$ （元/件）

完工产品分配直接人工费用 $= 200 \times 30 = 6\,000$ （元）

月末在产品分配直接人工费用 $= 66 \times 30 = 1\,980$ （元）

(2) 制造费用的分配。

制造费用分配率 $= \dfrac{8\,512}{200+66} = 32$ （元/件）

完工产品分配制造费用 $= 200 \times 32 = 6\,400$ （元）

月末在产品分配制造费用 $= 66 \times 32 = 2\,112$ （元）

【例4-9】某企业生产甲产品，本月完工800件，期末在产品200件。原材料费用在各工序开始时一次投入，其他费用随加工进度陆续投入。月末在产品资料见表4-7。

表4-7　　　　　月末在产品资料

工序	各工序的定额工时	各工序的定额材料耗用量（千克）	盘存数（件）
1	40	100	60
2	30	50	100
3	10	10	40
合计	80	160	200

要求：(1) 计算各工序在产品各项目的完工率及各工序在产品的约当产量；

(2) 填写完工产品和在产品成本分配表（见表4-8）。

表4-8　　　　　完工产品和在产品成本分配表

项目		原材料	直接人工	制造费用	合计
分配前的费用金额（元）		182 615.56	74 900	112 350	369 865.56
分配率（单位成本）					
完工产品	数量（个）				
	金额（元）				
期末在产品	数量（个）				
	金额（元）				

计算过程如下：

(1) 原材料各工序的完工率及约当产量。

第一工序完工率 $= (100/160) \times 100\% = 62.5\%$

第一工序在产品的约当产量 = 60 × 62.5% = 37.5
第二工序完工率 = (100 + 50)/160 × 100% = 93.75%
第二工序在产品的约当产量 = 100 × 93.75% = 93.75
第三工序完工率 = [(100 + 50 + 10)/160] × 100% = 100%
第三工序在产品的约当产量 = 40 × 100% = 40
各工序在产品的约当产量 = 37.5 + 93.75 + 40 = 171.25
直接人工费用的完工率及约当产量
第一工序完工率 = [(40 × 50%)/80] × 100% = 25%
第一工序在产品的约当产量 = 60 × 25% = 15
第二工序完工率 = [(40 + 30 × 50%)]/80 × 100% = 68.75%
第二工序在产品的约当产量 = 100 × 68.75% = 68.75
第三工序完工率 = [(40 + 30 + 10 × 50%)/80] × 100% = 93.75%
第三工序在产品的约当产量 = 40 × 93.75% = 37.5
各工序在产品的约当产量 = 15 + 68.75 + 37.5 = 121.25

（2）完工产品和在产品成本分配表（见表4-9）。

表4-9　　　　　　　　完工产品和在产品成本分配表

项目		原材料	直接人工	制造费用	合计
分配前的费用金额（元）		182 615.56	74 900	112 350	369 865.56
分配率（单位成本）		188.02	81.30	121.95	391.27
完工产品	数量（个）	800	800	800	
	金额（元）	150 417	65 040	97 563	313 020
期末在产品	数量（个）	171.25	121.25	121.25	
	金额（元）	32 198.56	9 860	14 787	56 845.56

五、在产品成本按完工产品成本计算法

这种方法是将在产品视同完工产品分配费用。适用于月末在产品已经接近完工，或者产品已经加工完毕，但尚未验收入库的产品。在这种情况下，在产品成本已接近完工产品成本，为了简化核算工作，将月末在产品视同完工产品，按完工产品与在产品的数量分配费用。

【例4-10】某产品月初在产品费用和本月发生费用累计数为：直接材料24 000元，直接人工费用8 000元，制造费用6 400元。完工产品600件，月末在产品200件，该产品已接近完工，月末在产品成本按完工产品成本计算。其计算分配结果如表4-10所示。

表 4 – 10　　　　　　　在产品成本计算单　　　　　金额单位：元

成本项目	生产费用合计	费用分配率	完工产品		月末在产品	
			数量（件）	费用	数量（件）	费用
①	②	③=②/④+⑥	④	⑤=④×③	⑥	⑦=⑥×③
直接材料	24 000	30	600	18 000	200	6 000
直接人工	8 000	10	600	6 000	200	2 000
制造费用	6 400	8	600	4 800	200	1 600
合计	38 400	—	—	28 800	—	9 600

表 4 – 10 中各项费用的分配率是根据各项该生产费用的累计数除以完工产品数量与月末在产品数量之和计算得出的；各项费用分配率分别乘以完工产品数量和月末在产品数量，即求出完工产品与月末在产品分配的各项费用。

六、在产品按定额成本计算法

在产品按定额成本计价法是按照预先制定的定额成本计算月末在产品成本，然后从某种产品全部生产费用（月末在产品费用加本月生产费用）中减去月末在产品的定额成本，就是完工产品成本。也就是说，每月实际生产费用脱离定额的差异，全部计入当月完工产品成本。这种分配方法适用于定额管理基础比较好，各项消耗定额或费用定额比较准确、稳定，而且各月在产品数量变动不大的产品。

采用这种分配方法，应根据各种在产品有关定额资料以及在产品月末结存数量，计算各月末在产品的定额成本。

【例 4 – 11】某企业生产甲产品，本月完工入库 120 件，月末在产品 30 件，生产工时 160 小时，原材料定额成本每件 100 元，计划每小时耗用燃料和动力费用 1 元、直接人工 1.5 元、制造费用 2 元。按定额成本计算法计算在产品成本如下：

原材料定额成本 = 30 × 100 = 3 000（元）
燃料和动力定额成本 = 160 × 1 = 160（元）
直接人工定额成本 = 160 × 1.5 = 240（元）
制造费用定额成本 = 160 × 2 = 320（元）
在产品定额成本 = 3 000 + 160 + 240 + 320 = 3 720（元）

采用这种分配方法，月末在产品定额成本与实际成本之间的差异（脱离定额差异）全部由完工产品负担（见表 4 – 11），不尽合理。

如前所述,在各项消耗定额或费用定额比较准确、稳定,又不需要经常修订定额的条件下,采用这种分配方法能够比较准确、简便地解决完工产品与月末在产品之间分配费用的问题,否则会影响产品成本计算的正确性。采用这种分配方法,如果产品成本中直接材料费用所占比重较大,为了进一步简化成本计算工作,月末在产品成本可以只按定额原材料费用计算,其他各项实际费用计入完工产品成本。也就是把在产品按所耗直接材料费用计价法,与在产品按定额成本计价法结合应用,即在产品按定额直接材料费用计价法,月末在产品只计算所耗直接材料费用,而直接材料费用又是按定额计算的。

表 4-11　　　　　　　　　　产品成本计算单

产品名称:甲产品　　　　　20××年×月　　　　　　　　单位:元

摘要	原材料	燃料和动力	直接人工	制造费用	合计
月初在产品成本	3 100	220	300	260	3 880
本月生产费用	9 100	440	990	704	11 234
累计生产费用	12 200	660	1 290	964	15 114
在产品定额成本	3 000	160	240	320	3 720
完工产品成本	9 200	500	1 050	644	11 394
结转完工产品成本	9 200	500	1 050	644	11 394

七、定额比例法

定额比例法是把产品的生产费用按照完工产品和月末在产品的定额消耗量或定额费用的比例,分配计算完工产品成本和月末在产品成本的方法。其中,直接材料费用一般按直接材料定额消耗量或原材料定额成本比例分配;直接人工费用、制造费用等各项加工费,可按定额工时的比例分配,也可以按定额费用比例分配。

该方法适用于管理基础较好,各项消耗定额或费用定额比较准确、稳定,各月末在产品数量变动较大的产品。因为月初和月末在产品费用之间脱离定额的差异要在完工产品与月末在产品之间按比例分配,从而提高了产品成本计算的准确性。

定额比例法计算公式如下:

1. 原材料费用的分配率

$$\text{分配率} = \frac{\text{月初在产品原材料实际费用} + \text{本月发生原材料实际费用}}{\text{完工产品定额耗用量(或定额成本)} + \text{月末在产品定额耗用量(或定额成本)}}$$

其中：完工产品材料定额耗用量 = 单位产品材料定额
耗用量 × 完工产品数量

在产品材料定额耗用量 = $\sum$（某单位在产品材料定额耗用量 × 该工序在产品数量）

完工产品材料定额成本 = $\sum$（某材料单位产品材料定额耗用量 × 该材料计划单价 × 完工产品数量）

在产品材料定额成本 = $\sum$（某工序某材料单位在产品材料定额耗用量 × 该材料计划单价 × 该工序在产品数量）

2. 工资及其他费用的分配率

$$分配率 = \frac{累计费用额}{完工产品工时定额耗用量 + 在产品工时定额耗用量}$$

其中：完工产品工时定额耗用量 = 单位产品工时定额耗用量 × 完工产品数量

在产品工时定额耗用量 = $\sum$（某工序单位在产品工时定额耗用量 × 该工序在产品数量）

3. 完工产品成本与月末在产品成本

月末在产品成本 = 费用分配率 × 在产品定额成本（或定额耗用量）

完工产品成本 = 费用分配率 × 完工产品定额成本（或定额耗用量）

或　完工产品成本 = 累计生产费用 − 月末在产品成本

【例 4 − 12】某企业生产甲产品系逐步投料、逐步加工方式。甲产品的原材料消耗定额为 30 千克；定额工时为 20 小时。本月甲产品完工入库 60 件，月末在产品数量 15 件，完工率为 50%。计算材料定额消耗量和定额工时见表 4 − 12。

表 4 − 12　　　　材料定额消耗量和定额工时计算表

项目	完工产品			在产品				
	产量（件）	单耗定额	定额量	数量（件）	完工率（%）	约当量	单耗定额	定额量
原材料	60	30 千克	1 800 千克	15	50	7.5	30 千克	225 千克
工时	60	20 小时	1 200 小时	15	50	7.5	20 小时	150 小时

甲产品成本的计算见表 4 − 13。

表4-13 基本生产明细账

产品名称：甲产品　　　　　　　　　20××年×月　　　　　　　　　金额单位：元

日期	凭证编号	摘要		原材料	直接人工	制造费用	合计
1	略	月初在产品成本		9 000	580	800	10 380
31		本月生产费用		72 000	3 200	4 600	79 800
31		费用合计		81 000	3 780	5 400	90 180
		分配率		40	2.8	4	46.8
31		完工产品	定额	1 800	1 200	1 200	—
			实际	72 000	3 360	4 800	80 160
31		在产品	定额	225	150	150	—
			实际	9 000	420	600	10 020

【例4-13】某企业生产A产品，有关A产品的定额资料为：单位产品的原材料定额成本50元，单位产品工时消耗定额5小时。某月完工产品1 000件，月末在产品200件。在产品投料程度60%，完工程度25%。本月月初在产品和本月份的生产费用合计为126 420元，其中原材料费用50 820元，职工薪酬42 000元，制造费用33 600元。按定额比例分配法计算完工产品和在产品的成本。

计算过程如下所示：

原材料：

完工产品定额材料成本 = 1 000 × 50 = 50 000（元）

月末在产品定额材料成本 = (200 × 60%) × 50 = 6 000（元）

分配率 = 50 820 / (50 000 + 6 000) = 0.9075

完工产品成本 = 0.9075 × 50 000 = 45 375（元）

月末在产品成本 = 0.9075 × 6 000 = 5 445（元）

职工薪酬：

完工产品定额工时 = 1 000 × 5 = 5 000（元）

月末在产品定额工时 = 200 × 25% × 5 = 250（元）

分配率 = 42 000 / 5 250 = 8

完工产品成本 = 8 × 5 000 = 40 000（元）

月末在产品成本 = 8 × 250 = 2 000（元）

制造费用分配原理同职工薪酬（略）。

【例4-14】某产品月初在产品费用为：直接材料1 400元；直接人工6 000元，制造费用40 000元。本月生产费用：直接材料8 200元，直接人工30 000元，制造费用20 000元。完工产品4 000件，直接材料定额费用8 000元，定额工时5 000小时。月末在产品1 000件，直接材料定额费用2 000元；定额工时1 000小时。完工产品与月末在产品之间,直接材料费用按直接材料定额费用比例分配,其他费用按定额工时比例分配。各项费用分配表计算结果如表 4-14 所示。

表 4-14　　　　　　　　产品成本明细账

产品名称:某产品　　　　　　　20××年×月　　　　　　金额单位:元

成本项目	月初在产品费用	本月费用	生产费用合计	费用分配率	完工产品费用		月末在产品费用	
					定额	实际费用	定额	实际费用
①	②	③	④=②+③	⑤=④÷(⑥+⑧)	⑥	⑦=⑥×⑤	⑧	⑨=⑧×⑤
直接材料	1 400	8 200	9 600	0.96	8 000	7 680	2 000	1 920
直接人工	6 000	30 000	36 000	6	5 000*	30 000	1 000*	6 000
制造费用	40 000	20 000	60 000	10	5 000*	50 000	1 000*	10 000
合计	47 400	58 200	105 600	—		87 680	—	17 920

要计算分配费用,必须取得完工产品和月末在产品的定额消耗量或定额费用资料。完工产品的直接材料定额消耗量和工时定额消耗量,可以根据完工产品的实际数量乘以单位直接材料消耗定额和工时消耗定额计算求得,在此基础上,再乘以相应的费用定额就可以计算完工产品的各项定额费用。月末在产品的直接材料定额消耗量和工时定额消耗量,可以根据月末在产品盘存表或账面所记录的在产品的结存数量,以及相应的消耗定额具体计算。但当在产品的种类和生产工序繁多时,核算工作量繁重。因此,在产品定额消耗量可采用简化的方法计算(即倒轧方法)。其计算公式如下:

月末在产品定额消耗量 = 月初在产品定额消耗量 + 本月投入的
定额消耗量 - 本月完工产品定额消耗量

上述公式中月初在产品定额消耗量根据上月成本计算资料取得。本月投入的定额消耗量中的直接材料定额消耗量,根据领料凭证所列直接材料定额消耗量等数据计算求得;本月投入的工时定额消耗量,根据有关定额工时的原始记录计算求得。按照倒轧方法计算月末在产品的定额数据,可以简化计算工作,但是,在发生在产品盘盈、盘亏的情况下,计算求得的成本资料就不能如实反映产品成本的水平。为了提高成本计算的准确性,必须每隔一定时期对在产品进行一次实地盘点,根据在产品的实存数计算一次定额消耗量。

在掌握了月初在产品的定额消耗量(或定额费用)和定额工时、

本月投入的定额消耗量（或定额费用）和定额工时，以及本月完工产品定额消耗量（或定额费用）和定额工时等资料的情况下，倒轧求出月末在产品的定额资料。可以按照下列公式分配费用。

$$费用分配率 = \frac{月初在产品实际费用 + 本月实际费用}{月初在产品定额费用 + 本月投入定额费用}$$

完工产品和月末在产品费用的计算公式同前。

第三节 完工产品成本的结转

工业企业生产产品发生的各项生产费用，已在各种产品之间进行分配，在此基础上又在同种产品的完工产品和月末在产品之间进行分配，计算出各种完工产品的成本，从"基本生产成本"科目及所属明细科目贷方转出，记入有关科目的借方。完工入库产成品的成本，借记"库存商品"科目；完工的自制材料、工具、模具等的成本，分别借记"原材料""低值易耗品"等科目，贷记"基本生产成本"科目。"基本生产成本"科目月末借方余额就是基本生产在产品的成本，即占用在基本生产过程中的生产资金。

【例4-15】工业企业的完工产品。包括产成品、自制材料、工具、模具等。根据甲、乙产品成本明细账（基本生产成本明细账），汇总编制产成品成本汇总表。其产成品成本汇总表如表4-15所示。

表4-15　　　　　　　产成品成本汇总表

20××年×月　　　　　　　　　　　单位：元

产品名称	直接材料	直接燃料和动力	直接人工	制造费用	废品损失	合计
甲产品	468 300	11 680	348 600	141 407.25	—	969 987.25
乙产品	267 400	5 811	182 500	80 920.35	23 498	560 129.35
合计	735 700	17 491	531 100	222 327.6	23 498	1 530 116.6

根据完工验收入库产成品的入库单及产成品成本汇总表，编制会计分录如下：

借：库存商品　　　　　　　　　　　　1 530 116.6
　　贷：基本生产成本　　　　　　　　　　　1 530 116.6

【本章小结】

企业发生的生产费用在完工产品与月末在产品之间的分配，是成本计算中一项重要而复杂的工作，企业应根据生产过程的特点和月末在产品数量的多少、各月在产品数量变化的大小、月末在产品的完工程度、各成本项目在总成本中所占的比例以及产品定额管理水平的高低等具体条件，选择简便合理的分配方法。

完工产品和月末在产品之间分配费用通常采用的具体方法包括：不计算在产品成本法、按年初数固定计算在产品成本法、在产品按所耗直接材料费用计价法、约当产量比例法、在产品按完工产品成本计算法、在产品按定额成本计价法和定额比例法。

【思考题】

1. 在产品数量核算有什么意义？进行完工产品与月末在产品之间的费用分配时，为什么要以在产品的数量核算为基础？

2. 完工产品与月末在产品之间分配费用的方法，一般有几种类型？

3. 完工产品与在产品之间费用的分配方法有几种？它们各自的特点、适用范围、计算分配程序以及优缺点如何？

【业务练习题】

1. 练习约当产量法。

某企业第一生产车间的甲产品本月完工500件，月末在产品200件，甲产品经过三道工序制成，完工甲产品工时定额为100小时，各工序工时定额及在产品数量见下表。各工序内平均完工程度按50%计算。

各工序工时定额及在产品数量

工序	本工序工时定额（千克）	在产品数量（件）
1	40	80
2	40	80
3	20	40
合计	100	200

甲产品月初在产品费用和本月生产费用见下表，原材料在生产开始时一次投入。

甲产品月初在产品费用和本月生产费用 单位：元

成本项目	直接材料	直接燃料和动力	直接人工	制造费用	合计
月初在产品费用	6 000	1 200	2 400	1 400	11 000
本月费用	15 000	2 400	6 000	4 000	27 400

要求：（1）编制约当产量计算表；

（2）登记甲产品成本明细表，计算出甲产品的完工产品成本和

月末在产品成本。月末在产品原材料费用按产量比例分配,其他各项费用按约当产量比例分配;

(3)编制完工产品入库的会计分录。

2. 练习定额比例法。

某企业丙产品消耗定额比较准确、稳定,各月末在产品数量变化不大,采取定额比例法分配完工产品与在产品费用,其中原材料费用按定额原材料费用比例分配,其他费用按定额工时比例分配。本月丙产品有关材料如下表所示。

丙产品有关材料　　　　　　　　　　　　　　　　单位:元

成本项目	月初在产品费用		本月生产费用	
	定额	实际	定额	实际
直接材料	3 000	3 500	7 000	7 500
直接人工	2 000	2 500	3 000	3 500
制造费用		1 500		2 500
合计	80	7 500		13 500

本月丙产品完工100件,单件产品定额:直接材料80元,工时40小时。

要求:(1)采用定额比例法分配完工产品与月末在产品费用,并登记产品成本明细账;

(2)编制完工产品入库的会计分录。

3. 练习成本计算单编制。

某企业生产甲产品,本月生产完工500件,月末在产品结存100件。甲产品原材料在生产开始时一次投入,月末在产品完成定额为500小时。甲产品直接材料费用定额为60元,每小时直接人工费用定额为1.8元,每小时制造费用定额为2元。

要求:在下表中计算甲产品月末在产品和本月完工产品成本。

甲产品成本计算单

(20××年×月)　　　　　　　　　　　　　　　　单位:元

成本项目	直接材料	直接人工	制造费用	合计
月初在产品成本	5 700	855	950	7 505
本月发生费用	31 100	10 245	11 050	52 395
本月生产费用合计	36 800	11 100	12 000	59 900
分配率				—
本月完工产品成本				
月末在产品成本				

4. 练习成本计算单编制。

某企业生产乙产品，本月完工 200 件，月末在产品 40 件，在产品平均完工率测定为 50%。单位乙产品直接材料定额为 100 元，工时定额为 20 小时。原材料在生产开始时一次投入。

要求：按照定额法填写乙产品成本计算单（见下表）。

乙产品成本计算单

20××年×月　　　　　　　　　　　　单位：元

成本项目	直接材料	生产工时	直接人工	制造费用	合计
月初在产品费用	7 500		1 152	1 488	10 140
本月生产费用	21 300		9 848	11 712	42 860
合计	28 800		11 000	13 200	53 000
完工产品定额	20 000	4 000			
月末在产品定额	4 000	400			
分配率					
结转完工产品成本					
月末在产品成本					

第五章
产品成本计算的基本方法

【学习目标】
1. 能根据企业生产的特点选择适当的成本方法。
2. 能利用品种法计算产品成本。
3. 能利用分批法计算产品成本。
4. 能利用分步法计算产品成本。

【引导案例】
　　李明军从原来的企业辞职,应聘到一家纺织企业做成本会计员。财务部老成本会计张师傅向李明军介绍了企业的基本情况。该纺织企业规模较大,共有三个纺纱车间,两个织布车间。另外,还有若干为纺纱织布车间服务的辅助生产车间。
　　该企业第一纺纱车间纺的纱全部对外销售,第二纺纱车间纺的纱供第一织布车间使用,第三纺纱车间纺的纱供第二织布车间使用。纺纱和织布的工序包括清花、粗纺、并条、粗纱、细纱、捻线、织布等工序。各工序生产的半成品直接供下一工序使用,不经过半成品库。
　　该企业现行的成本计算模式是,第一纺纱车间采用品种法计算成本,第二纺纱车间和第一织布车间采用品种法计算成本,第三纺纱车间和第二织布车间采用逐步结转分步法计算成本。
　　为了加强企业的成本管理,企业财务部对各车间生产的半成品均要进行考核;另外,主管部门还要对半成品成本情况进行评比和检查。
　　张师傅问李明军,企业的成本计算方法的选择是否合理?如果不合理应如何改进?

第一节　成本计算方法概述

一、生产类型特点及管理要求对成本计算方法的影响

　　制造企业产品成本计算的过程,就是对生产经营过程中所发生的

费用，按照一定对象进行归集，并在完工产品和在产品之间进行分配，计算出产品的总成本和单位成本的过程。由于各企业的生产类型特点及管理要求不同，计算产品成本时所采用的成本计算方法也不同。因此，为了正确计算产品成本，企业必须根据其生产特点，并考虑成本管理的要求，选择适当的成本计算方法。

（一）生产的分类

生产的类型，就是指产品的生产特点。按照制造业生产的一般特点，生产的特点可以作以下分类：

1. 按生产工艺过程的特点分类

产品生产工艺过程是指产品从投料到完工的生产工艺、加工制造的过程。按生产工艺过程的特点，可以将产品生产分为单步骤生产和多步骤生产。

（1）单步骤生产，也称简单生产，是指产品的生产工艺过程不能中断，也不便于分散在不同地点、由多个车间协作进行的生产，如发电、采掘、铸造等。

（2）多步骤生产，也称复杂生产，是指产品的生产工艺过程由若干个可以中断的、分散在不同地点的生产步骤组成，除最后加工步骤生产产品外，其他加工步骤的完工产品都是自制半成品，如纺织、机械、冶金等的生产。多步骤生产按其产品的加工方式又可分为以下两种：

①连续加工式生产。是指原材料投入生产后，要经过若干个连续加工步骤，才能加工成为产成品，如纺织、冶金等生产。

②平行加工式生产。又称装配式生产，是指先将各种原材料平行地进行加工，制造成各种零件、部件，然后再将零件、部件装配成产成品，如汽车、轮船、飞机、机械等的生产。

2. 按生产组织方式的分类

生产组织方式是指企业生产的专业化程度，具体是指在一定时期内生产产品品种的多少，同种类产品的数量以及生产的重复程度。按生产组织方式，可以将企业生产分为大量生产、成批生产和单件生产。

（1）大量生产，是指不断重复生产品种相同产品的生产。其主要特点是产品品种较少。每种产品的产量大，产品品种比较稳定，如发电、面粉、纺织、造纸等的生产。

（2）成批生产，是指按规定的产品批别和数量进行的生产。其主要特点是产品的品种较多，每隔一定时期重复生产一批，如服装、机械、药品等的生产。成批生产按照产品批量的大小，又可以分为大批生产、中批生产和小批生产。大批生产，由于产品批量大，往往在几个月内不断重复生产一种或几种产品，因而与大量生产相接近；小批生产，由于生产的产品批量小，一批产品一般可以同时完工，因而与单件生产相接近。

（3）单件生产，是指根据订货单位所提出的要求，进行特定规格和数量的产品生产。其主要特点是产品品种很多，产量较少，而且很少重复生产，或不定期重复生产，如专用设备、轮船、飞机、重型机械等的生产。

一般情况下，单步骤生产和连续加工式的多步骤生产的组织方式往往是大量生产或大批生产。平行加工式的多步骤生产的组织方式，可能是大量生产或大批生产，也可能是小批生产或单件生产。

（二）影响产品成本计算方法的因素

企业采用什么成本计算方法，在很大程度上是由产品的生产特点即生产类型所决定的，生产类型不同，对成本管理的要求也不一样。生产特点和管理要求必然对产品成本计算产生影响。主要表现在：成本计算对象的确定、成本计算期的确定、生产费用在完工产品和在产品之间的分配三个方面。

1. 对成本计算对象的影响

成本计算对象是指生产费用归集和分配的对象，即生产费用的承担者。从成本核算的角度看，不同的成本计算对象，形成不同的成本计算方法。确定成本计算对象，是为了确定按多大范围来归集生产费用、计算产品成本。在成本核算过程中，一个品种、一批产品、一类产品，以及生产过程中各步骤的半成品，都可以作为成本计算对象。

在简单生产条件下，材料已经投入生产，各生产步骤就不能中断，直到生产出产成品。由此决定各生产步骤不仅没有期末在产品，也没有半成品，因而成本计算对象比较单一，通常以最终完工的产品作为成本计算对象。

在连续式复杂生产条件下，虽然生产是按照一定的生产顺序进行的，但在不同的生产步骤之间是可以间断的，而且在各生产步骤都能产生一定使用价值的半成品。所以，在这种类型的企业中，除了要以最终完工的产品作为成本计算对象外，由于半成品可以直接对外销售，或为便于成本管理和考核，往往还要计算半成品的成本，因此半成品也是成本计算对象。

在装配式复杂生产条件下，由于各生产步骤半成品的生产工艺过程特点基本是相同的，所以对成本计算的影响主要在于生产组织方面。如果生产组织是单件或小批生产，一般是以订货人的订单所确定的某一件或某一批产品作为其成本计算对象；如果生产组织是大批或大量生产，通常是以最终完工产品作为成本计算对象。

2. 对成本计算期的影响

成本计算期即计算成本的时期。不同生产类型企业的成本计算期不尽相同，其起止日期是否与会计报告期或生产周期一致，主要取决于企业生产组织的特点。

在大量、大批生产中，由于生产是连续不断进行的，企业不断地投入原材料，同时不断地生产出产品来。因此，为计算陆续产出的产品成本，一般以会计报告期作为成本计算期，定期计算产品成本，成本计算期可能与生产周期不一致，但与会计报告期一致。根据成本管理的要求，通常需要按月计算产品成本。

在单件和小批生产中，由于生产一般是不重复进行的小批生产批量不大，批内产品基本都能同时完工，所以产品成本只能在某件或某批产品完工以后才能最终确定，因而成本计算是不定期的，与产品的生产周期一致。

3. 对生产费用在完工产品和月末在产品之间分配的影响

在单步骤大量、大批生产条件下，由于生产不能间断，产品生产周期短，生产过程是连续不断地、均衡地进行的，一般没有在产品，或者月末在产品数量很少，或各期在产品数量大致相同，因而在计算产品成本时，生产费用无须在完工产品和月末在产品之间进行分配。

在多步骤大量、大批生产条件下，由于生产连续进行，不断地投入和产出，投料和完工同时存在，各生产步骤必然保持一定数量不同完工程度的在产品，而且各期在产品数量及完工程度往往不等，在月末计算产品成本时，就必须将生产费用在完工产品和在产品之间进行分配。

在单步骤单件、小批生产条件下，单件生产时，完工即产成品，未完工即在产品，生产费用不需在完工产品和月末在产品之间分配；小批生产可能当月完工，也可能跨月陆续完工，同批产品未全部完工前，所归集的生产费用都是在产品成本。同批产品全部完工后，所归集的生产费用即是该批完工产品的成本，所以也不需要将生产费用在完工产品和月末在产品之间进行分配。

二、产品成本计算的主要方法

由于制造企业产品生产特点和成本管理要求的不同，其成本计算对象、成本计算期、在产品成本的计算也不尽相同。将不同的成本计算对象、不同的成本计算期及生产费用在完工产品与在产品之间不同的分配方法等因素组合在一起，就形成了各种不同的成本计算方法。而成本计算对象，则是决定成本计算方法的主要因素。

（一）产品成本计算的基本方法

为了适应各种类型生产的特点和管理要求，在产品成本计算工作中有三种不同的产品成本计算对象，以及以产品成本计算对象为标志的三种不同的产品成本计算方法。

1. 品种法

品种法是指以产品品种为成本计算对象的产品成本计算方法。品种法适用于大量大批的单步骤生产或管理上不要求分步骤计算成本的多步骤生产，如小型水泥厂。

2. 分批法

分批法是指以产品批别为成本计算对象的产品成本计算方法。分批法适用于单件小批的单步骤生产或管理上不要求按步骤计算成本的多步骤生产，如机床、飞机等

3. 分步法

分步法是指以产品生产步骤为成本计算对象的产品成本计算方法。分步法适用于大量大批且管理上要求分步骤计算成本的多步骤生产。

这三种方法是计算产品实际成本必不可少的方法，因而是产品成本计算的基本方法。由于产品成本计算对象不外乎品种、批别和步骤三种，因而成本计算的基本方法也只有这三种。

（二）产品成本计算的辅助方法

在实际工作中，除了上述三种基本方法外，还采用了一些其他的成本计算方法。

（1）在产品品种、规格繁多的工业企业中，为了简化成本计算工作，可采用一种简便的成本计算方法——分类法。它是以产品类别为成本计算对象，归集生产费用，计算产品成本的一种方法，它是品种法的延伸。

（2）为了提高成本计算结果的准确性，可采用一种将间接生产费用按成本动因进行分配的产品成本计算方法——作业成本法。它是ABC成本法，引入了许多新概念，资源按资源动因分配到作业或作业中心，作业成本按作业动因分配到产品。分配到作业的资源构成该作业的成本要素，多个成本要素构成作业成本池（中间的小方框），多个作业构成作业中心（中间的椭圆）。作业动因包括资源动因和成本动因，分别是将资源和作业成本进行分配的依据。

（3）在定额管理工作有一定基础的工业企业中，为了配合和加强生产费用和产品成本的定额管理，可采用一种将符合定额的费用和脱离定额的差异分别核算的产品成本计算方法——定额成本法。

定额成本法是企业为了及时地反映和监督生产费用和产品成本脱离定额的差异，加强定额管理和成本控制而采用的一种成本计算方法。

（4）为了加强企业内部成本控制和分析，可采用一种只计算产品的标准成本，而将成本差异直接计入当期损益的标准成本法。标准成本法，又称标准成本会计，是西方管理会计的重要组成部分。是指以预先制定的标准成本为基础，用标准成本与实际成本进行比较，核算和分析成本差异的一种产品成本计算方法，也是加强成本控制、评价经济业绩的一种成本控制制度。它的核心是按标准成本记录和反映产品成本的形成过程和结果，并借以实现对成本的控制。

从计算产品实际成本的角度考虑，分类法、作业成本法、定额成本法和标准成本法都是必不可少的，因而统称为辅助成本计算方法。

产品成本计算方法的构成要素主要是产品成本计算对象、成本计算期和生产费用在完工产品和在产品之间的分配。由于产品成本计算对象不仅是设置产品成本明细账的依据，而且直接影响生产费用的归集及其计入产品成本的程序和方法，所以产品成本计算对象既是决定成本计算方法的最基本的因素，也是区别不同成本计算方法的主要标志。此外，在制造业中，确定不同的成本计算对象，采用不同的成本计算方法，主要是为了适应企业的生产类型特点和管理要求，正确提供产品成本资料，为成本管理服务。不论什么类型的企业，不论采用哪种成本计算方法，最终都必须按产品品种对象提供产品成本资料，因此，品种法是成本计算方法中最基本的方法。

第二节 产品成本计算的品种法

一、品种法的适用范围

产品成本计算的品种法，亦称简单法，是按照产品品种归集生产费用，计算产品成本的一种方法。

品种法适用于大量大批生产的单步骤生产，如发电、采煤等。在大量大批生产的多步骤生产中，如果生产规模小或者车间是封闭式的（从原材料投入到产品产出的全部生产过程，都在一个车间内进行），或者生产是按流水线组织的，管理上不要求按照生产步骤计算产品成本，也可以采用品种法计算产品成本。如小型水泥厂，虽然是多步骤生产，但也可以采用品种法计算产品成本。又如大量大批生产的铸件熔铸和玻璃制品的熔制等，如果管理上不要求分熔炼与铸造或制造两个生产步骤计算产品成本，也可以采用品种法计算产品成本。此外，辅助生产的供水、供汽、供电等单步骤的大量生产，也采用品种法计算成本。

二、品种法的特点

（一）成本计算对象

在采用品种法计算产品成本的企业或车间中，成本计算对象就是产品品种。如果只生产一种产品，成本计算对象就是这种产品。计算产品成本时，只需要为这种产品开设一本产品成本明细账，账内按照成本项目设立专栏或专行。在这种情况下，发生的生产费用全部是直接计入费用，可以直接计入产品成本明细账的有关成本项目，不需要在各成本计算对象之间分配费用。如果生产多种产品，就要按照产品的品种分别开设产品成本明细账，发生的直接计入费用应直接计入各产品成本明细账，间接计入费用则要采用适当的分配方法，在各成本计算对象之间分配，然后计入各产品成本明细账。

（二）成本计算期

在大量大批的单步骤生产中，由于是不间断地重复生产一种或几种产品，不能在产品生产完工时立即计算它的成本，因而成本计算一般是定期于每月月末进行。在多步骤生产中，如采用品种法计算成本，成本计算一般也都是于每月月末进行。

（三）费用在完工产品与在产品之间的分配

在单步骤生产中，月末计算产品成本时，如果没有在产品，或者在产品数量很少，则不需要计算月末在产品成本。这种情况下，各种产品成本明细账中按照成本项目归集的全部生产费用，就是各该产品的产成品总成本；除以产品产量，就是各该产品的单位成本；在一些规模较小，而且管理上不要求按照生产步骤计算成本的大量大批多步骤生产中，月末一般都有在产品，而且数量较大，这就需要将产品成本明细账中归集的生产费用，采用适当的分配方法，在完工产品和月末在产品之间进行分配，以便计算完工产品成本和月末在产品成本。

三、品种法举例

【例 5-1】假定某工业企业设有一个基本生产车间，大量生产甲、乙两种产品，其生产工艺过程属于单步骤生产。根据生产特点和管理要求，确定采用品种法计算产品成本。该企业还设有机修和运输两个辅助生产车间，辅助生产车间的制造费用通过"制造费用"科目核算。该企业不单独核算废品损失，产品成本包括"直接材料""燃料及动力""直接人工"和"制造费用"四个成本项目。

下面以某企业 5 月各项费用资料为例，说明产品成本计算的程序和相应的账务处理。

根据各项费用的原始凭证和其他有关资料，编制各种费用分配表，分配各种要素费用。

（1）根据 5 月份银行存款付款凭证汇总编制的各项货币支出（假定全部用银行存款支付）汇总表，见表 5-1。

表 5-1　　　　　银行存款付款凭证汇总表

20××年 5 月　　　　　　　　　　　　单位：元

应借科目			金额
总账科目	明细科目	成本或费用项目	
辅助生产成本	运输车间	燃料及动力	3 600
制造费用	基本生产车间	办公费 劳动保护费 其他	640 520 320
	机修车间	办公费 劳动保护费 其他	240 280 170
	运输车间	办公费 劳动保护费 其他	320 150 40
	小计		2 680
管理费用		办公费 差旅费 其他	2 400 960 1 500
	小计		4 860
应付利息		利息费用	2 560
合计			13 700

为了简化，本例编制会计分录，只列出应借、应贷的总账科目。

会计分录：

借：辅助生产成本　　　　　　　　　　　　　　　3 600
　　制造费用　　　　　　　　　　　　　　　　　2 680
　　管理费用　　　　　　　　　　　　　　　　　4 860
　　应付利息　　　　　　　　　　　　　　　　　2 560
　　贷：银行存款　　　　　　　　　　　　　　　13 700

（2）根据按原材料用途归类的领退料凭证和有关的费用分配标准，编制原材料费用分配表，见表5-2。

表5-2　　　　　　　　　原材料费用分配表

20××年5月　　　　　　　　　　　　　单位：元

应借科目			原材料及主要材料	其他材料	合计
总账科目	明细科目	成本或费用项目			
基本生产成本	甲产品	原材料	16 000	400	16 400
	乙产品	原材料	14 600	200	14 800
	小计		30 600	600	31 200
辅助生产成本	机修车间	原材料	360	120	480
	运输车间	原材料	300	60	360
	小计		660	180	840
制造费用	基本生产车间	机物料消耗		240	240
	机修车间	机物料消耗		140	140
	运输车间	机物料消耗		420	420
	小计			800	800
管理费用		物料消耗		360	360
合计			31 260	1 940	33 200

会计分录：

借：基本生产成本　　　　　　　　　　　　　　31 200
　　辅助生产成本　　　　　　　　　　　　　　　840
　　制造费用　　　　　　　　　　　　　　　　　800
　　管理费用　　　　　　　　　　　　　　　　　360
　　贷：原材料　　　　　　　　　　　　　　　33 200

（3）根据各车间、部门耗电数量、电价和有关的费用分配标准（各种产品耗用的生产工时）编制外购动力费（电费）分配表，见表5-3。

表 5-3　　　　　　　　　　外购动力费分配表

20××年5月　　　　　　　　　金额单位：元

应借科目			数量		金额
总账科目	明细科目	成本或费用项目	生产工时（分配率：0.60）	度数（单价：0.40元）	
基本生产成本	甲产品	燃料及动力	8 000		4 800
	乙产品	燃料及动力	6 800		4 080
	小计		14 800	22 200	8 880
辅助生产成本	机修车间	燃料及动力		1 200	480
	运输车间	燃料及动力		800	320
	小计			2 000	800
制造费用	基本生产车间	水电费		1 000	400
	机修车间	水电费		400	160
	运输车间	水电费		200	80
	小计			1 600	640
管理费用		水电费		480	192
合计				26 280	10 512

会计分录：

　　借：基本生产成本　　　　　　　　　　8 880
　　　　辅助生产成本　　　　　　　　　　　800
　　　　制造费用　　　　　　　　　　　　　640
　　　　管理费用　　　　　　　　　　　　　192
　　　　贷：应付账款　　　　　　　　　　　　　10 512

（4）根据各车间、部门的工资结算凭证和职工福利费及"五险一金"的计提办法，编制的工资分配表及职工福利、"五险一金"计提汇总表，见表5-4。

表5-4　工资费用分配表及职工福利、"五险一金"计提汇总表

20××年5月　　　　　　　　　金额单位：元

应借科目		应付职工薪酬			职工福利费及"五险一金"（工资总额的40%）	合计
总账科目	明细科目	直接计入	分配计入			
			生产工时	金额（分配率1.2）		
基本生产成本	甲产品		8 000	9 600	3 840	13 440
	乙产品		6 800	8 160	3 264	11 424
	小计		14 800	17 760	7 104	24 864

续表

应借科目		应付职工薪酬			职工福利费及"五险一金"（工资总额的40%）	合计
总账科目	明细科目	直接计入	分配计入			
			生产工时	金额（分配率1.2)		
辅助生产成本	机修车间	600			240	840
	运输车间	800			320	1 120
	小计	1 400			560	1 960
制造费用	基本生产车间	1 400			560	1 960
	机修车间	400			160	560
	运输车间	360			144	504
	小计	2 160			864	3 024
管理费用		1 880			752	2 632
合计		5 440		17 760	9 280	32 480

会计分录：

借：基本生产成本　　　　　　　　　　　　　24 864
　　辅助生产成本　　　　　　　　　　　　　 1 960
　　制造费用　　　　　　　　　　　　　　　 3 024
　　管理费用　　　　　　　　　　　　　　　 2 632
　　贷：应付职工薪酬　　　　　　　　　　　32 480

（5）根据本月应计折旧固定资产原价和月折旧率，计算本月应计提固定资产折旧，编制折旧费用分配表，见表5-5。

表5-5　　　　　　　固定资产折旧费用分配表

20××年5月　　　　　　　　　　　　　　　单位：元

项目	生产车间				企业管理部门	合计
	基本生产车间	机修车间	运输车间	小计		
折旧费用	2 120	600	400	3 120	1 360	4 480

会计分录：

借：制造费用　　　　　　　　　　　　　　 3 120
　　管理费用　　　　　　　　　　　　　　　 1 360
　　贷：累计折旧　　　　　　　　　　　　　 4 480

（6）根据在产品盘存表和其他有关资料，计算在产品盘盈、盘亏或毁损价值，并从有关费用中冲减盘盈价值，将盘亏或毁损损失计入生产费用。

乙产品的在产品毁损 20 件，按定额成本计价：在产品的单位原材料费用定额 65 元；毁损在产品的定额工时 20 小时。每小时费用定额为：燃料及动力 1 元，直接人工 1.20 元，制造费用 1.10 元。毁损在产品的定额成本和净损失的计算，见表 5-6。

表 5-6　　　　　　　在产品盘亏毁损损失计算表
产品名称：乙　　　　　　（按定额成本计算）
毁损数量：10 件　　　毁损在产品定额工时：10　　　金额单位：元

项目	直接材料	燃料及动力	直接人工	制造费用	合计
单件（或小时）费用定额	65	1	1.20	1.10	68.30
毁损在产品成本（20 件）	1 300	20	24	22	1 366
减：回收残料价值	100				100
在产品毁损损失	1 200	20	24	22	1 266
向过失人索赔					200
基本生产车间在产品毁损净损失					1 066

会计分录：

清查中发现在产品毁损 1 366 元：

　　借：待处理财产损溢　　　　　　　　　　683
　　　　贷：基本生产成本　　　　　　　　　　　683

回收残料 100 元，向过失人索赔 200 元；经审批，将净损失转入当月基本生产车间制造费用：

　　借：原材料　　　　　　　　　　　　　　100
　　　　其他应收款　　　　　　　　　　　　200
　　　　制造费用　　　　　　　　　　　　1 066
　　　　贷：待处理财产损溢　　　　　　　　　1 366

（7）归集和分配辅助生产费用。

①根据前述各种费用分配表，登记辅助生产车间制造费用明细账，见表 5-7、表 5-8。

表 5-7　　　　　　　　制造费用明细账
车间名称：机修车间　　　　　　　　　　　　　　单位：元

日期	摘要	人工费	机务料消耗	水电费	折旧费	劳保费	办公费	其他	合计
5.31	根据表 5-1					280	240	170	690
5.31	根据表 5-2		140						140

续表

日期	摘要	人工费	机务料消耗	水电费	折旧费	劳保费	办公费	其他	合计
5.31	根据表5-3			160					160
5.31	根据表5-4	560							560
5.31	根据表5-5				600				600
5.31	合计	560	140	160	600	280	240	170	2 150
5.31	根据表5-9								-2 150

表5-8　　　　　　　　　制造费用明细账

车间名称：运输车间　　　　　　　　　　　　　　　　　单位：元

日期	摘要	人工费	机务料消耗	水电费	折旧费	劳保费	办公费	其他	合计
5.31	根据表5-1					150	320	40	510
5.31	根据表5-2		420						420
5.31	根据表5-3			80					80
5.31	根据表5-4	504							504
5.31	根据表5-5				400				400
5.31	合计	504	420	80	400	150	320	40	1 914
5.31	根据表5-9								-1 914

编制辅助生产车间制造费用分配表，将各辅助生产车间的制造费用分配转入辅助生产明细账，辅助生产车间的制造费用分配表见表5-9。

表5-9　　　　　　辅助生产车间的制造费用分配表

20××年5月　　　　　　　　　　　　　　　单位：元

应借科目		机修车间制造费用	运输车间制造费用	合计
总账科目	明细科目			
辅助生产成本	机修车间 运输车间	2 150	1 914	2 150 1 914
合计		2 150	1 914	4 064

会计分录：

借：辅助生产成本——机修车间　　　　　　2 150

　　　　　　　　——运输车间　　　　　　1 914

贷：制造费用——机修车间   2 150
　　　　　　——运输车间   1 914

②根据前述各种费用分配表及辅助生产车间的制造费用分配表，登记辅助生产成本明细账，辅助生产成本明细账详见表5-10、表5-11。

表 5-10　　　　　辅助生产成本明细账
车间名称：机修车间　　　　　　　单位：元

月	日	摘要	直接材料	燃料及动力	直接人工	制造费用	合计
5	31	根据表5-2	480				480
5	31	根据表5-3		480			480
5	31	根据表5-4			840		840
5	31	根据表5-9				2 150	2 150
5	31	待分配费用合计	480	480	840	2 150	3 950
5	31	根据表5-12					-3 950

表 5-11　　　　　辅助生产成本明细账
车间名称：运输车间　　　　　　　单位：元

月	日	摘要	直接材料	燃料及动力	直接人工	制造费用	合计
5	31	根据表5-1		3 600			3 600
5	31	根据表5-2	360				360
5	31	根据表5-3		320			320
5	31	根据表5-4			1120		1 120
5	31	根据表5-9				1 914	1 914
5	31	待分配费用合计	360	3 920	1120	1 914	7 314
5	31	根据表5-12					-7 314

③该企业采用直接分配法分配辅助生产费用，本月机修车间提供修理劳务1 920小时，其中为运输车间修理80小时，为基本生产车间修理1 600小时，为行政管理部门修理240小时。运输车间提供运输劳务7 200吨千米，其中为机修车间运输200吨千米，为基本生产车间运输1 820吨千米，为行政管理部门运输5 180吨千米。

根据辅助生产成本明细账和机修、运输车间提供的劳务数量，编制辅助生产费用分配表，见表5-12。

表 5 – 12　　　　　　　　　辅助生产费用分配表

（直接分配法）　　　　　　　　　　　单位：元

项目			机修车间	运输车间	合计
待分配费用			3 950	7 314	11 264
向辅助生产以外受益单位提供的劳务量			1 840	7 000	
分配率（单位成本）			2.146739	1.044857	
制造费用	基本生产车间	耗用数量	1 600	1 820	
		分配金额	3 434.78	1 901.64	5 336.42
管理费用	企业行政管理部门	耗用数量	240	5 180	
		分配金额	515.22	5 412.36	5 927.58
合计			3 950	7 314	11 264

会计分录：

借：制造费用——基本生产车间　　　　　　5 336.42
　　管理费用　　　　　　　　　　　　　　5 927.58
　　贷：辅助生产成本　　　　　　　　　　　　　　11 264

（8）归集和分配基本生产车间的制造费用。

①根据前述各种费用分配表，登记基本生产车间制造费用明细账，见表 5 – 13。

表 5 – 13　　　　　　　　　　制造费用明细账

车间名称：基本生产车间　　　　　　　　　　　　　　　单位：元

日期	摘要	人工费	机务料消耗	水电费	折旧费	劳保费	办公费	在产品盘亏	其他	合计
5.31	根据表 5 – 1					640	520		320	1 480
5.31	根据表 5 – 2		240							240
5.31	根据表 5 – 3			400						400
5.31	根据表 5 – 4	1 960								1 960
5.31	根据表 5 – 5				2 120					2 120
5.31	根据表 5 – 6							1 066		1 066
	根据表 5 – 12								5 336.42	5 336.42
5.31	合计	1 960	240	400	2 120	640	520	1 066	5 656.42	12 602.42
5.31	根据表 5 – 14									– 12 602.42

②根据基本生产车间制造费用明细账归集的制造费用和甲、乙产品的生产工时，编制基本生产车间分配制造费用表，见表 5 – 14。

表 5-14　　　　　　　　制造费用分配表　　　　　　　单位：元

应借科目		生产工时	分配金额（分配率：0.851515）
总账科目	明细科目		
基本生产成本	甲产品	8 000	6 812.12
	乙产品	6 800	5 790.30
合计		14 800	12 602.42

会计分录：
　　借：基本生产成本　　　　　　　　　　　12 602.42
　　　　贷：制造费用——基本生产车间　　　　12 602.42

（9）根据上述各种费用分配表，登记管理费用和财务费用以及销售费用明细账，归集和结转管理费用、财务费用、销售费用（由于该费用不影响产品成本计算，本例不做介绍）。

（10）根据上述各种费用分配表和其他有关资料，登记产品成本明细账，分别归集甲、乙两种产品的生产费用，并采用适当的分配方法分别计算甲、乙产品的完工产品成本和月末在产品成本。

①根据上月产品成本明细账和本月发生的各种费用分配表，登记产品成本明细账，产品成本明细账详见表5-15、表5-16。

表 5-15　　　　　　　　产品成本明细账
产品名称：甲产品　　　　　　　　　　　　　　　　　　　　单位：元

月	日	摘要	产量（件）	直接材料	燃料及动力	直接人工	制造费用	合计
4	30	在产品成本（定额成本）		8 060	1 520	1 824	1 672	13 076
5	31	根据表5-2		16 400				16 400
5	31	根据表5-3			4 800			4 800
5	31	根据表5-4				13 440		13 440
5	31	根据表5-14					6 812.12	6 812.12
		生产费用累计		24 460	6 320	15 264	8 484.12	54 528.12
5	31	完工产品总成本	200	16 660	4 880	13 536	6 900.12	41 976.12
5	31	完工产品单位成本		83.30	24.40	67.68	34.50	209.88
5	31	在产品成本（定额成本）		7 800	1 440	1 728	1 584	12 552

表 5-16　　　　　　　　　　　产品成本明细账

产品名称：乙产品　　　　　　　　　　　　　　　　　　　　　　　单位：元

月	日	摘要	产量（件）	直接材料	燃料及动力	直接人工	制造费用	合计
4	30	在产品成本（定额成本）		2 880	840	1 008	924	5 652
5	31	根据表 5-2		14 800				14 800
5	31	根据表 5-3			4 080			4 080
5	31	根据表 5-4				11 424		11 424
5	31	根据表 5-14					5 790.30	5 790.30
5	31	生产费用累计		17 680	4 920	12 432	6 714.30	41 746.30
5	31	减：毁损在产品成本（分配表 5-6）		1 300	20	24	22	1 366
5	31	生产费用净额		16 380	4 900	12 408	6 692.30	40 380.30
5	31	完工产品总成本	170	13 580	4 100	11 448	5 812.30	34 940.30
5	31	完工产品单位成本		79.88	24.12	67.34	34.19	205.53
5	31	在产品成本（定额成本）		2 800	800	960	880	5 440

②该企业产品的消耗定额比较准确、稳定，甲、乙产品各月在产品数量变动不大，采用在产品按定额成本计价法进行完工产品与在产品之间的费用分配。根据在产品的盘存资料和费用定额资料，编制月末在产品定额成本计算表，见表 5-17。

表 5-17　　　　　　　　　月末在产品定额成本计算表　　　　　　　　　　单位：元

| 产品名称 | 所在工序 | 在产品数量（件） | 原材料费用 | | 在产品累计工时定额 | 在产品定额工时 | 燃料及动力（每小时1元） | 直接人工（每小时1.2元） | 制造费用（每小时1.1元） | 定额成本合计 |
			费用定额	定额费用						
甲	1	80	65	5 200	8	640				
	2	40	65	2 600	20	800				
	合计			7 800		1 440	1 440	1 728	1 584	12 552
乙	1	40	40	1 600	4	160				
	2	10	40	400	14	140				
	3	20	40	800	25	500				
	合计	—	—	2 800	—	800	800	960	880	5 440

③计算完工产品的实际生产成本。将月末在产品的定额成本记入产品成本明细账，并从生产费用累计数（或净额）中减去月末在产

品定额成本，即可计算出完工产品的实际总成本。本月甲产品完工 200 件，乙产品完工 170 件，各种产品的总成本除以各该产品的产量，即可计算出各种完工产品的单位成本。

（11）根据甲、乙产品成本明细账中的产成品成本，汇编产成品成本汇总表，结转产成品成本。产成品成本汇总表见表 5-18。

表 5-18　　　　　　　　产成品成本汇总表　　　　　　　　单位：元

产成品名称	单位	产品产量	直接材料	燃料及动力	直接人工	制造费用	成本合计
甲产品	件	200	16 660	4 880	13 536	6 900.12	41 976.12
乙产品	件	170	13 580	4 100	11 448	5 812.30	34 940.30
合计			30 240	8 980	24 984	12 712.42	76 916.42

会计分录：
借：库存商品　　　　　　　　　　76 916.42
　　贷：基本生产成本　　　　　　　　76 916.42

概括举例，可以将产品成本计算的品种法账务处理基本程序如图 5-1 所示。

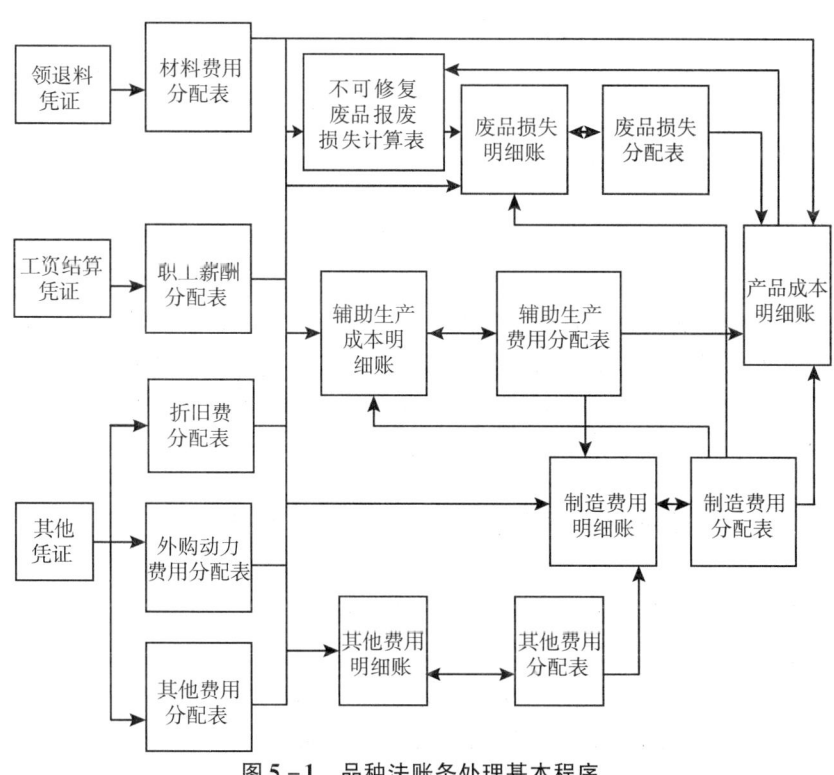

图 5-1　品种法账务处理基本程序

第三节 产品成本计算的分批法

一、分批法的适用范围

产品成本计算的分批法,亦称订单法,是按照产品批别归集生产费用,计算产品成本的一种方法。这种方法适用于小批、单件生产,如精密仪器、专用设备、重型机械和船舶的制造,某些特殊或精密铸件的熔铸,新产品的试制和机器设备的修理以及辅助生产的工具模具制造等。

二、分批法的特点

(一) 成本计算对象

分批法的成本计算对象是产品的批别。按批别设置明细账,按批别分配归集各批(件)的生产费用。

生产费用发生后,就按产品批别进行归集,各批发生的直接计入费用直接记入各批明细账,间接计入费用则要采用适当的分配方法,在各批之间进行分配,然后记入各生产成本明细账。

(二) 成本计算期

为了保证各批产品成本计算的正确性,各批产品成本明细账的设立和结算,应与生产任务通知单的签发和结束密切配合,协调一致,即各批或各订单产品的成本总额,在其完工后(完工月份的月末)计算确定。因而完工产品成本计算是不定期的,其成本计算期与产品的生产周期基本一致,而与会计的报告期不相一致。

(三) 费用在完工产品和在产品之间的分配

在小批、单件生产下,由于完工产品成本计算期与产品的生产周期一致,因而在月末计算产品成本时,一般不需要将生产费用在完工产品和在产品之间进行分配。

如果是单件生产,产品完工以前,产品成本明细账所记的生产费用,都是在产品成本;产品完工时,产品成本明细账所记的生产费用,就是完工产品的成本,因而在月末计算成本时,不存在完工产品与在产品之间分配费用的问题。

如果是小批生产,批内产品一般都能同时完工。在月末计算成本时,或是全部已经完工,或是全部没有完工,因而一般也不存在完工产品与在产品之间分配费用的问题。但在批内产品跨月陆续完工的情况下,月末计算成本时,一部分产品已完工,另一部分尚未完工,这时就要在完工产品与在产品之间分配费用,以便计算完工产品成本和月末在产品成本。

三、分批法的计算程序举例

【例 5-2】某工业企业按照购买单位的要求,小批生产甲、乙、丙三种产品,采用分批法计算各批产品成本。20××年 6 月的生产情况:

批号为 18501,5 月份投产甲产品 7 件,6 月(本月)份尚未完工。

批号为 18502,5 月份投产乙产品 4 件,6 月份全部完工,验收入库。

批号为 18601,6 月份投产丙产品 18 件,月末完工 10 件,在产品 8 件。其完工产品与月末在产品之间费用分配:原材料费用按完工产品与月末在产品实际数量分配,其他费用都按约当产量比例分配。

该三批产品的有关生产费用资料如表 5-19、表 5-20、表 5-21 所示。

表 5-19　　　　各批产品的月初在产品费用　　　　单位:元

产品	摘要	直接材料	燃料及动力	直接人工	制造费用	合计
18501 批	5.31	61 200	7 320	9 320	27 310	105 150
18502 批	5.31	14 800	1 520	2 010	5 350	23 680

根据各种费用分配表,汇总各批产品本月发生的生产费用。

表 5-20　　　　各批产品本月发生的生产费用　　　　单位:元

产品	摘要	直接材料	燃料及动力	直接人工	制造费用	合计
18501 批	6.30	158 100	16 210	16 410	51 830	242 550
18502 批	6.30	27 130	3 620	4 110	9 780	44 640
18601 批	6.30	252 900	28 350	42 525	56 700	380 475

假定第 18601 批产品丙产品由 4 道工序加工而成,其各工序月末

在产品的数量、完工率和据以编制的在产品约当产量计算表,如表5-21所示。

表5-21　　　　　　　　在产品约当产量

工序	完工率（%）	在产品数量（个）	在产品约当产量
1	12.5	2	12.5% ×2 = 0.25
2	35	1	35% ×1 = 0.35
3	55	2	55% ×2 = 1.1
4	82.5	3	82.5% ×3 = 2.475
合计		8	4.175

根据上述资料,登记各批产品成本明细账,见表5-22、表5-23、表5-24。

表5-22　　　　　　　　产品成本明细账

产品批号：18501 批　　产品名称：甲产品　　投产日期：5月1日
购买单位：　　　　　　批量：7件　　　　　完工日期：　　　单位：元

日期	摘要	直接材料	燃料及动力	直接人工	制造费用	合计
5.31	本月生产费用	61 200	7 320	9 320	27 310	105 150
6.30	本月生产费用	158 100	16 210	16 410	51 830	242 550
6.30	生产费用累计	219 300	23 530	25 730	79 140	34 770

表5-23　　　　　　　　产品成本明细账

产品批号：18502 批　　产品名称：乙产品　　投产日期：5月2日
购买单位：　　　　　　批量：4件　　　　　完工日期：6月30日　单位：元

日期	摘要	直接材料	燃料及动力	直接人工	制造费用	合计
5.31	期初在产品生产费用	14 800	1 520	2 010	5 350	23 680
6.30	本月生产费用	27 130	3 620	4 110	9 780	44 640
6.30	生产费用累计	41 930	5 140	6 120	15 130	68 320
6.30	完工产品成本	41 930	5 140	6 120	15 130	68 320
6.30	完工产品单位成本	10 482.5	1 285	1 530	3 782.5	17 080

表 5-24　　　　　　　　　产品成本明细账

产品批号：18601 批　　产品名称：丙产品　　投产日期：6 月 1 日
购买单位：　　　　　　批量：4 件　　　　　完工日期：　月　日　　单位：元

日期	摘要	直接材料	燃料及动力	直接人工	制造费用	合计
6.30	材料费用分配表	252 900				258 320
6.30	动力费用分配表		28 350			22 930
6.30	工资费用分配表			42 525		42 525
6.30	制造费用分配表				56 700	56 700
6.30	生产费用累计	252 900	28 350	42 525	56 700	380 475
6.30	产量合计	18	14.175	14.175	14.175	
6.30	分配率（单位成本）	14 050	2 000	3 000	4 000	23 050
6.30	完工产品（10件）成本	140 500	20 000	30 000	40 000	230 500
6.30	在产品（8件）成本	112 400	8 350	12 525	16 700	149 975

四、简化分批法

在小批单件生产的企业或车间中，同一月份内投产的产品批数往往很多，有的多至几十批，甚至几百批。在这种情况下，各种间接计入费用在各批产品之间按月进行分配的工作就极为繁重。因此，在投产批数繁多而且月末未完工批数较多的企业（如属于这种情况的机械修配厂）中，还采用着一种简化的分批法，也就是不分批计算在产品成本的分批法。

采用这种方法，仍应按照产品批别设立产品成本明细账，但在各该批产品完工以前，账内只需按月登记直接材料和生产工时，每月发生的间接计入费用（即加工费），不是按月在各批之间进行分配，而是先全部直接计入基本生产成本二级账户中各相应成本项目，按成本项目累计起来，只有在有完工产品的那个月份，才对完工产品，按累计工时比例，分配间接计入费用，计算、登记各该批完工产品的成本。全部产品的在产品应负担的间接计入费用，则以总数登记在基本生产成本二级账中，不进行分配。

对各批完工产品分配间接计入费用，一般是按照全部产品累计间接计入费用分配率和完工产品累计生产工时的比例进行分配。其计算公式为：

$$全部产品累计间接计入费用分配率 = \frac{全部产品累计间接计入费用}{全部产品累计工时}$$

某批完工产品应负担的间接计入费用 = 该批完工产品累计工时 × 全部产品累计间接计入费用分配率

【例 5-3】某工业企业小批生产多种产品,产品批数多,为了简化产品成本计算工作,采用简化的分批法计算成本。该企业 8 月份（本月）各批产品的情况是：

第 18605 批：A 产品 5 件，6 月投产，本月全部完工；

第 18721 批：B 产品 10 件，7 月投产，本月完工 7 件；

第 18735 批：C 产品 9 件，7 月投产，本月尚未完工；

第 18801 批：D 产品 4 件，8 月投产，月末尚未完工。

该企业设立的基本生产成本二级账及各批产品成本明细账见表 5-25 ~ 表 5-29。

表 5-25　　　　　　　基本生产成本二级账
（各批全部产品总成本）　　　　　　单位：元

月	日	摘要	直接材料	生产工时	直接人工	制造费用	成本合计
6	30						
7	31	在产品	200 050	30 760	50 180	69 640	319 870
8	31	本月发生	62 080	30 270	53 571	70 729	186 380
8	31	累计	262 130	61 030	103 751	140 369	506 250
8	31	全部产品累计间接计入费用分配率			1.7	2.3	
8	31	本月完工转出	183 836	39 270	66 759	90 321	340 916
8	31	在产品	78 294	21 760	36 992	50 048	165 334

表 5-26　　　　　　　产品成本明细账

产品批号：18605 批　　产品名称：A 产品　　投产日期：6 月 5 日
购买单位：　　　　　　批量：5 件　　　　　　完工日期：8 月 31 日　单位：元

月	日	摘要	直接材料	生产工时	直接人工	制造费用	合计
6	30	本月发生	65 380	9 820			
7	31	本月发生	35 490	6 320			
8	31	本月发生	25 720	9 840			
8	31	累计数及累计间接计入费用分配率	126 590	25 980	1.7	2.3	
8	31	本月转出完工产品成本	126 590	25 980	44 166	59 754	230 510
8	31	完工产品单位成本	25 318		8 833.20	11 550.80	48 102

表5-27　　　　产品成本明细账

产品批号：18721批　　产品名称：B产品　　投产日期：7月21日
购买单位：　　　　　　批量：10件　　　　完工日期：　月　日　　单位：元

月	日	摘要	直接材料	生产工时	直接人工	制造费用	合计
7	31	本月发生	75 310	7 390			
8	31	本月发生	6 470	9 760			
8	31	累计数及累计间接计入费用分配率	81 780	17 150	1.7	2.3	
8	31	本月转出完工产品成本	57 246	13 290	22 593	30 561	110 406
8	31	完工产品单位成本	8 178	—	3 227.57	4 366.72	15 772.29
8	31	在产品	24 534	3 860			

表5-28　　　　产品成本明细账

产品批号：18735批　　产品名称：C产品　　投产日期：7月25日
购买单位：　　　　　　批量：9件　　　　　完工日期：　月　日　　单位：元

月	日	摘要	直接材料	生产工时	直接人工	制造费用	合计
7	31	本月发生	23 870	7 230			
8	31	本月发生	8 710	4 290			

表5-29　　　　产品成本明细账

产品批号：18801批　　产品名称：D产品　　投产日期：8月1日
购买单位：　　　　　　批量：4件　　　　　完工日期：　月　日　　单位：元

月	日	摘要	直接材料	生产工时	直接人工	制造费用	合计
8	31	本月发生	21 180	6 380			

在上列各批产品成本明细账中，对于没有完工产品的月份，只登记原材料费用和生产工时，这些月份发生的原材料费用和生产工时，也就是各该月月末在产品的原材料费用和生产工时。因此，在各批产品成本明细账中，属于在产品的各个月份的原材料费用或生产工时发生额之和，应该等于基本生产成本二级账户所登记在产品的原材料费用和生产工时。

在上列各批产品成本明细账中，对于有完工产品（包括全批完工或批内部分完工）的月份，除了登记原材料费用和生产工时，以及各该累计数以外，还应根据基本生产二级账户登记各该累计间接计入费用的分配率。

对于月末全部完工的批次，因月末全部完工，其累计的原材料费用和生产工时就是完工产品的原材料费用和生产工时，以其生产工时分别乘以各项间接计入费用累计分配率，即为完工产品的各该间接计入费用。

对于月末批内部分完工的产品，应在完工产品和在产品之间分配原材料费用和生产工时。应由完工产品负担的原材料费用计入完工产品原材料费用成本项目，按完工产品的生产工时分别乘以各项间接计入费用累计分配率，即为完工产品的各该间接计入费用，应由在产品负担的间接计入费用则不在产品成本明细账中登记。

可见，简化分批法与一般分批法相比较，具有以下特点：

（1）采用简化分批法必须设立基本生产成本二级账。其作用在于：①按月提供企业或车间全部产品的累计生产费用（包括直接计入费用和间接计入费用）和生产工时资料；②在有产品完工的月份，按照上列公式计算和登记全部产品累计间接计入费用分配率；③根据完工产品累计生产工时和累计间接计入费用分配率，计算和登记完工产品应负担的累计间接计入费用，并计算完工产品总成本；④以全部产品累计生产费用减去本月完工产品总成本，计算和登记月末各批在产品总成本。

（2）每月发生的间接计入费用，不是按月在各批产品之间进行分配，而是先在基本生产成本二级账中累计起来，在有产品完工的月份，才按上列计算公式，在各批完工产品之间进行分配，计算完工产品成本；对未完工的在产品则不分配间接计入费用，只以总数反映在二级账中，即不分批计算在产品成本。显然，采用简化的分批法，可以简化费用的分配和登记工作；月末未完工产品的批数越多，核算工作就越简化。

（3）采用这种方法，各批产品之间分配间接计入费用的工作以及完工产品和月末在产品之间分配间接计入费用的工作，都是利用累计间接计入费用分配率，到产品完工时合并在一起进行的。也就是说，各项累计间接计入费用分配率，既是在各批完工产品之间，也是在完工产品与月末在产品之间分配各该费用的依据。所以，简化的分批法也称为累计间接计入费用分配法。

第四节 产品成本计算的分步法

一、分步法的适用范围

产品成本计算的分步法，是按照产品的生产步骤归集生产费用，计算产品成本的一种方法。它适用于大量大批的多步骤生产，例如冶金、纺织、造纸，以及大量大批生产的机械制造等，在这些生产企业中，产品生产可以分为若干个生产步骤进行，例如，冶金企业可分为炼铁、炼钢、轧钢等步骤；纺织企业可分为纺纱、织布等步骤；造纸企业可分为制浆、制纸、包装等步骤；机械企业可分为铸造、加工、装配等步骤。为了加强各生产步骤的成本管理，往往不仅要求按照产品品种计算成本，而且还要求按照生产步骤计算成本，以便为考核和分析各种产品及其各生产步骤的成本计划的执行情况提供资料。

二、分步法的特点

（一）成本计算对象

分步法成本计算对象就是各种产品的生产步骤。因此，在采用分步法计算产品成本时，产品成本明细账应按照生产步骤和产品品种设立；或者按照生产步骤设立，账中按照产品品种反映。但应指出，产品成本计算的分步与实际的生产步骤不一定完全一致。为了简化成本计算工作，可以只对管理上有必要分步计算成本的生产步骤单独设立产品成本明细账，单独计算成本；管理上不要求单独计算成本的生产步骤，则可与其他生产步骤合并设立产品成本明细账，合并计算成本。例如，造纸企业的包装步骤，如果费用不大，为了简化成本计算工作，也可以与制纸步骤合并在一起计算成本。另外，在按生产步骤设立车间的企业中，一般来说，分步计算成本也就是分车间计算成本。但是，如果企业生产规模很小，管理上不要求分车间计算成本，也可以将几个车间合并为一个步骤计算成本。相反，如果企业生产规模很大，车间内还可以分成几个生产步骤，管理上又要求分步计算成本，这时，也可在车间内分步计算成本。因此，分步计算成本不一定就是分车间计算成本。

在进行成本计算时，应按步骤分产品分配和归集生产费用，单设成本项目的直接计入费用，直接计入各成本计算对象；单设成本项目的间接计入费用，单独分配计入各成本计算对象；不单设成本项目的费用，一般是先按车间、部门或者费用用途，归集为综合费用，月末再直接计入或者分配计入各成本计算对象。

（二）成本计算期

在大量大批多步骤生产中，由于生产过程较长，而且往往跨月陆续完工，因此，分步法计算产品成本一般都要按月、定期地进行，而与产品的生产周期不相一致。

（三）费用在完工产品与在产品之间的分配

由于大量大批多步骤生产的产品往往跨月陆续完工，各月末各步骤一般都存在未完工的在产品。因此，采用分步法计算产品成本时，计入各种产品、各生产步骤成本明细账中的生产费用，大多要采用适当的分配方法在完工产品和月末在产品之间进行分配，计算各该产品、各该生产步骤的完工产品成本和月末在产品成本；然后按照产品品种结转各步骤的完工产品成本，计算每种产品的产成品成本。

根据成本管理对于各生产步骤成本资料的不同要求（要不要计算各生产步骤的半成品成本）和对简化成本计算工作的考虑，各生产步骤成本的计算和结转，采用逐步结转和平行结转两种方法。这样，分步法也就分为逐步结转分步法和平行结转分步法两种。

三、逐步结转分步法

（一）逐步结转分步法的计算程序

在采用分步法计算产品成本的大量大批多步骤生产企业中，由于种种原因，成本管理往往需要成本核算提供各个生产步骤的半成品成本资料。这些原因是：

（1）各生产步骤所产的半成品不仅由本企业进一步加工，而且还经常作为商品产品对外销售。为了计算对外销售的半成品的成本，全面地考核和分析商品产品成本计划的执行情况，就要计算这些半成品的成本。例如钢铁企业的生铁、钢锭，纺织企业的棉纱等。

（2）有的半成品虽然不一定对外销售，但要进行同行业成本的评比，因而也要计算这种半成品的成本。例如，作为化肥工业成本评比重要指标之一的半成品合成氨的成本。

（3）有一些半成品，为本企业几种产品所耗用，为了分别计算各种产品的成本，也要计算这些半成品的成本。例如造纸企业所产的纸浆，机械企业所产的铸件等。

（4）在实行责任会计或厂内经济核算的企业中，为了全面地考核和分析各生产步骤等内部单位的生产耗费和资金占用水平，需要随着半成品实物在各生产步骤之间的转移，结转半成品成本，这也要求计算半成品成本。

逐步结转分步法就是按照产品的生产步骤逐步计算并结转半成品成本，最后计算出产成品成本的一种分步法。因此，这种方法亦称计列半成品成本的分步法。

逐步结转分步法下，计算各生产步骤产品成本时，上一步骤所产半成品成本,要随着半成品实物的转移,从上一步骤的产品成本明细账转入下一步骤相同产品的成本明细账中,以便逐步计算半成品成本和最后一个步骤的产成品成本。这种结转各步成本的计算程序可用图5-2表示。

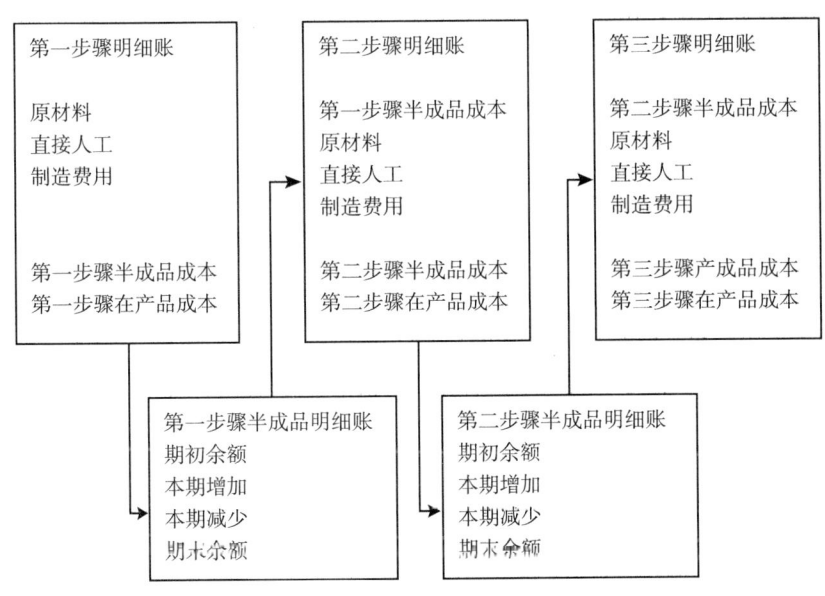

图5-2 逐步结转分步法计算程序

在逐步结转分步法下,各步骤完工转出的半成品成本,应该从各步骤的产品成本明细账中转出;各步骤领用的半成品的成本,构成各该步骤的一项费用,称为半成品费用,应该记入各该步骤的产品成本明细账中。如果半成品完工后,不通过半成品库收发,而为下一步骤直接领用,半成品成本就在各步骤的产品成本明细账之间直接结转,借记"基本生产成本",贷记"基本生产成本",但明细账不同。如果半成品完工后,不为下一步骤直接领用,而要通过半成品库收发,则应编制结转半成品成本的会计分录,在验收入库时,借记"自制半成品"科目,贷记"基本生产成本"科目,在下一步骤领用时,再编制相反的会计分录。

每月月末,各项生产费用(包括所耗上一步骤半成品的费用)在各步骤产品成本明细账中归集以后,如果既有完工半成品,又有加工中的在产品,则应将各步骤的生产费用采用适当的分配方法在其完工半成品与加工中在产品(也就是狭义的在产品)之间进行分配,以便计算完工半成品成本。这样,通过半成品成本的逐步结转,在最后一个步骤的产品成本明细账中,即可计算出产成品的成本。

逐步结转分步法实际上就是品种法的多次连接应用。即在采用品种法计算上一步骤的半成品成本以后,按照下一步骤的耗用数量转入下一步骤成本;下一步骤再一次采用品种法归集所耗半成品的费用和本步骤其他费用,计算其半成品成本;如此逐步结转,直至最后一个步骤算出产成品成本。

逐步结转分步法,按照半成品成本在下一步骤成本明细账中的反映方式,又可分为综合结转和分项结转两种方法。

(二) 综合结转法

1. 综合结转法的基本原理

采用综合结转法,就是将各生产步骤所耗用上一步骤的半成品成本,综合记入各该步骤产品成本明细账的"直接材料"或专设的"半成品"成本项目中。半成品成本的综合结转可以按实际成本结转,也可以按计划成本(或定额成本)结转。

采用实际成本综合结转法时,各步骤所耗上一步骤的半成品费用,应根据所耗半成品的数量乘以半成品的实际单位成本计算。由于各月所产半成品的单位成本不同,因而所耗半成品的单位成本要采用先进先出或加权平均等方法计算。为了提高各步骤成本计算的及时性,在半成品月初余额较大,本月所耗半成品全部或者大部分是以前月份所生产的情况下,本月所耗半成品费用也可按上月末的加权平均单位成本计算。

【例5-4】某企业生产甲产品,顺序通过2个步骤,第一步骤(车间)生产的半成品,移交半成品库,第二步骤(车间)按所需数量从半成品库领用,所耗半成品费用按全月一次加权平均单位成本计算,两步骤月末的在产品均按定额成本计价,成本计算程序如下:

(1) 根据各种费用分配表、半成品交库单和第一步骤在产品定额成本资料,登记第一步骤产品成本明细账,见表5-30。

表5-30 产品成本明细账

第一步骤 半成品 单位:元

摘要	产量	直接材料	直接人工	制造费用	合计
月初在产品成本(定额成本)		6 120	5 400	8 560	20 080
本月费用		10 160	6 020	13 200	29 380
累计		16 280	11 420	21 760	49 460
完工半产品成本	200	10 080	6 220	12 960	29 260
半成品单位成本		50.40	31.10	64.80	146.30
月末在产品成本(定额成本)		6 200	5 200	8 800	20 200

根据半成品交库单，编制结转半成品成本会计分录：
借：自制半成品——甲半成品　　　　　　29 260
　　贷：基本生产成本——第一步骤　　　　　　29 260

（2）根据半成品交库单和第二步骤领用半成品的领用单，登记自制半成品明细账，见表5-31。

表5-31　　　　　　　　自制半成品明细账
　　　　　　　　　　　　甲半成品　　　　　　　　　　　单位：元

摘要	数量	单价	收入	发出	结存
月初余额	40	150.50			6 020
本月增加	200	146.30	29 260		
累计	240	147.00			35 280
本月减少	210	147		30 870	
月末余额	30	147			4 410

根据第二步骤半成品领用单，编制领用半成品会计分录：
借：基本生产成本——第二步骤　　　　　　30 870
　　贷：自制半成品　　甲半成品　　　　　　30 870

（3）根据各种生产费用分配表、半成品领用单、产成品交库单以及第二步骤在产品定额成本资料，登记第二步骤产品成本明细账，见表5-32。

表5-32　　　　　　　　产品成本明细账
　　　　　　第二步骤：甲产成品　　　　　　　　　　单位：元

摘要	产量	半成品	直接人工	制造费用	合计
月初在产品成本（定额成本）		11 960	2 690	5 610	20 260
本月费用		30 870	5 600	11 850	48 320
累计		42 830	8 290	17 460	68 580
完工产成品成本	200	30 670	5 800	12 030	48 500
半成品单位成本		153.35	29	60.15	242.50
月末在产品成本（定额成本）		12 160	2 490	5 430	20 080

根据成本计算表编制结转完工产品成本会计分录：
借：库存商品——甲产品　　　　　　　　　48 500
　　贷：基本生产成本——第二步骤　　　　　　48 500

2. 综合结转的成本还原

从前面举例的第二车间产品成本明细账中可以看出，采用综合结转法的结果，产成品成本是由第二步骤所耗上步骤半成品成本和本步骤的直接人工、制造费用构成。显然，这不符合产品成本构成的实际情况，也就是说产品成本不是由成本项目构成。因而不能据以从整个企业角度分析和考核产品成本的构成和水平。因此，在管理上要求从整个企业角度考核和分析产品成本的构成和水平时，还应将综合结转算出的产成品成本进行成本还原。所谓成本还原，就是从最后一个步骤起，把本月产成品成本中所耗上一步骤半成品的综合成本还原成直接材料、直接人工、制造费用等原始成本项目，从而求得按原始成本项目反映的产成品成本资料。

【例 5 – 5】仍以【例 5 – 4】资料为例，假定第二步骤甲产品成本明细账中算出的本月产成品所耗上一车间半成品费用为 30 670 元，按照第一步骤产品成本明细账中算出的本月所产该种半成品成本 29 260 元的成本构成进行还原，求出按原始成本项目反映的甲产成品成本。根据两个步骤产品成本明细账的有关资料，编制产成品成本还原计算表，见表 5 – 33。

表 5 – 33　　　　　　　　产成品成本还原计算表　　　　　　　　金额单位：元

项目	产量	成本还原率	半成品	直接材料	直接人工	制造费用	合计
还原前产成品总成本	200		30 670		5 800	12 030	48 500
本月所产半成品总成本				10 080	6 220	12 960	29 260
产成品成本中半成品成本还原		1.048189	–30 670	10 565.74	6 519.74	13 584.52	
还原后产成品总成本				10 565.74	12 319.74	25 614.52	48 500
还原后产成品单位成本				52.83	61.60	128.07	242.50

表 5 – 33 中第 1 行还原前产成品总成本，应根据第二步骤产品成本明细账中的完工转出产成品成本填列，其中"半成品"成本项目 30 670 元是成本还原的对象；第 2 行本月所产半成品总成本，应根据第一车间甲半成品成本明细账中完工转出半成品成本填列，其中各成本项目费用之间的比例，是成本还原的依据。进行成本还原的步骤为：

(1) 计算还原分配率。还原分配率即每一元本月所产半成品成本相当于产成品所耗半成品费用若干元，计算公式为：

$$某步骤成本还原率 = \frac{完工产成品成本中所耗本步骤半成品成本}{本月本步骤完工的半成品成本}$$

(2) 用成本还原率分别乘以本月所完工的该种半成品成本项目的费用，即可将本月产成品中所耗用本步骤半成品成本的综合成本，按照本月所产该种半成品成本构成进行分解、还原，求得按原始成本项目反映的还原成本。

(3) 将各步骤还原后的原始成本项目相加，即本月完工产成品按原始成本项目反映的总成本。

（三）分项结转分步法

采用分项结转法，是将各生产步骤所耗半成品费用，按照成本项目分项转入各该步骤产品成本明细账的各个成本项目中。如果半成品通过半成品库收发，那么，在自制半成品明细账中登记半成品成本时，也要按照成本项目分别登记。

分项结转，可以按照半成品的实际单位成本结转；也可以按照半成品的计划单位成本结转，然后按成本项目分项调整成本差异。后一种做法的计算工作量较大。因此，一般采用按实际成本分项结转的方法。

【例 5-6】依【例 5-4】资料，说明采用分项结转法的成本计算程序。

(1) 第一步骤成本计算同【例 5-4】。根据【例 5-4】的第一步骤产品成本明细账、第一步骤半成品交库单和第二步骤半成品领用单登记自制半成品成本明细账，见表 5-34。

表 5-34　　　　　　　自制半成品成本明细账
　　　　　　　　　　　　　甲半成品　　　　　　　　　　单位：元

摘要	数量	直接材料	直接人工	制造费用	合计
月初余额	40	2 124	1 300	2 596	6 020
本月增加	200	10 080	6 220	12 960	29 260
累计	240	12 204	7 520	15 556	35 280
单位成本		50.85	31.33	64.82	147
本月减少	210	10 678.50	6 579.30	13 612.20	30 870
月末余额	30	1 525.50	940.70	1 583.80	4 410

(2) 根据各种生产费用分配表、第二步骤半成品领用单、自制半成品明细账、第二步骤产成品交库单和第二步骤月末在产品定额成

本计算表等资料，登记第二步骤产品成本明细账，见表5-35。

表5-35　　　　　　　　产品成本明细账

第二步骤　　　　　　　　　　　　　　　　　　　　　　　　　　单位：元

摘要		产量	直接材料	直接人工	制造费用	合计
月初在产品成本（定额成本）			4 620	5 000	10 640	20 260
本月生产费用	上步		10 678.50	6 579.30	13 612.20	30 870
	本步			5 600	11 850	17 450
生产费用累计			15 298.50	17 179.30	36 102.2	68 580
完工产品成本		200	10 738.50	12 259.30	25 502.20	48 500
完工产品单位成本			53.69	61.30	127.51	242.50
月末在产品成本（定额成本）			4 560	4 920	10 600	20 080

（四）逐步结转分步法的优缺点及适用范围

1. 逐步结转分步法的优点

（1）能够提供各个生产步骤的半成品成本资料。

（2）由于半成品的成本随着实物转移而转移，因而还能为半成品和在产品的实物管理和资金管理提供数据。

（3）能够全面地反映各生产步骤所耗上一步骤半成品费用和本步骤加工费用，有利于各生产步骤的成本管理。

2. 逐步结转分步法的缺点

（1）各生产步骤的半成品成本要逐步结转，在加速成本计算工作方面有一定的局限性。

（2）在综合结转半成品成本的情况下，往往要进行成本还原；在分项结转半成品成本的情况下，各步成本的结转工作又比较复杂，因而核算工作量比较大。

3. 逐步结转分步法适用的范围

一般适用在半成品的种类不多、逐步结转半成品成本的工作量不是很大的情况下，或半成品种类较多，但管理上要求提供各生产步骤的半成品成本的情况下。

四、平行结转分步法

（一）平行结转分步法的计算程序

在采用分步法计算成本的大量、大批多步骤生产中，有的产品生产过程，首先是对各种原材料平行地进行连续加工，成为各种半成品零件和部件，然后再装配成各种产成品。例如，机械制造企业的车间一般按生产工艺过程设置，设有铸工、锻工、加工、装配等车间。铸工车间利用生铁、钢、铜等各种原料熔铸各种铸件；锻工车间利用各种外购钢材锻造各种锻件。铸件和锻件都是用来进一步加工的毛坯。加工车间对各种铸件、锻件、外购半成品和外购材料进行加工，制造各种产品的零件和部件；然后转入装配车间进行装配，生产各种机械产品。由于在这类生产企业中，各生产步骤所产半成品的种类很多，但半成品外售的情况却较少，在管理上不要求计算半成品成本，因而为了简化和加速成本计算工作，在计算产品成本时，可以不计算各步骤所产半成品成本，也不计算各步骤所耗上一步骤的半成品成本（即各步骤之间不结转所耗半成品成本），而只计算本步骤所发生的各项生产费用以及这些费用中应计入产成品的份额。然后，将各步骤应计入同一产成品成本的份额平行结转、汇总，即可计算出该种产品的产成品成本。这种平行结转各步骤成本的方法，称为平行结转分步法，或称不计列半成品成本分步法。这种方法的成本计算程序如图5-3所示。

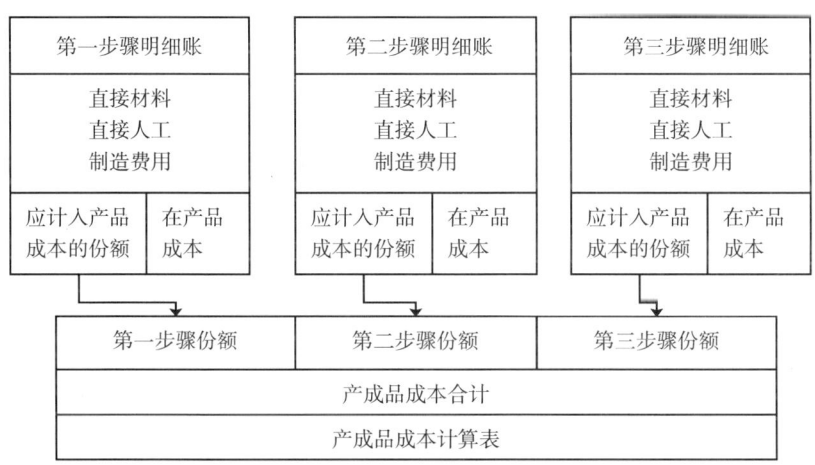

图5-3 平行结转分步法计算程序

从图5-3成本计算程序中，可以看出平行结转分步法的特点：

第一，采用这一方法，各生产步骤不计算半成品成本，只计算本步骤所发生的生产费用。除第一步骤生产费用中包括所耗用的原材料和各项加工费用外，其他各步骤只计算本步骤发生的各项加工费用。

第二，采用这一方法，各步骤之间不结转半成品成本。不论半成品实物是在各生产步骤之间直接转移，还是通过半成品库收发，都不进行总分类核算。也就是说，半成品成本不随半成品实物转移而结转。

第三,为了计算各生产步骤发生的费用中应计入产成品成本的份额,必须将每一生产步骤发生的费用划分为耗用于产成品部分和尚未最后制成的在产品部分。这里的在产品包括:①尚在本步骤加工中的在产品;②本步骤已完工转入半成品库的半成品;③已从半成品库转到以后各步骤进一步加工、尚未最后制成的半成品。这是就整个企业而言的广义在产品。

第四,将各步骤费用中应计入产成品的份额,平行结转、汇总计算该种产成品的总成本和单位成本。

如何正确确定各步骤生产费用中应计入产成品成本的份额,即每一生产步骤的生产费用如何正确地在完工产成品和广义在产品之间进行分配,是采用这一方法时能否正确计算产成品成本的关键所在。为此,各企业应根据具体情况,选用生产费用在完工产品和在产品之间分配的某种方法进行这种费用的分配。在实际工作中,通常是采用在产品按定额成本计价法或定额比例法。这是因为采用这两种方法,作为分配费用标准的定额资料比较容易取得。如产成品的定额消耗量或定额费用,可以根据产成品数量乘以消耗定额或费用定额计算。

【例 5-7】某企业生产乙产品,生产费用在完工产品与在产品之间的分配采用定额比例法,其中原材料费用按定额原材料费用比例分配;其他各项费用均按定额工时比例分配。其成本核算程序如下。

第一步:列示有关乙产品的定额资料,见表 5-36。

表 5-36　　　　　　　　乙产品定额资料

车间份额	月初在产品		本月投入		本月产成品				
	定额原材料费用(元)	定额工时	定额原材料费用(元)	定额工时	单件定额		产量(件)	定额原材料费用(元)	定额工时
					原材料费用(元)	工时			
一车间份额	21 120	9 760	12 800	5 600	50	30	400	20 000	12 000
二车间份额		5 200		13 820		40	400		16 000
合计	21 120	14 960	12 800	19 420	50	70	400	20 000	28 000

第二步:根据乙产品的定额资料、各种生产费用分配表和产成品交库单,登记第一、二车间的产品成本明细账,见表 5-37 和表 5-38。

表 5-37　　　　　　　　　产品成本明细账

第一车间：乙产品　　　　　　　　　　　　　　　　　　　　金额单位：元

摘要	产成品产量（件）	直接材料		定额工时	直接人工	制造费用	合计
		定额	实际				
月初余额		21 120	22 420	9 760	10 040	19 620	52 080
本月生产费用		12 800	14 892	5 600	8 392	12 636	35 920
累计		33 920	37 312	15 360	18 432	32 256	88 000
费用分配率			1.1		1.2	2.1	
计入产成品成本份额	400	20 000	22 000	12 000	14 400	25 200	61 600
月末在产品成本		13 920	15 312	3 360	4 032	7 056	26 400

表 5-38　　　　　　　　　产品成本明细账

第二车间：乙产品　　　　　　　　　　　　　　　　　　　　金额单位：元

摘要	产成品产量（件）	直接材料		定额工时	直接人工	制造费用	合计
		定额	实际				
月初余额				5 200	5 820	9 740	15 560
本月生产费用				13 820	15 102	14 986	30 088
累计				19 020	20 922	24 726	45 648
费用分配率					1.1	1.3	
计入产成品成本份额	400			16 000	17 600	20 800	38 400
月末在产品成本				3 020	3 322	3 926	7 248

账中数字计算、登记方法：

（1）定额原材料费用和定额工时，根据前列乙产品定额资料计算登记。月末没有盘点在产品，月末在产品定额资料，是根据月初在产品定额资料、本月投入品定额资料和产成品定额资料，采用倒挤的方法计算求得的。计算公式如下：

月末在产品定额原材料费用（定额工时）
＝月初在产品定额原材料费用（定额工时）＋本月投入产品本的
　定额原材料费用（定额工时）－本月完工产品定额
　　　原材料费用（定额工时）

以第一车间定额原材料费用和定额工时计算为例：

月末在产品定额原材料费用 = 21 120 + 12 800 - 20 000 = 13 920（元）

月末在产品定额工时 = 9 760 + 5 600 − 12 000 = 3 360（小时）

（2）本月生产费用即本月各步骤为生产乙产品所发生的各项生产费用，应根据各种生产费用分配表登记。由于原材料是在生产开始时一次投入，采用平行结转分步法在各生产步骤间不结转半成品成本，因而只有第一车间有原材料费用（定额和实际），第二车间则没有本月耗用的半成品费用。

（3）费用分配率的计算。采用定额比例法在完工产品与在产品之间分配费用，应首先计算费用分配率，其中原材料费用按定额原材料费用比例分配；其他各项费用均按定额工时比例分配。

第三步：将第一、二车间产品成本明细账中应计入产成品成本的份额，平行结转、汇总记入乙产品成本汇总表，见表 5–39。

表 5–39　　　　　　　　乙产品成本汇总表
　　　　　　　　　　　　　年　　月　　　　　　　　金额单位：元

车间份额	产量（件）	直接材料	直接人工	制造费用	成本合计
第一车间份额	400	22 000	14 400	25 200	61 600
第二车间份额	400		17 600	20 800	38 400
合计	400	22 000	32 000	46 000	100 000
单位成本		55	80	115	250

（二）平行结转分步法的优缺点和适用范围

平行结转分步法与逐步结转分步法相比较，具有以下优点：

（1）采用这一方法，各步骤可以同时计算产品成本，然后将应计入完工产品成本的份额平行结转、汇总计入产成品成本，不必逐步结转半成品成本，从而可以简化和加速成本计算工作。

（2）采用这一方法，一般是按成本项目平行结转、汇总各步骤成本中应计入产成品成本的份额，因而能够直接提供按原始成本项目反映的产成品成本资料，不必进行成本还原，省去了大量烦琐的计算工作。

但是，由于采用这一方法各步骤不计算也不结转半成品成本，因而存在以下缺点：

（1）不能提供各步骤半成品成本资料及各步骤所耗上一步骤半成品费用资料，因而不能全面地反映各步骤生产耗费的水平，不利于各步骤的成本管理。

（2）由于各步骤间不结转半成品成本，使半成品实物转移与费用结转脱节，因而不能为各步骤在产品的实物管理和资金管理提供资料。

从以上对比分析中可以看出，平行结转分步法的优缺点正好与逐步结转分步法的优缺点相反。因此，平行结转分步法只宜在半成品种类较多、逐步结转半成品成本工作量较大、管理上又不要求提供各步骤半成品成本资料的情况下采用。采用时应加强各步骤在产品收发结存的数量核算，以便为在产品的实物管理和资金管理提供资料，弥补这一方法的不足。

【本章小结】

产品生产的工艺特点不同、生产组织方式不同、成本管理对成本信息的要求不同，成本计算的具体方法就有所不同，本章主要介绍了产品成本计算的品种法、分批法和分步法。品种法是按照产品品种归集生产费用，计算产品成本的一种方法，适用于大量大批生产的单步骤生产。分批法是按照产品批别归集生产费用，计算产品成本的一种方法，适用于小批、单件生产。分步法是按照产品的生产步骤归集生产费用，计算产品成本的一种方法，适用于大量大批的多步骤生产。根据成本管理对于各生产步骤成本资料的不同要求和对简化成本计算工作的考虑，各生产步骤成本的计算和结转，可采用逐步结转和平行结转两种方法。因此，分步法又分为逐步结转分步法和平行结转分步法两种。在逐步结转分步法下，计算各生产步骤产品成本时，上一步骤所产半成品成本，要随着半成品实物的转移，从上一步骤的产品成本明细账转入下一步骤相同产品的成本明细账中，以便逐步计算半成品成本和最后一个步骤的产成品成本。逐步结转分步法，按照半成品成本在下一步骤成本明细账中的反映方式，又可分为综合结转和分项结转两种方法。平行结转分步法则只计算本步骤所发生的各项生产费用以及这些费用中应计入产成品的份额，然后将各步骤应计入同一产成品成本的份额平行结转、汇总，计算出该种产品的产成品成本。

【思考题】

1. 成本计算的具体方法有几种？各自的特点和适应情况怎样？
2. 简化分批法的成本计算程序如何？
3. 逐步结转分步法和平行结转分步法的优缺点是什么？

【业务练习题】

1. 练习产品成本计算的品种法。

新大工厂只生产 A 产品和 B 产品，20×× 年 9 月发生的生产成本有关的资料如下：

（1）为产品生产领用如下材料：生产 A 产品领用原材料 8 500 元，生产 B 产品领用原材料 4 000 元，生产车间耗用原材料 2 000 元。

（2）A 产品生产工人工资为 6 000 元，B 产品生产工人工资为

4 000元，车间管理人员工资为2 000元，行政管理部门人员工资为3 000元。同时按工资总额的14%计提职工福利费。

（3）以银行存款支付各项办公用品费用3 000元、支付外购协力费用4 000元，其中A产品耗用2 000元，B产品耗用1 000元，行政管理部门耗用1 000元。

（4）本月计提固定资产折旧4 000元，其中生产用固定资产折旧3 000元，非生产用固定资产折旧1 000元。

（5）将制造费用结转生产成本，按生产工人工资比例分配。

（6）计算完工产品成本及在产品成本。按约当产品法分配，A产品本月完工件；A产品及B产品的投料程度、完工程度均按50%计算。

2. 练习产品成本计算的分批法。

资料：某矿山机械厂小批生产矿山机械设备，采用分批法计算产品成本。20××年10月有关成本计算资料如下：

（1）产量记录（台）：

产品批号	数量（台）	投产日期	完工情况
801	6	8月份	本月份全部完工
902	10	9月份	本月份完工2台

（2）以前月份发生费用（单位：元）：

产品批号	原材料	工资及福利费	制造费用
801	116 500	13 000	7 000
902	59 000	12 000	3 800

（3）本月两批产品共同发生间接费用：原材料费用12 500元，直接人工费用13 000元，制造费用8 000元。原材料费用按两批产品重量比例分配，其他工费按工时比例分配。

产品批号	数量（台）	单位产品重量（千克/台）	总工时（小时）
801	6	34	4 000
902	10	42.1	6 000

（4）902产品按定货单位要求，本月完工2台已销售，按计划成本结转，单位计划成本为：原材料7 000元，工资2 500元，制造费

用 800 元。

要求：根据上述资料计算 801 完工产品总成本和单位成本，902 完工产品成本和月末在产品成本。

3. 练习产品成本计算的逐步结转分步法。

资料：某企业生产甲产品顺序经过三个生产步骤加工，各步骤完工产品分别为半成品 A、半成品 B、甲产成品。该企业采用综合逐步结转分步法计算产品成本，20××年 10 月有关成本计算资料如下：

（1）产量记录及半成品实物结转顺序（单位：件）：

生产步骤	第一步骤	第二步骤	第三步骤
月初在产品	20	20	50
本月投产	190	180	190
本月完工	180	190	200
月末在产品	30	20	40

（2）原材料在开始生产第一步一次投入，月末在产品各步完工程度均为 50%。

（3）各步骤月初在产品成本资料（单位：元）。

加工步骤	直接材料	直接人工	制造费用
第一步骤	1 600	80	120
第二步骤	3 000	180	270
第三步骤	6 500	100	150

（4）各步骤本月成本费用资料（单位：元）。

加工步骤	直接材料	直接人工	制造费用
第一步骤	15 200	1 480	2 220
第二步骤		2 220	3 330
第三步骤		780	1 170

要求：根据上述资料分别计算出半成品 A、半成品 B 和产成品甲的月末在产品成本和完工产品总成本及单位成本。

4. 练习产品成本计算的平行结转分步法。

资料：某企业生产甲产品顺序经过三个生产步骤加工，各步骤完工产品分别为半成品 A、半成品 B、产成品甲。该企业由于半成品不对外销售，成本管理上也不需要半成品成本资料，因而采用平行结转分步法计算产品成本，20××年10月有关成本计算资料如下：

（1）产量记录及半成品实物结转顺序（单位：件）：

生产步骤	第一步骤	第二步骤	第三步骤
月初在产品	20	20	50
本月投产	190	180	190
本月完工	180	190	200
月末在产品	30	20	40

（2）原材料在开始生产第一步一次投入，月末在产品各步完工程度均为50%。

（3）各步骤月初在产品成本资料（单位：元）。

加工步骤	直接材料	直接人工	制造费用
第一步骤	8 000	720	1 080
第二步骤		780	1 170
第三步骤		100	150

（4）各步骤本月成本费用资料（单位：元）。

加工步骤	直接材料	直接人工	制造费用
第一步骤	15 200	1 480	2 220
第二步骤		2 220	3 330
第三步骤		780	1 170

要求：根据上述资料分别计算出各步骤应计入产品成本的"份额"，并计算出甲产成品的完工产品总成本及单位成本。

第六章 产品成本计算的辅助方法

【学习目标】
1. 能利用分类法计算产品成本。
2. 能计算联产品、副产品和等级产品成本。
3. 能利用标准成本法和定额法计算和控制产品成本。
4. 能结合管理需要利用成本计算方法组合。

【引导案例】

某企业生产 A、B、C 三种产品，所用原材料和工艺过程相似，财务部把三种产品合并为甲类进行生产成本计算。该企业规定：该类产品的原材料费用随生产进度逐步投入，材料费用按照各种产品的原材料费用系数进行分配；加工费用按照各种产品的工时系数进行分配。同类产品内各种产品的原材料费用，按原材料费用定额确定系数；同类产品内各种产品之间的直接工资和制造费用，均按各种产品的定额工时计算确定系数；该公司规定 B 种产品为标准产品。请问这样核算有什么好处？

第一节 产品成本计算的分类法

一、分类法的特点

分类法是按产品类别归集生产费用，按照一定标准在类内各种产品之间分配计算每种产品成本的一种成本计算方法。

在一些工业企业中，生产的产品品种、规格繁多，若按照产品的品种、规格归集生产费用，计算产品成本，则成本计算工作极为繁重。在这种情况下，为了简化成本计算工作，可以将不同品种、规格的产品按照一定标准进行分类，即可以采用分类法来计算产品成本。

分类法的特点有：

（1）以各类产品为成本计算对象，按产品的类别计算各类产品总成本。

（2）月末计算产品成本时，先将各类产品成本计算单归集的生产费用，按一定的标准，在该类完工产品与在产品之间进行分配，以确定该类完工产品的总成本；然后，按一定标准，将完工产品总成本在类内各种产品之间进行分配，以计算确定类内各种产品的成本。

二、分类法的计算程序

成本分类法的计算程序如下：

（1）根据产品所用原材料和工艺技术过程的不同，将产品划分为若干类，按照产品的类别开设产品成本明细账，按类归集产品的生产费用，计算各类产品的成本。

（2）选择合理的分配标准，分别将每类产品的成本，在类内的各种产品间进行分配，计算每类产品中各种产品的成本。

同类产品内各种产品之间分配费用的标准，一般有定额消耗量、定额费用、售价以及产品的体积、长度和重量等。在选择费用的分配标准时，主要考虑与产品生产耗费的关系，即应选择与产品各项耗费有密切联系的分配标准。

在类内各种产品之间分配费用时，各成本项目可以按照同一个分配标准进行分配；为了使分配标准更为合理，也可以根据各成本项目的性质，分别按照不同的分配标准进行分配。例如，直接材料费用可以按照直线材料定额消耗量或直接材料定额费用比例进行分配，直接人工等其他费用可以按照定额工时比例进行分配。

此外，为了简化分配工作，可以将分配标准折算成相对固定的系数，按照固定的系数在类内各种产品之间分配费用，确定系数时，一般是在类内选择一种产量较大、生产比较稳定或规格折中的产品作为标准产品，将这种产品的系数定为1；再用其他各种产品的分配标准额分别与标准产品的分配标准额相比较，计算出其他各种产品的分配标准额与标准产品分配额的比率，即系数。在分类法中，按照系数分配类内各种产品成本的方法，也叫系数法。系数已经确定，在一定时期内应保持相对稳定。在实际工作中，也采用按照标准产品产量比例分配类内各种产品成本的方法，即将各种产品的产量按照系数进行折算，折算成标准产品产量，然后，按照标准产品产量的比例分配类内各种产品，这也是一种系数分配法。

下面举例介绍分类法下类内各种产品成本的分配问题。

【例 6-1】 某农具厂生产甲、乙、丙三种产品。该三种产品的结构所用材料和工艺过程相近,合为 A 类产品。该厂某月生产甲产成品 2 000 件、乙产成品 1 000 件、丙产成品 1 200 件;甲在产品 100 件,乙在产品 150 件。定额资料有关定额资料见表 6-1。费用资料有关费用资料见表 6-2。要求采用分类法计算各种产品成本。

表 6-1　　　　　　　　　系数计算表

类别:A 类　　　　　　　　　20××年 6 月

产品名称	材料消耗定额	系数	工时消耗定额	系数
甲产品	20 千克	1	10 小时	1
乙产品	24 千克	1.2	15 小时	1.5
丙产品	10 千克	0.5	5 小时	0.5

表 6-2　　　　　　　　　基本生产成本明细账

类别:A 类　　　　　　　　　20××年 6 月　　　　　　　　　单位:元

摘要	直接材料	直接人工	制造费用	合计
月初在产品成本	2 083.80	969.20	957.50	4 010.50
本月发生费用	6 100.20	3 130.00	2 458.50	11 688.70
费用累计	8 184.00	4 099.20	3 416.00	15 669.20
完工产品成本	11 400	3 936	3 280	18 616
月末在产品成本	584	163.20	136	883.20

采用分类法计算各种产品成本结果如下(见表 6-3、表 6-4)。

表 6-3　　　　　　　　总系数(标准产品产量)计算表

类别:A 类　　　　　　　　　20××年 6 月　　　　　　　　　单位:元

产品名称	产成品产量	直接材料		加工费用	
		系数	总系数	系数	总系数
甲产品	2 000	1	2 000	1	2 000
乙产品	1 000	1.2	1 200	1.5	1 500
丙产品	1 200	0.5	600	0.5	600
合计	—	—	3 800	—	4 100

表 6-4　　　　　　　　　　类内产品成本分配表

类别：A 类　　　　　　　　　　20××年 6 月　　　　　　　　　　单位：元

摘要	直接材料	直接人工	制造费用	合计
A 类完工产品总成本	11 400	3 936	3 280	18 616
总系数	3 800	4 100	4 100	
分配率	3	0.96	0.8	
甲完工产品总成本	6 000	1 920	1 600	9 520
甲产品单位成本	3	0.96	0.8	4.76
乙完工产品总成本	3 600	1 440	1 200	6 240
乙产品单位成本	3.6	1.44	1.2	6.24
丙完工产品总成本	1 800	576	480	2 856
丙产品单位成本	1.5	0.48	0.4	2.38

三、分类法的适用范围、优缺点和应用条件

(一) 分类法的适用范围

分类法与生产的类型无直接关系，它可以在各种类型的生产中应用，即凡是产品品种、规格繁多，又可以按照一定标准划分为若干类别的企业或车间，均可以采用分类法计算成本。例如，钢铁厂生产的各种型号和规格的生铁、钢锭和钢材，针织厂生产的各种类别和规格的针织品，灯泡厂生产的各种类别和瓦数的灯泡，食品厂生产的各种饼干和面包等。它们的生产类型有多不同，但都可以采用分类法计算成本。

有些工业企业，特别是化工企业，对同一原料进行加工，可以同时生产出几种主要产品。例如，原油经过提炼，可以同时生产各种汽油、煤油和柴油等产品，这些联产品，所用原料和工艺技术过程相同，可以归为一类，因而最适宜采用分类法计算成本。

此外，企业可能生产一些零星产品，如为协作单位生产少量的零部件，或自制少量材料和工具等。这些零星产品，虽然所用原材料和工艺过程不一定完全相近，但其品种规格多，且数量少，费用比重少。为了简化核算工作，也可以把它们归为一类，采用分类法计算成本。

应当指出的是，有些工业企业，特别是轻工业企业，有时可能生产出品种相同但质量不同的产品。如果这些产品所用的原材料和工艺技术过程完全相同，质量上的差别是由工人操作造成的，那么，这些质量等级不同的产品的单位成本应该相同，而不能把分类法原理应用

到这些产品的成本计算法中去,也就是说,不能按照它们的不同售价分配费用,为不同等级的产品确定不同的单位成本,否则就会掩盖次级产品由于售价较低造成的损失,不利于企业加强成本管理,提高产品质量。如果不同质量的产品,是由于所用原材料的质量或工艺技术上的要求不同而产生的,那么,这些产品应该是同一品种不同规格的产品,可以归为一类,采用分类法计算成本。

(二) 分类法的优缺点和应用条件

采用分类法计算产品成本,领料单、工时记录等原始凭证和原始记录可以只按产品类别填列,在各种费用分配表中可以只按产品类别分配费用,产品成本明细账可以只按照产品类别开设,不仅能简化产品成本计算工作,而且能够在产品品种、规格繁多的情况下,分类掌握产品成本的情况。但是,由于在类内各种产品成本的计算中,不论是间接计入费用还是直接计入费用,都是按一定的分配标准或比例进行分配的,因而计算结果有一定的假定性。因此,在分类法下,产品的分类和分配标准(或系数)的选定是否恰当,是一个关键问题。在产品的分类上,应以所耗原材料和工艺技术过程是否相近为标准。因为所耗原材料和工艺技术过程相近的各种产品,其成本水平也往往接近。在对产品进行分类时,类距既不能定得过小,使成本计算工作复杂化;也不能定得过大,造成成本计算上的"大锅烩",影响成本计算的准确性。在产品结构、所耗原材料或工艺技术发生较大变动时,应及时修订分配系数,或另选分配标准,以保证成本计算的准确性。

四、联产品、副产品和等级品成本的计算

(一) 联产品成本的计算

联产品是指使用同样的原材料,经过同一生产过程,同时生产出的两种或两种以上的具有不同使用价值的主要产品。例如,炼油企业提炼原油时,可以同时提炼出汽油、煤油、柴油和机油等联产品;奶制品企业加工牛奶时,可以同时生产出奶粉、奶油和奶酪等联产品。

1 联产品的特点

联产品通常具有以下三个特点:

(1) 各种联产品所使用的原材料、经过的加工过程是相同的,但是其产品性质和用途却有所不同甚至具有较大的差异。

(2) 在联产品的生产过程中,原材料和其他费用支出不能直接

按产品分别进行归集。在联产品分离点之前，只能以联产品集合（而不是联产品中的每种产品）作为成本计算对象，设置产品成本计算单，归集各种联产品共同发生的联合成本。

所谓"分离点"是指从原材料投入生产后，经过同一生产过程，开始分离各种联产品的环节（或时点）联产品分离之后，有的可以直接对外出售，有的还需要进一步加工并单独发生相关成本。所谓"联合成本"是指各种联产品在分离点之前发生的共同成本。

（3）各种联产品均是企业的主要产品。但是，由于在联产品分离点之后，有的产品还需要进一步加工，并发生相关的可归属成本；有的产品则可以直接对外出售。

因此，成本管理上往往需要分别计算联产品中各种产品的总成本（包括在分离点之前发生的联合成本中分配给有关产品的成本和在分离点之后发生的可归属的加工成本）和单位成本。

所谓"可归属成本"是指各种联产品在分离点之后单独发生的加工成本。

从联产品的生产特点和管理要求中，可以看出联产品最适合采用分类法计算产品成本。

2. 联产品成本的计算程序

联产品从原材料进入生产，到产品加工完毕并可以直接对外出售，需要经过分离前、分离时和分离后三个阶段。

（1）计算完工联产品总成本。在分离前归集联产品共同发生的联合成本应按联产品设置产品成本计算单，并在产品成本计算单按成本项目归集各种联产品在分离前共同发生的联合成本。因此，应该考虑企业生产特点和成本管理要求，采用某种基本成本计算方法（主要是品种法），通过要素费用、跨期摊提费用、辅助生产费用、制造费用的归集与分配，以及将生产费用在本月完工产品与月末在产品之间进行分配等，计算完工联产品总成本。

（2）分离时将完工联产品总成本分配于各种联产品。在联产品的生产中，分离点是联合生产过程的结束。因此，在分离点必须选择适当的分配方法，将完工联产品的总成本在各种联产品之间进行分配。分离后，如果联产品直接用以对外出售，其分配所得的联合成本，就是其产成品的总成本，除以其数量就是产成品的单位成本。

（3）计算分离后的产品成本。在分离后继续归集联产品单独发生的可归属成本，并计算其完工产成品的成本。联产品分离后，如果还需要继续加工，应重新按品种（或批次、生产步骤等）设置产品成本计算单，并按品种法（或分批法、分步法）计算分离后的产品成本。

联产品成本计算的关键是将分离点前共同发生的联合成本在各联产品之间进行分配。常用的联合成本的分配方法有系数法、实物量分配法、售价比例分配法等。其中,实物量分配法是指将联合成本按各种联产品之间的重量比例(或体积比例、数量比例等)进行分配的一种方法。售价比例分配法是指将联合成本按各种联产品之间的销售价格比例进行分配的一种方法。

【例6-2】某厂生产的产品按工艺过程可分为甲、乙两类,其中甲类内包括A、B、C三种产品。原材料费用系数按单位产品原材料费用定额确定,其他费用按单位产品工时消耗定额确定系数。20××年10月甲类产品成本明细账如表6-5所示。

表6-5 甲类产品成本明细账

20××年10月 单位:元

年		凭证号数	项目	直接材料	直接人工	制造费用	合计
月	日						
			月初在产品成本	21 000	1 560	3 120	25 680
			本月生产费用	391 320	29 040	61 530	481 890
			合计	412 320	30 600	64 650	507 570
			本月产成品成本	373 320	25 920	55 080	454 320
			月末在产品成本	39 000	4 680	9 570	53 250

甲类产品系数计算表见表6-6。

表6-6 甲类产品系数计算表

20××年10月 单位:元

产品名称	单位产品定额成本	单位产品工时定额	材料费用系数	其他费用系数
A产品	300	24	1	1
B产品	330	30	1.1	1.25
C产品	240	36	0.8	1.5

表6-6中,以A产品为标准产品,并规定其系数为1,则B产品材料费用系数为330/300=1.1,B产品的其他费用系数为30/24=1.25,C产品的系数以此类推。类内各种产品成本计算表见表6-7。

表 6-7 甲类各种产品成本计算表

20××年10月 单位：元

项目	产量	材料费用系数	材料费用总系数	直接材料	其他费用系数	其他费用总系数	直接人工	制造费用	产品总成本	单位成本
①	②	③	④=②×③	⑤=④×分配率	⑥	⑦=⑥×②	⑧=⑦×分配率	⑨=⑦×分配率	⑩=⑤+⑧+⑨	⑪=⑩/②
分配率				$\frac{373\,320}{732}=510$			$\frac{25\,920}{810}=32$	$\frac{55\,080}{810}=68$		
A产品	420	1	420	214 200	1	420	13 440	28 560	256 200	610
B产品	240	1.1	264	134 640	1.25	300	9 600	20 400	164 640	686
C产品	60	0.8	48	24 480	1.5	90	2 880	6 120	33 480	558
合计			732	373 320		810	25 920	55 080	454 320	—

【例 6-3】某企业用同一种原材料，在同一个生产工艺过程中生产出 A、B、C 三种联产品。企业采用系数法分配联合成本，以 A 产品为标准产品，以售价作为折算标准。A 产品分离后，还需要继续加工成甲产品后才能直接对外出售，而 B、C 两种产品分离后可直接对外出售。20××年10月有关产品产量、单位售价和成本资料如表 6-8、表 6-9 所示。

表 6-8 产品产量和单位售价资料

20××年10月

产品名称	产量（件）	单位售价（元）
A产品	150	300
B产品	60	450
C产品	30	600

甲产品本月完工入库 180 件，月末在产品数量 240 件。原材料采用随加工进度逐步投料方式，月末在产品的完工率和投料程度均为 50%。按约当产量法计算甲产品及月末在产品成本。

表 6-9 分离前后有关成本资料

20××年10月 单位：元

项目	原材料	直接人工	制造费用	合计
分离前的联合成本	60 000	30 000	30 000	120 000
分离后 A 产品（甲产品）的可归属成本	12 000	7 500	4 500	24 000
甲产品的月初在产品成本	90 000	36 000	24 000	150 000

根据上述资料，应首先计算各种联产品的折算系数，并根据系数计算各种产品的实际产量折合为标准产品产量；然后，按系数法将联合成本在A、B、C三种联产品之间进行分配，并编制"联合成本分配计算表"。最后，在甲产品成本计算单中计算甲产品成本。

（1）计算各种产品的实际产量折算为标准产品产量。其计算方法和结果如表6-10所示。

表6-10　　　　　系数和标准产品产量计算表

20××年10月

产品名称	产量（件）	单位售价（元）	折算系数	标准产品产量
A产品	150	300	1	225
B产品	60	450	1.5	90
C产品	30	600	2	60
合计	300	—	—	375

（2）将联合成本在A、B、C三种联产品之间进行分配，并编制联合成本分配计算表，如表6-11所示。

表6-11　　　　　　联合成本分配计算表

20××年10月　　　　　　　　　　　　　单位：元

产品名称	标准产量（件）	原材料		直接人工		制造费用		合计
		分配率	分配额	分配率	分配额	分配率	分配额	
A产品	225		30 000		15 000		15 000	60 000
B产品	90		18 000		9 000		9 000	36 000
C产品	60		12 000		6 000		6 000	24 000
合计	375	200	60 000	100	30 000		30 000	120 000

根据B、C产品的验收入库单和联合成本分配计算表，编制会计分录：

借：库存商品——B产品　　　　　　　　　36 000
　　　　　　——C产品　　　　　　　　　24 000
　　生产成本——基本生产成本——甲产品　60 000
　　贷：生产成本——基本生产成本——联产品　120 000

（3）在甲产品成本计算单中计算甲产品成本。其计算方法和结果如表6-12所示（以品种法为例）。

根据表6-12中有关资料，编制会计分录：

借：库存商品　　　　　　　　　　　　　　　　　140 040
　　贷：生产成本——基本生产成本——甲产品　　140 040

表6-12　　　　　　　　　　产品成本计算单

产品名称：甲产品　　　　完工产品：180件
投料方式：逐步投料　　　在产品：240件　　　完工程度50%　　　单位：元

20××年		凭证字号	摘要	直接材料	直接人工	制造费用	合计
月	日						
10	1	（略）	期初在产品成本	90 000	36 000	24 000	150 000
	31		转入的联合成本	30 000	15 000	15 000	60 000
	31		原材料费用	12 000			12 000
	31		工资及福利费		7 500		7 500
	31		制造费用			4 500	4 500
	31		本月费用合计	42 000	22 500	19 500	84 000
	31		生产费用累计	132 000	58 500	43 500	234 000
	31		约当总产量	300	300	300	
	31		单位产品成本	440	195	145	780
	31		结转完工产品成本	79 200	35 100	26 100	140 040
	31		期末在产品成本	52 800	23 400	17 400	93 600

（二）副产品成本的计算

副产品是指在主要产品的生产过程中，附带生产出的一些非主要产品，或利用生产中的废料等加工而成的产品。它是与主要产品经过同一生产过程、使用相同的原材料而产生出来的产品。如炼油企业在提炼原油的过程中所产生的渣油、石焦油；酿酒企业在可酿造酒的过程中所产生的酒糟；制皂企业在制皂生产过程中所产生的甘油；木材加工企业利用生产过程中产生的木屑生产纤维板等。

1. 副产品的特点

副产品通常具有以下三个特点：

（1）副产品的价值较低。副产品与主要产品在分离点之前，使用同样的原材料，经过同一生产过程。但是副产品的价值较低，并且具有一定的使用价值，通常可以作为商品加以利用。

（2）无法单独归集副产品在分离点之前所发生的各项费用。副产品在与主产品分离之前，通常不单独发生费用，因此，在分离点之前无法区分副产品的生产费用与主产品的生产费用。

（3）有些副产品在与主产品分离后可以直接对外出售，有些副产品则还需要经过进一步的加工后才能出售。

2. 副产品的计价方法

由于副产品是随着主产品的生产而附带产生出来的，其价值较低。因此，为了简化成本计算工作，通常只需要将副产品按一定标准作价，并从分离前的联合成本中扣除。

副产品成本计算的关键，就是副产品的成本计价问题，即副产品按什么标准作价，从而确定副产品应负担的分离点前的联合成本。如果副产品计价过高，就会将主产品成本转移到副产品成本中；相反，如果副产品计价过低，就会将副产品成本转移到主产品成本中。

由于副产品在与主产品分离后，可能作为商品直接对外出售，也可能还需要进一步加工后才能出售，因此，副产品的计价方法应区分两种情况，即分离后不需要进一步加工的副产品的计价方法和分离后需要进一步加工的副产品的计价方法。

（1）分离后不需要进一步加工的副产品。如果副产品与主产品分离后，不需要进一步加工就可以直接用于对外出售，可以采用下列三种方法对副产品进行计价。

不计列成本法。不计列成本法是指副产品不负担分离前的联合成本的一种计价方法。采用这种方法，会使主产品的成本偏高。取得副产品的销售收入时，可作为其他业务收入处理。这种方法主要适用于副产品价值很小的副产品。如果副产品的销售收入不足以抵偿其销售费用，则应采用副产品不计列成本法，也就是说不从主产品成本中扣除副产品价值。

按计划成本（或定额成本）计价法。按计划成本（或定额成本）计价法是指按副产品的单位计划成本（或单位定额成本）计算确定副产品成本，并将联合成本减去副产品成本之差作为主产品成本的一种计价方法。这种方法主要适用于副产品价值很小，或副产品价值较大但是其计划单价（或单位定额）较准确、稳定的副产品。

倒计成本法。倒计成本法是指根据副产品的预计销售收入扣除其预计销售税金及附加、销售费用、按正常利润率计算的销售利润后的差额，作为副产品成本，并将联合成本减去副产品成本之差作为主产品成本的一种计价方法。这种方法主要适用于副产品价值较大的副产品。如果副产品是微利产品或亏损产品（但其销售收入可以抵偿其销售费用），也可以根据副产品的预计销售收入扣除其预计销售税金及附加、销售费用后的差额，作为副产品成本，也就是说不考虑副产品的销售利润。

如果副产品的比重较大,或副产品成本与主产品成本相差不大,则应将副产品视同联产品进行成本计算。计算得到的副产品成本,可以从"原材料"成本项目中一笔扣除;也可以按比例从各成本项目中分别扣除。

(2) 分离后需要进一步加工的副产品。如果副产品与主产品分离后,还需要进一步加工才能用于对外出售,可以采用下列两种方法对副产品进行计价。

按可归属成本计价。按可归属成本计价是指副产品不负担分离点之前发生的联合成本,仅将分离后的进一步加工过程中发生的费用,作为该副产品的成本。这种方法主要适用于分离前副产品价值很小,但分离后还需要继续加工的副产品。

按应负担的分离前联合成本和分离后的可归属成本计价。按应负担的分离前联合成本和分离后的可归属成本计价,是指副产品既负担分离后的可归属成本,又需要按一定分配标准负担部分分离前的联合成本。为了简化核算工作,可按下列公式计算副产品应负担的分离前的联合成本:

副产品应负担分离前的联合成本 = 该副产品的销售收入
- 该副产品的销售税金及附加
- 该副产品的销售费用
- 按正常利润率计算的该副产品的销售利润
- 分离后发生的可归属成本

对于副产品应负担分离前的联合成本,可以从"原材料"成本项目一笔扣除;也可以按比例从各成本项目中分别扣除。

【例6-4】某企业在生产甲、乙联产品的同时,还附带产生了丙副产品。20××年11月,甲、乙联产品的月初在产品成本为:原材料110 000元,工资及福利费15 000元,制造费用15 000元;通过各项生产费用的归集与分配,本月甲、乙联产品发生的费用为:原材料200 000元,工资及福利费35 000元,制造费用25 000元。企业按倒计成本法对副产品成本进行计价,并将副产品成本从联产品成本计算单的各成本项目中扣除。11月丙副产品产量为3 000千克,每千克售价为10元,每千克销售税金及附加为1元,每千克销售利润为0.8元,销售费用总额为1 000元。

根据上述资料,应先计算丙副产品应负担的联合成本;然后,在甲、乙联产品成本计算单中分成本项目扣除丙副产品成本。

(1) 计算丙副产品应负担的成本。其计算方法和结果如表6-13所示。

表 6-13　　　　　　　　丙副产品成本计算表

20××年11月　　　　　　　　金额单位：元

计算副产品应负担的成本	销售收入	扣除项目			副产品的成本
		销售税金	销售费用	销售利润	
	30 000	3 000	1 000	2 400	23 600
按成本项目重新分解副产品成本	成本项目	联合成本	比重（%）		分解
	原材料	310 000	77.5		18 290
	直接人工	50 000	12.5		2 950
	制造费用	40 000	10		2 360
	合计	400 000			23 600

（2）在甲、乙联产品的成本计算单中分成本项目扣除丙副产品的成本，如表 6-14 所示。

表 6-14　　　　　　　　产品成本计算单

20××年11月　　　　　　　　单位：元

20××年		凭证字号	摘要	直接材料	直接人工	制造费用	合计
月	日						
11	01	（略）	期初在产品成本	110 000	15 000	15 000	140 000
	30		本月原材料费用	200 000			200 000
	30		本月工资及福利费		35 000		35 000
	30		本月制造费用			25 000	25 000
	30		生产费用累计	310 000	50 000	40 000	400 000
	30		结转副产品成本	18 290	2 950	2 360	23 600
	30		甲、乙联产品应负担成本产品成本	291 710	47 050	37 640	376 400

（三）等级品成本的计算

等级品是指使用相同的原材料，经过同一生产过程，在生产出的同种产品质量上存在差异的产品。由于各等级的产品经过相同的生产加工过程，使用了相同的原材料，所以原则上它们的成本应该是相同的（即等级低和等级高的产品单位成本应该是相同的）。

1. 等级品的特点

等级品具有以下三个特点：

（1）各等级产品的生产加工过程是统一的，使用的原材料也相同。

（2）只能在同一个产品成本计算单中归集同种而不同等级的产品费用，通常无法按各等级产品分别设置产品成本计算单。

（3）虽然各等级的同种产品的单位售价不一样，所实现的收益（或发生的损失）存在差异甚至差异非常大，等级高的产品售价高，增加了企业收益；等级低的产品售价低，减少了企业收益。但是，它与产品费用的归集与分配（即与产品成本的计算）无关。

2. 等级品成本的计算

如果企业管理上需要单独核算各等级产品的损益情况，应该在产品成本计算单中计算出本月完工产品总成本之后，再按一定的分配方法将完工产品总成本在各等级品之间进行分配。常用的分配方法有实物数量比例分配法、售价比例分配法、系数法等。

（1）实物数量比例分配法。如果等级品是由主观原因造成的，采用实物数量比例分配法分配完工产品总成本比较合适。

（2）售价比例分配法（或系数法）。如果等级品是由客观原因（如设备技术水平、原材料质量、工艺技术等）造成的，可考虑对不同等级的产品确定不同的单位成本。因此，采用售价比例分配法（或系数法）分配完工产品总成本比较合适（即可以单位售价作为分配标准；确定系数后，按系数比例分配）。

第二节 产品成本计算的定额法

一、定额法的特点

前面所介绍的产品成本计算方法，如品种法、分批法、分步法、分类法等，都是按照生产费用的实际发生额进行费用的归集、分配并计算产品成本的，产品成本明细账按照实际发生额进行登记，日常核算只能反映产品的实际成本，实际成本与定额成本之间的差异及其发生的原因，只有在月末通过对比分析才能确定，不能在成本费用发生时及时地反映和揭示出来，因此不能及时地对产品成本进行有效的控制和管理。

产品成本计算的定额法，就是为了克服上述几种成本计算方法的弱点，解决并及时反映和监督生产费用和产品成本脱离定额的差异，把产品成本的计划、核算和分析结合在一起，以便加强成本管理而采用一种成本计算方法。

定额成本法的特点主要表现在以下几点：

(1) 事前制定产品的消耗定额、费用定额和产品的定额成本，作为日常成本控制的依据。

(2) 在生产费用发生时，同时计算反映出产品的定额成本、脱离定额的差异，能及时发现各项费用的节约和超支情况，能及时发现各项费用的节约和超支情况，有利于加强成本的日常控制。

(3) 月末在定额成本的基础上，加减各种差异，计算产品实际成本。

定额成本法的内容包括定额成本的计算、脱离定额差异的计算、材料成本差异的计算以及定额变动差异的计算等。使用定额成本法时，产品实际成本与定额成本的关系可用下列公式表示：

产品实际成本 = 定额成本 ± 脱离定额差异 ± 材料成本差异
　　　　　　 ± 定额变动差异

定额成本法与产品的生产类型没有直接的对应关系，可以与前述任何一种产品成本计算方法相结合，如与分批法、分步法相结合。但该方法对消耗定额、费用定额和定额成本的制定以及定额管理的要求较高。

二、定额法的计算程序

（一）定额成本的计算

采用定额成本法，首先必须制定出单位产品或其他成本计算对象的定额成本。不同的行业、不同的工艺过程，定额成本的具体制定程序也不尽相同。产品制造企业定额成本的具体制定，可由计划、技术、会计等部门共同进行。企业的生产过程需要消耗很多资源，出于管理的需要，企业会对各种资源的消耗制定出各种各样的消耗标准，这些标准大都以量化标准的形式体现在各个生产环节中，一般在管理中称之为消耗定额。如果这种资源消耗的标准以费用的形式体现，一般称之为费用定额。以企业现行的这些消耗定额或费用定额为基础，按照企业制定的各种资源的计划价格，如材料和动力计划单价，计划小时工资率和计划小时费用率等，以单位产品或产品组合为对象，计算得出定额成本。

产品的定额成本与计划成本既有相同之处，又有不同之处。相同之处是：两者都是以生产耗费的消耗定额和计划单价为依据确定的目标成本。例如：

产品直接材料定额成本 = 直接材料定额耗用量 × 材料计划单价
产品直接人工定额成本 = 产品定额工时 × 计划小时工资率
产品制造费用定额成本 = 产品定额工时 × 计划小时费用率

直接人工和制造费用，通常是按照工时比例分配计入产品成本的，因而其单价通常是计划的每小时各项费用额。各项费用定额的合计数，就是单位产品定额成本或计划成本。

两者的不同之处在于：计算计划成本所依据的消耗定额是计划期（一般为一年）内平均消耗定额，也称计划定额，在计划期内通常是不变的；而计算定额成本所依据的消耗定额是现行的定额，是企业在当时的生产技术条件下，在各项消耗上应达到的标准，它应随着生产技术的进步、劳动生产效率的提高不断修订。此外，计算计划成本所依据的原材料等的计划单价，则可能变动。因此，计划成本在计划期内通常是不变的；定额成本在计划期内则是变动的。

由上述可知，产品的定额成本，也就是根据各种有关现行定额计算的成本。制定定额成本，可以使企业的成本控制和考核更加有效，更加符合实际，从而保证成本计划的完成。

产品单位定额成本的制定，应包括零件、部件的定额成本和产成品的定额成本，通常由计划、会计等部门共同制定。一般是先制定零件的定额成本，然后汇总计算部件和产成品的定额成本。如果产品的零部件较多，为了简化计算工作，可以不计算零件的定额成本，而是直接根据零件定额卡多列零件的原材料消耗定额、工序计划和工时消耗量，以及原材料的计划单价、计划的直接人工费用率和计划的制造费用率等，计算部件定额成本，然后汇总计算产成品定额成本；或者根据零部件定额卡和原材料计划单价、计划的直接人工费用和计划的制造费用率等，直接计算产成品定额成本。

需要指出的是，编制定额成本计算表时，所采用的成本项目和成本计算方法，应与编制计划成本、计算实际成本时所采用的成本项目和成本计算方法一致，以便成本考核和成本分析工作的进行。

【例6-5】某企业生产的甲产品定额资料为：单位产品耗用 A 材料 200 千克，其计划单价为 40 元；单位产品耗用 B 材料 120 千克，其计划单价为 50 元；生产单位产品需要 50 小时，计划小时工资率 30 元，计划小时制造费用率为 50 元。则该企业定额成本计算如下：

单位产品直接材料定额成本 = 200 × 40 + 120 × 50 = 14 000（元）

单位产品直接人工定额成本 = 50 × 30 = 1 500（元）

单位产品制造费用定额成本 = 50 × 50 = 2 500（元）

单位产品定额成本 = 14 000 + 1 500 + 2 500 = 18 000（元）

定额成本的计算通常是通过编制定额成本计算表进行的。

（二）脱离定额差异的计算

脱离定额差异，是指在生产过程中，各项生产费用的实际支出脱离现行定额或预算的数额。脱离定额差异的核算，就是在发生生产费用时,为符合定额的费用和脱离定额的差异,分别编制定额凭证和差异凭证,并在有关费用分配表和明细分类账中分别予以登记。这样,就能及时、正确地核算和分析生产费用脱离定额的差异,控制生产费用支出。因此,对定额差异的核算是实行定额法的重要内容,为了防止生产费用的超支,避免浪费和损失,差异凭证填制以后,还必须按照规定办理审批手续。在有条件的企业,可以将脱离定额差异的日常核算同车间或班组经济责任制结合起来,依靠各生产环节的职工控制生产费用。

脱离定额差异的计算包括直接材料脱离定额差异的计算、直接人工脱离定额差异的计算、制造费用脱离定额差异的计算。

1. 直接材料脱离定额差异的计算

在产品成本构成中,直接材料费用一般占有较大的比重。这项费用属于直接计入费用,因而有必要在费用发生的当时,就按照产品计算定额成本和脱离定额差异,并以不同的凭证予以反映。

直接材料脱离定额差异是指生产过程中产品实际材料耗用量与其定额耗用量之间的差额与计划单价的乘积,其计算公式如下:

$$直接材料脱离定额差异 = \sum[(材料实际耗用量 - 材料定额耗用量) \times 该材料计划单价]$$

直接材料脱离定额差异的计算方法,一般有限额法、切割核算法和盘存法三种。

(1) 限额法。所谓限额法,也称差异凭证法,它是控制领料、促进用料节约的一种方法。采用这种方法的企业必须建立限额领料制度。在这种制度下,凡符合定额的原材料应根据"限额领料单"等定额凭证领发;如果产品产量增加需要增加用料时,必须办理追加限额手续,然后根据定额凭证领发。由于其他原因需要超额领料或者领用代用材料,应根据专设的"超额领料单""代用材料领料单"等差异凭证,经过一定的审批手续领发。为了减少凭证的种类,这些差异凭证也可以用普通领料单代替,但应以不同的颜色或加盖专用的戳记加以区别。在差异凭证中,要填明差异的数量、金额以及发生差异的原因。其中由于采用代用材料、利用废料和材料质量低劣等原因引起的脱离定额差异,通常还必须经过技术部门的鉴定;对于材料代用和废料利用,应在有关的限额领料单中注明,并且从原定的限额内扣除。

每批生产任务完成以后,企业应根据车间余料编制"退料单",办理退料手续。"限额领料单"中的余额和"退料单"中的数额都属于材料脱离定额的节约差异;而"超额领料单"中的数额,则属于材料脱离定额的超支差异。

应当指出的是，直接材料脱离定额差异是产品生产中实际用料脱离现行定额而形成的成本差异，而定额法并不能完全控制用料，上述差异凭证所反映的差异往往只是领料差异，而不一定是用料差异。这是因为，投产的产品数量不一定等于规定的产品数量；所领用原材料的数量也不一定等于原材料的实际消耗量，即期初、期末车间可能有余料。

【例6-6】某限额领料单规定的产品数量为1 000件，每件产品的直接材料消耗定额为5千克，则领料限额为5 000千克；本月实际领料4 800千克，领料差异为少领200千克。

现假定有以下三种情况：

第一种情况：本期投产产品数量符合限额领料单规定的产品数量，即为1 000件，且期初、期末均没有余料。则上述少领200千克的领料差异就是用料脱离定额的节约差异。

第二种情况：本期投产产品数量仍为1 000件，但车间期初余料为100千克，期末余料为120千克，则

直接材料定额消耗量 = 1 000 × 5 = 5 000（千克）

直接材料实际消耗量 = 4 800 + 100 - 120 = 4 780（千克）

直接材料脱离定额差异 = 4 780 - 5 000 = -220（千克）（节约）

第三种情况：本期投产产品数量为900件，车间期初余料为100千克，期末余料为120千克，则

直接材料定额消耗量 = 900 × 5 = 4 500（千克）

直接材料实际消耗量 = 4 800 + 100 - 120 = 4 780（千克）

直接材料脱离定额差异 = 4 780 - 4 500 = +280（千克）（超支）

由此可见，只有投产产品数量等于规定的产品数量，且车间期初、期末均无余额，或期初、期末余料数量相等时，领料（或发料）差异才是用料脱离定额的差异。

（2）切割核算法。对于某些贵重材料或经常大量使用且又需要经过在准备车间或下料工段切割后才能进一步加工的材料，如板材、棒材和棍材等，还应该填制材料切割核算单。通过材料切割核算单，核算用料差异，控制用料。

材料切割核算单，应按切割材料的批次设立"材料切割核算单"，单中填明发交切割材料的种类、数量、消耗定额和应切割成的毛坯数量；切割完毕后，再填写实际切割的毛坯数量和材料的实际消耗量。根据实际切割成的毛坯数量和消耗定额，计算材料定额消耗量，以此与材料实际消耗量对比，从而计算脱离定额的差异。材料定额消耗量和脱离定额的差异也应填入"材料切割核算单"中，并注明发生差异的原因，由主管人员签字确认。切割核算单的格式如表6-15所示。

表 6-15　　　　　　　　　　　　材料切割核算单

材料编号或名称：A 材料　　　材料计量单位：千克　　　材料计划单价：7.5 元
产品名称：M　　　　　　　　零件编号或名称：101　　　图纸号：110
切割工人姓名：李×　　　　　　　　　　　　　　　　　　机床编号：322
发交切割日期：20××年×月×日　　　　　完工日期：20××年×月×日

发料数量	退回余料数量	材料实际消耗数量	废料实际回收量
136	5	131	13.5

单件消耗定额	单件回收废料定额	应割成的毛坯数量	实际割成的毛坯数量	材料定额消耗量	废料定额回收量
10	0.5	13	12	120	6

材料脱离定额差异		废料脱离定额差异			脱离定额差异原因	责任人
数量	金额	数量	单价	金额	未按规范操作，因而多留了边料，减少了毛坯	李×
+11	82.5	-7.5	1.2	-9		

采用材料切割核算单进行材料切割的核算，可以及时反映材料的耗用情况和发生差异的具体原因，有利于加强对材料消耗的控制和监督。在有条件的情况下，如与车间或班组的经济核算结合起来，则可以收到更好的效果。

（3）盘存法。对于不能切割的材料，除采用限额法控制其领料外，还应采用盘存法控制其用料。所谓盘存法，是指按一定的间隔日数，对生产中的余料进行盘点，根据材料领用数和盘点所确定的余额，算出一定日期材料的实际耗用量，并与按投产数量计算的定额耗用量相比较，计算材料脱离定额的差异。用公式表示如下：

直接材料实际耗用量 = 期初余料 + 本期领料 - 期末余料
直接材料定额耗用量 = 本期投产量 × 原材料消耗定额
直接材料脱离定额差异 =（直接材料实际耗用量 - 直接材料定额耗用量）
　　　　　　　　　　× 单位直接材料计划成本

【例 6-7】生产乙产品耗用 C 材料。乙产品期初在产品为 50 件，本期完工产品为 1 000 件，期末在产品为 150 件。生产乙产品用原材料系在生产开始时一次投入，乙产品的原材料消耗定额为每件 2 千克，原材料的计划单价为每千克 10 元。限额领料单中载明的本期已实际领料数量为 2 100 千克。车间期初余料为 50 千克，期末余料为 20 千克。则本月该产品材料脱离定额差异的计算过程如下：

本月投产产品数量 = 1 000 + 150 - 50 = 1 100（件）
直接材料定额消耗量 = 1 100 × 2 = 2 200（千克）
直接材料实际消耗量 = 2 100 + 50 - 20 = 2 130（千克）

直接材料脱离定额差异（数量）= 2 130 - 2 200 = -70（千克）（节约）

直接材料脱离定额差异（金额）= -70 × 10 = -700（元）（节约）

盘存法在使用时必须注意下列问题：

（1）原材料定额耗用量是建立在本期投产数量的基础上计算的，而不是本期完工数量。因为本期完工产品所用的原材料包括期初在产品中的上月用料，但未包括期末在产品中的本期用料，以完工产品数量计算定额耗用量将不准确。而本期投产数量所用的原材料包括期末在产品中的本期用料，但不包括期初在产品中的上期用料，因而用它作为计算依据比较合理。

（2）在计算本期投产数量时应注意原材料的投料程度。若原材料是一次性投料，可直接按如下公式计算：

本期投产数量 = 本期完工数量 + 期末在产品数量 - 期初在产品数量

若原材料是逐步投料，则应按如下公式计算：

本期投产数量 = 本期完工数量 + 期末在产品按投料程度计算的约当产量 - 期初在产品按投料程度计算的约当产量

总之，对原材料脱离差异的日常控制，不仅要通过限额法控制领料不超过限额，而且采用盘存法的企业还要控制产品的投产数量不少于计划规定的产品数量，采用切割法的企业也要控制其实际切割数不少于计划规定的切割数。此外，还要注意车间有无余料。

企业应分批次或定期地将各种产品所耗原材料的定额消耗量和脱离定额差异按照成本计算对象进行汇总，编制"原材料定额费用和脱离定额差异汇总表"，用来汇总反映原材料的实际成本、定额成本及脱离定额的差异，分析差异产生的主要原因，并采取措施，进一步挖掘降低原材料费用的潜力。

需要指出的是：为了有利于产品成本的分析和考核，直接材料的定额成本和脱离定额差异的计算都是以直接材料的计划单位成本为基础来计算的，也就是说，直接材料的定额成本与脱离定额差异的和就等于某产品耗费的直接材料的计划成本。因此，采用定额成本法的企业在月末还必须计算材料成本差异，将其调整为实际成本，以便正确核算产品的成本。与材料脱离定额差异是"量差"相对应，材料成本差异属于"价差"。材料成本差异的计算公式为：

某产品应分配的某直接材料成本差异 =（该产品所耗直接材料定额成本 + 直接材料脱离定额差异）× 该直接材料成本差异率

【例6-8】某企业20××年5月甲产品所耗原材料定额成本为100 800元，脱离定额差异为超支差异5 040元，假定该企业材料成

本差异率为 -2%，则甲产品应分配的原材料成本差异计算如下：

(100 800 + 5 040) × (-2%) = -2 116.8（元）

2. 直接人工脱离定额差异的计算

在计件工资制度下，生产工人工资属于直接计入费用，其脱离定额差异的计算与原材料脱离定额差异的计算相类似，可采用差异凭证，将符合定额的生产工人工资反映在产量记录中，将脱离定额差异反映在专设的差异凭证中，注明发生差异的原因，并需要经过一定的审批手续。在计时工资制度下，生产工人工资属于间接计入费用，实际工资总额要到月终才能确定，工资脱离定额差异不能随时按照产品直接计算，其影响因素有两个：一是生产工时；二是小时工资率。其计算公式如下：

某产品定额生产工资总额 = 该产品定额生产工时 × 计划小时工资率
= 实际投产量 × 定额单耗工时
× 计划小时工资率

其中：计划小时工资率 = $\dfrac{某车间计划产量的定额生产工人工资}{该车间计划产量的定额生产工时总额}$

该产品实际生产工资总额 = 该产品实际生产工时 × 实际小时工资率

其中：实际小时工资率 = $\dfrac{某车间实际生产工人工资总额}{该车间实际生产工时总额}$

工资脱离定额差异 = 某产品的实际生产工资总额
− 该产品的定额生产工资总额

需要说明的是：由于企业生产过程中的加工是逐步进行的，因此在计算直接工资脱离定额差异时，其实际投产数量必须要按照如下公式计算：

本期投产数量 = 本期完工数量 + 期末在产品按加工程度计算的约当产量
− 期初在产品按加工程度计算的约当产量

【例6-9】某企业生产甲产品，单位产品定额工时为12小时，本月实际投产量为405件，计划小时工资率为20元；单位产品实际工时为11小时，实际小时工资率为21元。则工资差异计算如下：

定额生产工资 = 405 × 12 × 20 = 97 200（元）
实际生产工资 = 405 × 11 × 21 = 93 555（元）
工资脱离定额差异 = 93 555 − 97 200 = −3 645（元）

从以上计算过程可以看出，企业要想降低产品计时工资费用，除控制工资总额支出外，还要充分利用生产工时，同时控制单位产品的工时耗费，使之不超过工时定额。为了降低单位产品的及时直接人工费用，在定额法下，应加强日常控制，通过核算工时脱离定额差异的方法，监督生产工时的利用情况和工时消耗定额的执行情况。为此，在日常核算中，要按照产品核算定额工时、实际工时和工时脱离定额的差异,并及时分析产生差异的原因。

3. 制造费用脱离定额差异的计算

制造费用与计时工资费用一样,属于间接计入费用,在日常核算中不能按照产品直接核算脱离定额的差异,而只能根据月份的费用计划或预算,按照费用发生的部门和费用项目核算脱离计划或预算的差异,据以控制和监督费用的发生。对于其中的材料费用,也可以采用限额领料单、超额领料单等定额凭证和差异凭证进行控制;对生产工具、零星费用,则可采用"领料手册""费用定额卡"等凭证进行控制。在这些凭证中,先要填明领用的计划数,然后登记实际发生数和脱离定额的差异。对于超定额领用,也要经过一定的审批手续。

由上述可知,制造费用差异的日常核算,通常是指脱离费用定额的差异核算。各种产品应负担的制造费用脱离定额的差异,只有到月末将实际费用分配给各种产品以后,才能以其实际制造费用与定额费用相比较加以确定。其计算确定方法,与计时工资脱离定额差异的计算确定方法相似。

【例6-10】 接【例6-9】,某企业本月实际发生制造费用76 800元,计划每小时费用率为15元,则制造费用脱离定额差异计算如下:

定额制造费用 = 405 × 12 × 15 = 72 900(元)

制造费用脱离定额差异 = 76 800 - 72 900 = 3 900(元)

对于废品损失及其发生的原因,应采用废品通知单和废品损失计算表单独反映,其中不可修复废品的成本,应按照定额成本计算。由于产品定额成本中一般不包括废品损失,因而发生的废品损失,通常作为脱离定额差异来处理。

通过将产品的各项生产费用都分别计算出符合定额费用的部分和脱离定额差异的部分,在产品的定额成本上,加上或者减去脱离定额的差异,即可以求得产品的实际成本。

产品实际成本 = 产品定额成本 ± 脱离定额差异

为了计算完工产品的实际成本,上述脱离定额的差异,还应在完工产品和月末在产品之间进行分配。由于采用定额法计算产品成本的企业都有现成的定额成本资料,因此脱离定额差异在完工产品与月末在产品之间的分配,大多采用定额比例法进行。如果各月在产品的数量比较稳定,也可以采用按定额成本计算在产品成本的方法,将全部差异计入完工产品成本,月末在产品不负担差异。

(三) 直接材料成本差异的分配

在采用定额法计算产品成本的企业中,为了便于对产品成本进行考核和分析,材料的日常核算都应按计划成本进行。因此,日常所发生的直接材料费用,包括直接材料定额费用和直接材料脱离定额的差异，都是按照原材料的计划单位成本计算的。直接材料定额费用是按照定额消耗量乘以计划单位成本；直接材料脱离定额的差异是消耗量乘以计划单位成本。也就是说，前述的直接材料脱离定额的差异，是按计划单位成本反映的数量差异，即量差。因此，在月末计算产品的实际直接材料费用时，还必须考虑所耗原材料应负担的成本的差异问题，即所耗原材料的价差。

各种产品应分配的材料成本差异，一般均由各该产品的完工产品成本负担，月末在产品不再负担。

在多步骤生产中采用定额法的情况下，若逐步结转半成品成本，则半成品的日常核算也应该按计划成本或定额成本进行。在月末计算产品实际成本时，也应比照原材料成本差异的分配方法，计算产品所耗半成品的成本差异。

这时，产品实际成本的计算公式如下：

产品实际成本 = 按现行定额计算的产品定额成本定额 ± 脱离现行定额差异 ± 直接材料或半成品成本差异

在定额法下，为了便于考核和分析各生产步骤的产品成本，简化成本计算工作，各步骤所耗原材料和半成品的成本差异应尽量由厂部分配调整，不计入各步骤产品的成本。

【例6-11】 丰华工厂甲产品6月所耗直接材料定额费用为60 000元，脱离定额差异为节约600元，原材料的成本差异率为节约率1%。

该产品应分配的材料成本差异为：

$(60\ 000 - 600) \times (-1\%) = -594$（元）

（四）定额变动差异的计算

企业在经营过程中往往会出现因技术革新、劳动生产率提高、生产条件变化等情况，从而引起其内外部环境发生变化，这时原有定额要根据不断变化的管理需要，在适当的情况下做出补充和调整，也就是要进行修订。一般来说，定额调整主要体现在消耗定额的增减变化和计划价格的上下浮动两个方面。

1. 定额变动差异的定义及形成条件

定额变动差异，就是指由于修订定额而产生的新旧定额之间的差额，是定额成本法下的一种特定差异。与脱离定额差异不同，它是定额本身变动的结果，与生产费用的节约或超支无关。其形成必须同时满足以下两个条件：

一是存在期初在产品。如果没有期初在产品，定额变动差异就不可能存在。

二是本期的定额成本与上期定额成本相比发生了变动。如果本期定额成本与上期定额成本一致，也不可能有定额变动差异。

新定额一般在期初开始实行,当期投入生产的产品定额成本、完工产品的定额成本以及期末在产品的定额成本,都是按新定额来计算的;而期初在产品的定额成本是从上期末在产品的定额成本直接结转过来的,仍是按旧的定额计算的,因此不能直接相加。为了核算的口径统一,在计算定额变动后的实际成本时,必须计算期初在产品的定额变动差异,用以调整期初在产品的定额变动成本。

2. 定额变动差异计算的具体做法

(1) 计算期初在产品定额成本调整。计算公式如下:

期初在产品定额成本调整 = 期初在产品按新定额计算的定额成本
± 期初在产品按旧定额计算的定额成本

计算期初在产品定额成本调整的目的是使期初在产品按新定额反映定额成本。

(2) 计算期初在产品定额变动差异。计算公式如下:

期初在产品定额变动差异 = 期初在产品按旧定额计算的定额成本
± 期初在产品按新定额计算的定额成本

由于期初在产品的定额成本调整是期初在产品生产费用的实际支出,不能无缘无故地消失,因此应该将该项差异作为定额变动差异计入当期生产费用,以保持期初在产品定额成本总额不变。这样一来,期初在产品定额成本调整数与定额变动差异数是符号相反的同一个数额,从而既调整期初在产品成本的定额与新定额一致,又不影响期初在产品成本总额。

期初在产品定额变动的差异,如果按照零部件和工序进行计算,工作量较大。为了简化计算工作,也可以按照单位产品采用下列系数折算的方法计算:

定额变动系数 = 按新定额计算的单位产品费用 / 按旧定额计算的单位产品费用

期初在产品定额变动差异 = 期初在产品按旧定额计算的定额成本
× (1 − 定额变动系数)

【例 6 – 12】假定某企业甲产品的某些零件在 20 × × 年 5 月 1 日起修订原材料消耗定额,单位产品旧定额为 280 元,新的定额为 252 元。该种产品 4 月 30 日在产品的原材料定额成本为 14 000 元,则其相关计算如下:

定额变动系数 = 252 ÷ 280 = 90%
期初在产品定额变动差异 = 15 000 × (1 − 90%) = 1 400(元)
期初在产品定额成本调整 = − 1 400(元)

采用系数法计算月初在产品定额变动差异虽然较为简单,但由于系数是按照单位产品计算,而不是按照产品的零部件计算的,因而它只适于在零部件成套生产或零部件成套性较大的情况下采用。也就是说，在零部件生产不成套或成套性较差的情况下采用系数法，就会影响计算结果的正确性。例如，某产品只是部门零件的消耗定额做了修订，如果零部件生产不成套，月初在产品所包括的零部件又并不都是消耗定额发生变动的零部件，这时，采用上述方法计算，则会将本来不应有定额变动差异的月初在产品定额成本，错误地进行了调整。

各种消耗定额的变动，一般表现为不断下降的趋势，因而月初在产品定额变动差异，通常变现为月初在产品定额成本的降低。在这种情况下，一方面应从月初在产品定额成本中扣除该项差异；另一方面，由于该项差异是月初在产品生产费用的实际支出，因此还应将该项差异计入产品成本。相反，若消耗定额不是下降，而是提高，那么在计算出定额变动差异后，应将此差额加入月初在产品定额成本之中，同时从本月产品成本中予以扣除，因为实际上并发生这部分支出。

定额变动差异一般应按照定额成本比例，在完工产品和月末在产品之间进行分配。因为这种差异不是当月工作的结果，不应全部计入当月完工产品成本。但是，若定额变动差异数额较小，或者月初在产品本月全部完工，那么，定额变动差异也可以全部由完工产品负担，月末在产品不再负担。

在定额法下，产品实际成本的计算，也应在产品成本明细中按照成本项目分别进行。但为了适应定额法的要求，所采用的产品成本明细账以及各种费用分配表或汇总表，都应按照定额消耗量、定额费用和各种差异分设专栏或专行，以便按照前述方式，以定额成本为基础，加减各种差异计算产品实际成本。

（五）定额成本法应用举例

【例 6-13】某企业大批大量生产 M 产品，由一个封闭车间进行，采用定额成本法计算产品成本。月初在产品 50 件，本月投入生产产品 400 件，本月完工产品 410 件，月末在产品 40 件。材料系开始时一次性投入的，材料消耗定额由上月 280 元降至本月 252 元，材料成本差异率为 -2%，单位产品工时定额为 12 小时，计划小时工资率为 20 元，计划小时制造费用率为 15 元。材料成本差异和定额变动差异全部由完工产品负担，脱离定额差异按完工产品定额成本和在产品定额成本比例分配。上月末在产品成本如表 6-16 所示。

表 6-16　　　　　月初在产品成本　　　　　　单位：元

成本项目	直接材料	直接人工	制造费用
月初在产品定额成本	14 000	6 000	4 500
脱离定额差异	+630	-483	744

则该企业产品成本计算表如表6-17所示。

表6-17　　　　　　　　　　产品成本计算表　　　　　　　　　　单位：元

项目		直接材料	直接人工	制造费用	成本合计
月初在产品成本	定额成本	14 000	6 000	4 500	24 500
	脱离定额差异	+630	-483	+744	+891
月初在产品定额变动	定额成本调整	-1 400			-1 400
	定额变动差异	+1 400			+1 400
本月生产费用	定额成本	100 800	97 200	72 900	270 900
	脱离定额差异	+5 040	-3 645	+3 900	+5 295
	材料成本差异	-2 116.8			-2 116.8
生产费用合计	定额成本	113 400	103 200	77 400	294 000
	脱离定额差异	+5 670	-4 128	+4 644	+6 186
	材料成本差异	-2 116.8			-2 116.8
	定额变动差异	+1 400			+1 400
差异率	脱离定额差异	5%	-4%	6%	
本月完工产品成本	定额成本	103 320	98 400	73 800	275 520
	脱离定额差异	+5 166	-3 936	+4 428	+5 658
	材料成本差异	-2 116.8			-2 116.8
	定额变动差异	+1 400			+1 400
	实际成本	107 769.2	94 464	78 228	280 461.2
月末在产品成本	定额成本	10 080	4 800	3 600	18 480
	脱离定额差异	+504	-192	+216	+528

该产品成本计算表的数据来源及计算过程如下：

1. 月初在产品成本

月初在产品定额成本及脱离定额差异均依据上月末在产品成本资料填列。

2. 月初在产品定额变动

定额成本调整是用来调整按旧定额计算的月初在产品定额成本的，由于本例中材料定额下降，因此定额成本调整为负数；由于定额成本调整是应计入本月产品成本的月初在产品实际成本，因此通过定额变动差异进行平衡，二者数额相等，符号相反。具体计算过程见【例6-12】。

3. 本月生产费用

本月生产费用的定额成本及脱离定额差异是根据【例6-9】【例

6-10】的计算结果填列的,材料成本差异是根据【例6-8】填列的。

需要说明的是:由于材料是月初一次性投入的,月初在产品所需材料已在上月投入完毕,因此本月投入的直接材料的定额成本可依据投产量400件来计算;但加工费用(即直接人工和制造费用)是逐步发生的,在产品应按约当产量计算,加工程度默认50%,即:

当月投产量=完工产品数量+月末在产品按加工程度计算的约当产量-月初在产品按加工程度计算的约当产量=410+40×50%-50×50%=405(件)

4. 生产费用合计

生产费用合计中的各个项目计算如下:

(1) 定额成本=月初在产品定额成本+月初在产品定额成本调整+本月生产费用中的定额成本

直接材料定额成本=14 000+(-1 400)+100 800=113 400(元)

直接人工定额成本=6 000+97 200=103 200(元)

制造费用定额成本=4 500+72 900=77 400(元)

(2) 脱离定额差异=月初在产品脱离定额差异+本月生产费用中的脱离定额差异

直接材料脱离定额差异=630+5 040=5 670(元)

直接人工脱离定额差异=-480+(-3 645)=-4 128(元)

制造费用脱离定额差异 744+3 900=4 644(元)

(3) 材料成本差异=月初在产品材料成本差异+本月生产费用中的材料成本差异=0+(-2 116.8)=-2 116.8(元)

(4) 定额变动差异=月初在产品定额变动差异

直接材料定额变动差异=1 400(元)

5. 差异率

$$脱离定额差异率=\frac{生产费用合计中的脱离定额差异}{生产费用合计中的定额成本}$$

$$直接材料脱离定额差异率=\frac{5\ 670}{113\ 400}=5\%$$

$$直接人工脱离定额差异率=\frac{-4\ 128}{103\ 200}=-4\%$$

$$制造费用脱离定额差异率=\frac{4\ 644}{77\ 400}=6\%$$

6. 本月产成品成本

根据【例6-9】【例6-10】及本例中的条件,产成品各个项目计算过程如下:

(1) 产成品定额成本=完工产成品数量×定额消耗量×计划单价

直接材料定额成本=410×10×25.2=103 320(元)

直接人工定额成本 = 410 × 12 × 20 = 98 400（元）
制造费用定额成本 = 410 × 12 × 15 = 73 800（元）
（2）产成品脱离定额差异完工产品定额成本 × 脱离定额差异率
直接材料脱离定额差异 = 103 320 × 5% = 5 166（元）
直接人工脱离定额差异 = 98 400 ×（-4%）= -3 936（元）
制造费用脱离定额差异 = 73 800 × 6% = 4 428（元）
（3）由于材料成本差异和定额变动差异全部由完工产品负担，所以：
产成品材料成本差异 = 生产费用合计中的材料成本差异 = -2 116.8（元）
产成品材料定额变动差异 = 生产费用合计中的定额变动差异 = 1 400（元）
（4）产成品实际成本 = 定额成本 + 脱离定额差异 + 材料成本差异 + 定额变动差异
直接材料实际成本 = 103 320 + 5 166 +（-2 116.8）+ 1 400 = 107 769.2（元）
直接人工实际成本 = 98 400 +（-3 936）= 94 464（元）
制造费用实际成本 = 73 800 + 4 428 = 78 228（元）

7. 月末在产品成本

（1）月末在成品定额成本 = 生产费用合计中的定额成本 - 完工产成品定额成本
直接材料定额成本 = 113 400 - 103 320 = 10 080（元）
直接人工定额成本 = 103 200 - 98 400 = 4 800（元）
制造费用定额成本 = 77 400 - 73 800 = 3 600（元）
（2）月末在成品脱离定额差异 = 月末在产品定额成本 × 脱离定额差异率
直接材料脱离定额差异 = 10 080 × 5% = 504（元）
直接人工脱离定额差异 = 4 800 ×（-4%）= -192（元）
制造费用脱离定额差异 = 3 600 × 6% = 216（元）

根据上述计算结果可知：本月产成品的定额成本为 275 520 元，实际成本为 280 461.2 元，成本超支 4 941.2 元。但从各种成本差异的组成来看，并非都是不利的因素。其中，直接人工脱离定额的差异为节约差 3 936 元，是生产部门的成绩；材料成本差异为节约差 2 116.8 元，这是企业供应部门的成绩，但也要具体问题具体分析，若采购的是质量差的材料而引起的，也是不利的差异；定额变动差异 1 400 元是定额降低的结果，这是生产单位以前月份工作的成绩；而直接材料费用和制造费用都出现超支，这对企业是不利的，应分析原因，采取措施加以控制。

由此可见，在定额成本法下，按照成本项目分别反映定额成本和各种成本差异，有利于企业进行产品成本的定期分析和考核，以便有效地控制成本的发生，达到节约费用、降低成本的目的。

三、定额法的优缺点和应用条件

通过上述内容，定额法是将产品成本的计划工作、核算工作和分析工作有机结合起来，将事前、事中、事后反映和监督融为一体的一种产品成本计算方法和成本管理制度。

（一）定额法的主要优点

（1）通过生产耗费及其脱离定额和计划的日常核算，能够在生产耗费发生的当时反映和监督脱离定额（或计划）差异，从而有利于加强成本控制，可以及时、有效地促进生产耗费的节约，降低产品成本。

（2）由于产品实际成本是按照定额成本和各种差异分别核算的，因而便于对各项生产耗费和产品成本进行定期分析，有利于进一步挖掘降低成本的潜力。

（3）通过脱离定额差异和定额变动差异的核算，还有利于提高成本的定额管理和计划管理工作的水平。

（4）由于有现成的定额成本资料，因而能够较为合理、简便地解决完工产品和月末在产品之间分配费用的问题。

（二）定额法的主要缺点

采用定额法计算产品成本比采用其他方法核算工作量要大，因为采用定额法必须制定定额成本，单独核算脱离定额差异，在定额变动时还必须修订定额成本，计算定额变动差异。

（三）定额法的应用条件

为了充分发挥定额法的作用，简化核算工作，采用定额法计算产品成本，应具备以下条件：

（1）定额管理制度比较健全，定额管理工作的基础比较好。

（2）产品的生产已经定型，消耗定额比较准确、稳定。

大批、大量生产比较容易具备上述条件，但应当指出的是，定额法与生产类型并无直接联系，不论哪种生产类型，只要具备上述条件，都可以采用定额法计算产品成本。

第三节 标准成本法

一、标准成本法概述

(一) 标准成本法的概述

标准成本法,也称标准成本制定,或标准成本会计,是以预先制定的标准成本为基础,将实际发生的成本标准与标准成本进行比较,核算和分析成本差异的一种成本计算方法,也是加强成本控制、评价经营业绩的一种成本控制制度。

标准成本法的核心是按照成本与脱离标准成本的差异记录和反映产品成本的形成过程和结果,并借以实现对成本的控制。其主要特点包括:

(1) 预先制定产品成本项目的标准成本。

(2) 按标准成本进行产品成本的核算。"基本生产成本""产成品"和"自制半成品"科目的借贷方,均按标准成本入账。

(3) 计算各成本项目实际成本与标准成本的各种成本差异,设立各种成本差异科目进行归集,并借以对产品成本进行控制和考核。

由上述特点可以看出,标准成本法并不单纯是一种成本计算方法,而是一种将成本计算和成本控制相结合,由一个包括制定标准成本、计算和分析成本差异、处理差异三个环节所组成的完整系统。

(二) 标准成本的分类

标准成本的种类有多种,主要包括理想标准成本、正常标准成本和现实标准成本。

1. 理想标准成本

理想标准成本是以现有生产经营条件处于最优状态为基础确定的最低水平的成本。它通常是根据理论上的生产要素耗用量、最理想的生产要素价格和可能实现的最高生产经营能力利用程度来制定的。由于这种标准成本未考虑客观存在的实际情况,提出的要求过高,很难实现,故在实际工作中较少采用。

2. 正常标准成本

正常标准成本是以正常的工作效率、正常的耗用水平、正常的价格和正常的生产经营能力利用程度等条件为基础制定的标准成本。这里所谓的"正常",一般是指过去较长时期的实际数据的平均。这种标准成本只是根据过去经验估计的,往往不能反映目前的实际水平,用它来控制成本也不够积极。

3. 现实标准成本

现实标准成本,亦成可达到的标准成本,是在现有生产技术条件下进行有效经营的基础上,根据下一期最可能发生的各种生产要素的耗用量、预计价格和预计的生产经营能力利用程度而制定的标准成本。这种标准成本可以包括管理层认为短期内还不能完全避免的某些不应有的低效、失误和超量消耗。因其最切实可行,最接近实际成本,因此不仅可用于成本控制,也可以用于存货计价。标准成本法一般采用这种标准成本。

(三) 标准成本的作用

标准成本的作用主要有以下几项:

(1) 标准成本是有效地进行成本控制的依据。成本控制的标准有两类:一类是以历史上曾经达到的水平为依据,如上年实际成本、历史最低成本;另一类是以应该发生的成本为依据,如各种标准成本。由于标准成本是在对实际情况认真调查、分析的基础上,用科学方法制定的,因此它具有客观性和科学性。由此决定了标准成本是比历史水平更为优越的控制依据,因为在历史成本中包含了一些偶然性和不正常因素。

(2) 采用标准成本,有利于责任会计的推行。标准成本不仅是编制成本预算的依据,也是分析、考核责任中心成本控制业绩的依据。

(3) 标准成本是经营决策的重要依据。由于标准成本代表了成本要素的合理近似值,因而它是进行价格决策和投标议价的一项重要依据,也是其他长短期决策必须考虑的因素。

(4) 采用标准成本对在产品、产成品和销货成本进行计价,可以简化成本核算的账务处理工作。

二、成本按习性的分类

在标准成本法下,从成本标准的确定、成本的控制、成本差异的计算和分析,到账户的设置和登记,都是以成本按习性分类为基础的。因此,在这里简要地介绍一下成本按习性的分类及相关问题。

成本习性(亦称为成本性态),是指成本与业务量之间的依存关系。这里的业务量可以是生产或销售的产品数量,也可以是反映生产工作量的直接人工小时或机器工作小时等。研究成本与业务量之间的依存关系,考察不同类型成本与业务量之间的特定数量关系,把握业务量变动对各类成本变动的影响,对于正确进行经营决策,挖掘内部潜力,提高企业经济效益具有重要意义。

成本按其与业务量之间的依存关系,可以分为固定成本与变动成本两大类。

(一) 固定成本

固定成本是指其总额在一定时期和一定业务量范围内,不受业务量增减变动影响而保持不变的成本。如按直线法计算的固定资产折旧、管理人员的工资、机器设备的租金等。

固定成本的概念是就其总额而言。由于固定成本总额在一定时期和一定业务量范围内保持不变,那么随着业务量在一定范围内的增加或减少,单位业务量所分摊的固定成本就会相应的减少或增加,即从单位固定成本看,它与业务量的增减呈反比例变动。固定成本习性模型如图 6-1 和图 6-2 所示。

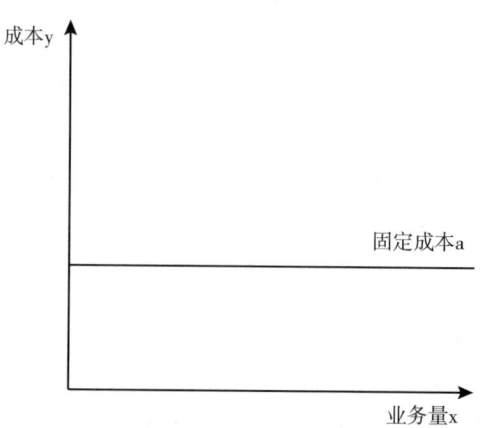

图 6-1　业务量与固定成本总额的关系

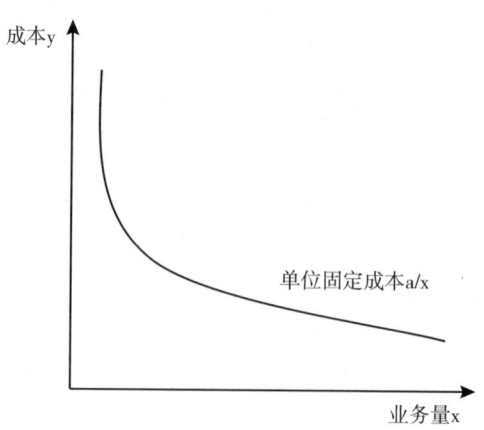

图 6-2　业务量与单位固定成本的关系

为了更好地对固定成本进行规划和控制，固定成本还可以进一步划分为约束性固定成本和酌量性固定成本。

约束性固定成本也叫经营能力成本，它是指同企业的生产经营能力的形成及其正常维护相联系的固定成本。这类成本有很大的约束性，一般在短期内很难有重大的改变。酌量性固定成本也叫随意性固定成本，它是指由企业高层管理者按照经营方针的要求所确定的一定时期的预算固定成本，如广告费、研究开发费、职工培训费等。这类成本的发生及其数额的多少，服从于企业不同时期生产经营的实际需要，取决于管理层对不同费用项目所做的具体预算。因此，它随着经营方针的改变而改变，只能在某个特定的预算期内存在。

应该指出的是，固定成本总额只是在一定时期和一定业务量范围内才是固定的。这里所说的一定范围，通常称为相关范围。如果业务量超过了相关范围，固定成本也会发生变动。所以，固定成本必须和一定时期、一定业务量相联系。

（二）变动成本

变动成本是指其总额随着业务量的变动而呈现正比例变动的成本。如直接材料、直接人工、包装材料等都属于变动成本。

变动成本的概念，也是就其总额而言的。若从单位业务量的变动成本看，它又是固定的，即它不受业务量增减变动的影响。变动成本习性模型如图6-3和图6-4所示。

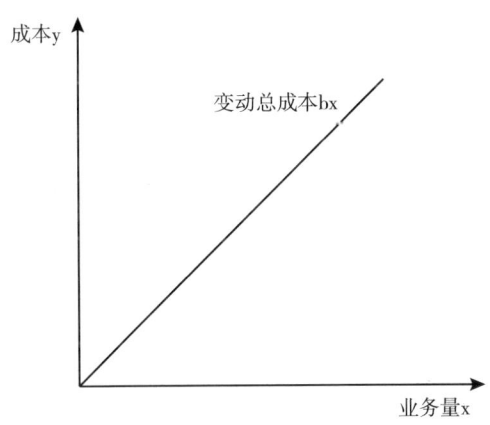

图6-3　业务量与变动成本总额的关系

应当指出的是，变动成本也存在着相关范围问题。也就是说，在相关范围之内，变动成本总额与业务量之间保持着完全的线性关系，在相关范围之外，它们之间的关系可能是非线性的。如企业生产产品，通常在生产的最初阶段产量较低，生产还处于一种不成熟状态，

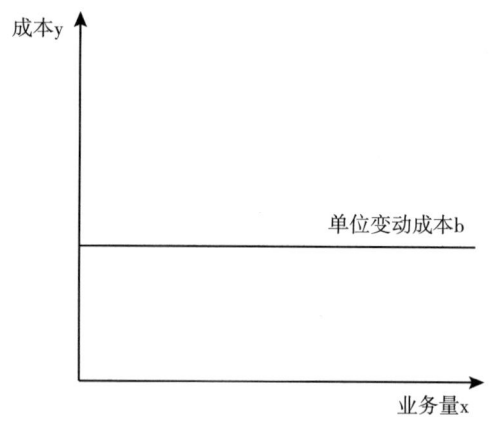

图6-4 业务量与单位变动成本的关系

这样,单位产品耗费的直接材料、直接人工等费用可能较多,随着产量的增加,工人对生产过程逐渐熟悉,可能使单位产品的直接材料、直接人工等费用逐渐降低。在这一阶段,变动成本总额不一定与产品完全呈同比例变化,而是表现为小于产量增减幅度。当产量增长到相关范围时,单位产品耗用的直接材料、直接人工等费用较为稳定,从而变动成本总额与产量之间完全呈现线性关系。如果产量超出相关范围继续增长时,则可能出现一些新的不利因素,促使单位产品的变动成本增加。

(三) 总成本习性模型

由于按成本习性分析企业的全部成本可分为固定成本和变动成本两大类,因此总成本的计算公式为:

总成本 = 固定成本总额 + 变动成本总额
　　　 = 固定成本总额 + (单位变动成本 × 业务量)

设 y 代表总成本,a 代表固定成本总额,b 代表单位变动成本,x 代表业务量,则上述总成本的计算公式可写成:

$$y = a + bx$$

从数学的观点看,上述公式是直线方程。其中,x 是自变量;y 是因变量;a 是常数,即截距;b 是直线的斜率。显然,若能求出公式中 a 和 b 的值,就可以利用这个直线方程来进行成本预测、成本决策和其他短期决策。所以这个公式是一个非常重要的模型。总成本习性模型如图6-5所示。

标准成本法可以与完全成本法结合使用,也可以与变动成本法结合使用。西方企业一般是将其同完全成本法结合使用,本书只就这种情况对标准成本法进行讲解。

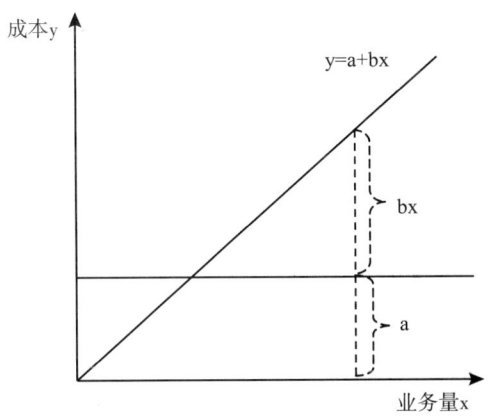

图6-5 总成本习性模型

完全成本法,就是将企业的全部成本区分为生产成本(包括直接材料、直接人工和制造费用)和非生产成本(包括管理费用、销售费用等)两大类,将全部生产成本计入产品成本。完全成本法下成本类别的划分及产品成本所包含的内容,如图6-6所示。

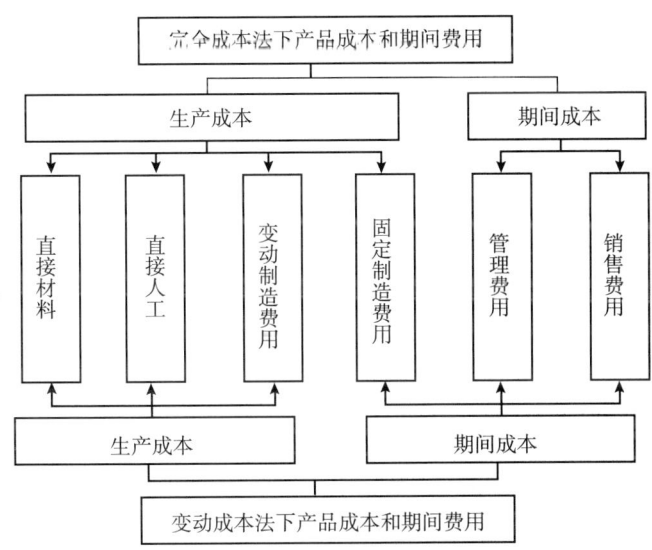

图6-6 完全成本法和变动成本法下的产品成本和期间成本

变动成本法,也称直接成本法,是在计算产品生产成本和存货成本时,只包括生产过程中产品所消耗的直接材料、直接人工和变动制造费用,而把固定制造费用视为期间成本全额计入当期损益的一种成本计算方法。

在变动成本法下,把固定制造费用视为期间成本总额计入当期损益的理由是:固定制造费用是为企业提供一定的生产经营条件,保持一定的生产能力而发生的,在已经形成的生产条件下,不论各期的产量如何,这些费用都会照常发生,并不随产量的增减而增减。也就是说,固定制造费用是按期间发生的,其效益会随着时间的推移而消逝,不可能递延到下一个会计期间。因此,应将固定制造费用作为期间成本(见图6-6),在其发生时全额计入当期损益,而不是将其计入产品成本,使之随着产品的流动而流动。

三、标准成本的制定

标准成本一般是由会计部门会同采购部门、生产技术部门和其他有关经营管理部门,在对企业生产经营的具体条件进行分析、研究和技术测定的基础上共同制定的。产品成本一般由直接材料、直接人工和制造费用三个成本项目组成,因此,企业也应根据这些成本项目的特点,分别制定标准成本。

(一) 直接材料标准成本的制定

直接材料标准成本的制定,包括直接材料用量标准的制定和直接材料价格标准的制定两个方面。

直接材料用量标准是指单位产品应该消耗的材料数量,即产品的材料消耗定额。直接材料用量标准通常应该根据产品的设计、生产工艺状况,并结合企业的经营管理水平、降低材料消耗的可能性等条件制定。

由于材料价格受诸多因素的影响,直接材料价格标准的制定相对较难。一般来说,在制定直接材料价格标准时,不仅要考虑目前市价及未来市场的变化,而且要结合最佳采购量和最佳运输方式等其他影响价格的因素。

在直接材料用量标准和价格标准确定以后,用下列公式即可求出直接材料标准成本:

直接材料标准成本 = 直接材料用量标准 × 直接材料价格标准

【例6-14】假定 M 公司甲产品耗用 A、B 两种直接材料,其直接材料标准成本如表6-18所示。

表6-18　　　　　　　　甲产品标准成本卡

标准	A 材料	B 材料
用量标准 (1)	15 千克	10 千克
价格标准 (2)	10 元	15 元
成本标准 (3) = (1) × (2)	150 元	150 元
单位产品直接材料标准成本 (4) = ∑ (3)	300 元	

(二) 直接人工标准成本的制定

直接人工标准成本的制定，包括工时标准的制定和标准工资率的制定两个方面。

工时标准是指生产单位产品应该耗用的生产工时。这里的工时可以是直接人工工时，也可以是机器工时。工时标准应在技术测定的基础上，根据对产品直接加工所用的时间，并适当考虑正常的工作间隙加以制定。

在不同的工资制度下，标准工资率的表示形式有所不同。在计件工资制度下，标准工资率是指标准计件工资单价；在计时工资制度下，标准工资率是指单位工时标准工资率，其计算公式为：

标准工资率 = 标准工资总额 ÷ 标准总工时

在工时标准和标准工资率确定以后，用下列公式即可以求得直接人工标准成本：

直接人工标准成本 = 工时标准 × 标准工资率

【例 6 – 15】【例 6 – 14】中 M 公司甲产品直接人工标准成本计算如表 6 – 19 所示。

表 6 – 19　　　　　直接人工标准成本计算表

项目	标准
月标准总工时 (1)	16 000 小时
月标准总工时 (2)	160 000 元
标准工资率 (3) = (2)/(1)	10 元/小时
单位产品工时标准 (4)	5
直接人工标准成本 (5) = (4)×(3)	50

(三) 制造费用标准成本的制定

制造费用的标准成本可以分为变动制造费用标准成本和固定制造费用标准成本。下面分别讲述。

1. 变动制造费用标准成本的制定

变动制造费用标准成本的制定，包括工时标准的制定和变动制造费用标准分配率的制定两个方向。其中，工时标准的含义与直接人工工时标准相同；变动制造费用标准分配率可按下列公式求得：

变动制造费用标准分配率 = 变动制造费用预算总额 ÷ 标准总工时

在工时标准和变动制造费用标准分配率确定以后，用下列公式即可求得变动制造费用标准成本：

变动制造费用标准成本＝工时标准×变动制造费用标准分配率

2. 固定制造费用标准成本的制定

在变动成本法下，固定制造费用作为期间成本全部计入当期损益，因而不包括在产品成本中。在完全成本法下，固定制造费用要在产品之间进行分配，因而需要制定单位产品的固定制造费用标准成本。

固定制造费用标准成本的制定，包括工时标准的制定和固定制造费用标准分配率的制定两个方面，其中，工时标准的含义与直接人工工时标准相同；固定制造费用标准分配率可以按下列公式求得：

固定制造费用标准分配率＝固定制造费用预算总额÷标准总工时

在工时标准和固定制造费用标准分配率确定以后，用下列公式即可求得固定制造费用标准成本：

固定制造费用标准成本＝工时标准×固定制造费用标准分配率

【例6-16】沿用【例6-14】的资料。M公司甲产品单位产品制造费用标准成本计算如表6-20所示。

表6-20　　　　　　　单位产品制造费用标准成本计算表

项目	标准
月标准总工时（1）	16 000 小时
标准变动制造费用总额（2）	80 000 元
标准变动制造费用分配率（3）＝（2）/（1）	5 元/小时
单位产品工时标准（4）	5 小时
变动制造费用标准成本（5）＝（4）×（3）	25 元
标准固定制造费用总额（6）	96 000 元
标准固定制造费用分配率（7）＝（6）/（1）	6 元/小时
固定制造费用标准成本（8）＝（4）×（7）	30 元
单位产品制造费用标准成本（9）＝（5）+（8）	55 元

（四）标准成本卡

标准成本确定以后，应就不同种类、不同规格的产品，编制标准成本卡。标准成本卡应分车间、分项目（在完全成本法下，一般包括直接材料、直接人工、变动制造费用和固定制造费用四个部分）反映单位产品标准成本及其所依据的材料、工时的用量标准和标准的价格、工资率（每工时的工资）、制造费用分配率（每工时应负担的制造费用）。直接材料项目应按所耗材料的种类和规格详细列明；直接人工应按不同工种、不同工资率分别列示。

【例 6-17】 根据【例 6-14】~【例 6-16】的有关资料,填列 M 公司甲产品单位产品标准成本卡,如表 6-21 所示。

表 6-21　　　　　　　　单位产品标准成本卡

成本项目		用量标准	标准价格（元）	单位产品标准成本（元）
直接材料	A	15 千克	10	150
	B	10 千克	15	150
	小计	—	—	300
直接人工		5 小时	10	50
变动制造费用		5 小时	5	25
固定制造费用		5 小时	6	30
单位产品标准成本		—	—	405

四、成本差异的计算和分析

成本差异是指实际成本与标准成本之间的差额。实际成本超过标准成本所形成的差异,叫作不利差异、逆差或超支;实际成本低于标准成本所形成的差异,叫作有利差异、顺差或节约。

计算分析成本差异的主要目的,在于查明差异形成的原因,以便及时采取措施消除不利差异,并为成本控制、考核和奖惩提供依据。

成本差异包括直接材料成本差异、直接人工成本差异和制造费用差异三部分。其中,制造费用差异又可分为变动制造费用差异和固定制造费用差异。下面分别讲述这些差异的计算和分析。

(一) 直接材料成本差异的计算与分析

直接材料成本差异,是指一定产量产品的直接材料实际成本与直接材料标准成本之间的差额。直接材料成本差异,由直接材料价格差异和直接材料用量差异两部分构成。

直接材料价格差异,是指由于材料实际价格脱离标准价格而形成的材料成本差异。其计算公式为:

直接材料价格差异 =(实际价格×实际用量)-(标准价格×实际用量)
　　　　　　　　 =(实际价格-标准价格)×实际用量

直接材料用量差异,是指由于材料的实际用量脱离标准用量而形成的直接材料成本差异。其计算公式为:

直接材料用量差异 =(标准价格×实际用量)-(标准价格×标准用量)
　　　　　　　　 =(实际用量-标准用量)×标准价格

【例 6-18】 M 公司制造甲产品需要 A、B 两种直接材料,标准价格分别为 5 元/千克、10 元/千克,单位产品的标准用量分别为 15 千克/件、10 千克/件;本期共生产甲产品 2 000 件,实际耗用 A 材料 28 000 千克、B 材料 20 000 千克,A、B 两种材料的实际价格分别为 6 元/千克、9 元/千克。

直接材料成本差异计算分析如下:

A 材料价格差异 = (6 - 5) × 28 000 = 28 000(元)(不利差异)
B 材料价格差异 = (9 - 10) × 20 000 = -20 000(元)(有利差异)
甲产品直接材料价格差异 8 000(元)(不利差异)

A 材料标准用量 = 2 000 × 15 = 30 000(千克)
B 材料标准用量 = 2 000 × 10 = 20 000(千克)
A 材料用量差异 = (28 000 - 30 000) × 5 = -10 000(元)
B 材料用量差异 = (20 000 - 20 000) × 10 = 0(元)
甲产品直接材料用量差异 -10 000(元)(有利差异)

产品直接材料成本差异 = 8 000 + (-10 000) = -2 000(元)(有利差异)

在计算得出差异的基础上,可据此进一步分析原因,落实责任。

一般来说,直接材料价格差异应由采购部门负责,因为材料购买价格的高低、采购费用的高低,采购部门大体上是可以控制的。但是,决定材料价格的因素是多方面的,有些引起材料价格变动的因素会超出采购部门的控制范围。如因市场供求关系所引起的价格变动,就是采购部门所不能控制的。又如,因临时性需要进行紧急采购时,由于改变运输方式(如由陆运改成空运)而引起的价格差异,也不应由采购部门负责,而应由造成这种情况的有关部门负责。

直接材料的用量差异一般应由控制原料的生产部门负责。因为在正常情况下,产品耗用某种材料数量的多少、加工过程中必不可少的材料损耗的大小,生产部门大体上是可以控制的。但是,影响材料用量的因素也是多方面的,除生产部门有关人员的原因(如是否注意合理用料、是否遵守操作规程、技术的熟练程度等)会对材料用量差异的形成产生影响外,其他部门的原因也可能对材料用量差异的形成产生影响。如因材料质量低劣而增加了废品、因材料不符合要求而大材小用等原因引起的过量用料,就应该由采购部门负责。

总之,由影响直接材料价格差异和用量差异因素的多样性所决定,在进行直接材料成本差异分析时,应从实际出发,认真分析产生差异的具体原因,以便有针对性地采取改进措施。

(二)直接人工成本差异的计算与分析

直接人工成本差异,是指一定产量产品的直接人工实际成本与直接人工标准成本之间的差额。直接人工成本差异，由直接人工工资率差异和直接人工效率差异两部分构成。

直接人工工资率差异，是指由于直接人工的实际工资率脱离标准工资率而形成的人工成本差异。其计算公式为：

直接人工工资率差异 =（实际工资率 × 实际工时）
　　　　　　　　 －（标准工资率 × 实际工时）
　　　　　　　 =（实际工资率 － 标准工资率）× 实际工时

直接人工效率差异，是指由于直接人工实际工时脱离标准工时而形成的人工成本差异。其计算公式为：

直接人工效率差异 =（标准工资率 × 实际工时）
　　　　　　　　 －（标准工资率 × 标准工时）
　　　　　　　 =（实际工时 － 标准工时）× 标准工资率

【例6－19】M公司本期生产甲产品2 000件，只需一个加工工种，实际耗用12 000小时，实际工资总额84 000元；标准工资率为每小时7.5元，单位产品的工时耗用标准为5.8小时。

直接人工成本差异计算分析如下：

标准工时 = 2 000 × 5.8 = 11 600（小时）
实际工资率 = 84 000 ÷ 12 000 = 7（元/小时）
直接人工工资率差异 =（7 － 7.5）× 12 000 = －6 000（元）（有利差异）
直接人工效率差异 =（12 000 － 11 600）× 7.5 = 3 000（元）（不利差异）

直接人工成本差异 －3 000（元）（有利差异）

如果生产一种产品需经几个工种加工，则应先对每个工种进行上述的计算分析，然后加总。

工资率差异的形成原因主要有工资的调整，直接生产工人升级或降级，出勤率的变化等。其成因较为复杂，一般应由劳动人事部门或生产部门负责。

人工效率差异形成的原因主要有工人技术的熟练程度和责任感，加工设备的完好程度，作业计划安排是否周密，工作环境是否良好，动力供应情况等。人工效率差异的责任基本上应由生产部门承担，但也可能有一部分应由其他部门承担。如因材料质量不好而影响生产效率，从而产生的人工效率就应该由供应部门负责。

（三）变动制造费用差异的计算与分析

变动制造费用差异，是指一定产量的实际变动制造费用与标准变动制造费用之间的差额。变动制造费用差异，由变动制造费用耗费差异和变动制造费用效率差异两部分组成。

在成本差异分析中，变动制造费用耗费差异类似于材料价格差异和直接人工工资率差异；变动制造费用效率差异类似于材料用量差异和直接人工效率差异。其计算公式如下：

变动制造费用耗费差异 =（实际分配率 × 实际工时）
　　　　　　　　　　－（标准分配率 × 实际工时）
　　　　　　　　　 =（实际分配率 － 标准分配率）× 实际工时
变动制造费用效率差异 =（标准分配率 × 实际工时）
　　　　　　　　　　－（标准分配率 × 标准工时）
　　　　　　　　　 =（实际工时 － 标准工时）× 标准分配率

【例 6-20】M 公司本期生产甲产品 2 000 件，实际耗用人工工时 12 000 小时，实际发生变动制造费用 48 000 元，单位产品的工时耗用标准为 5.8 小时，变动制造费用标准分配率为每一直接人工工时 4.5 元。

对变动制造费用差异分析如下：

标准工时 = 2 000 × 5.8 = 11 600（小时）

变动制造费用实际分配率 = 48 000 ÷ 12 000 = 4（元/小时）

变动制造费用耗费差异 =（4 - 4.5）× 12 000 = -6 000（元）（有利差异）

变动制造费用效率差异 =（12 000 - 11 600）× 4.5 = 1 800（元）（不利差异）

变动制造费用差异 -4 200（元）（有利差异）

变动制造费用是一个综合性费用项目。对其差异，应结合构成变动制造费用的具体明细项目作进一步的分析。在实际工作中，通常根据变动制造费用弹性预算的明细项目，结合同类项目的实际发生数进行对比分析，从而找出差异的原因及责任归属。

应当指出的是，变动制造费用效率差异实际上反映的是产品制造过程中的工时利用效率问题，在分析时应结合直接人工效率差异进行分析。

（四）固定制造费用差异的计算与分析

固定制造费用差异，是指一定期间的实际固定制造费用与标准固定制造费用之间的差额，其计算公式为：

固定制造费用成本差异 = 实际固定制造费用
　　　　　　　　　　 － 实际产量标准固定制造费用
　　　　　　　　　　 = 实际固定制造费用 － 实际产量 × 工时标准
　　　　　　　　　　 　× 标准费用分配率
　　　　　　　　　　 = 实际固定制造费用 － 实际产量标准工时
　　　　　　　　　　 　× 标准费用分配率

由于固定制造费用总额一般不受产量变动的影响，因此，产量变动会对单位产品所负担的固定制造费用产生影响。这就是说,实际产量与设计生产能力规定的产量或预算规定的产量的差异会对产品应负担的固定制造费用产生影响。所以,固定制造费用差异的分析方法与其他费用成本差异的分析方法有所不同。固定制造费用的成本差异分析方法主要有两差异分析法和三差异分析法两种。

1. 两差异分析法

两差异分析法将固定制造费用成本差异区分为耗费差异和能量差异两种成本差异。

固定制造费用耗费差异是指实际固定制造费用与计划(也称预算)固定制造费用之间的差异。计划固定制造费用是按计划产量和工时标准、标准费用分配率事前确定的固定制造费用。该成本差异的计算公式为:

固定制造费用耗费差异 = 实际固定制造费用 − 计划固定制造费用
= 实际固定制造费用 − 计划产量
× 工时标准 × 标准费用分配率
= 实际固定制造费用 − 计划产量标准工时
× 标准费用分配率

固定制造费用能量差异是指由于设计或计划的生产能力利用程度的差异而导致的成本差异,也就是实际产量标准工时脱离设计或计划产量标准工时而产生的成本差异。其计算公式为:

固定制造费用能量差异 = (计划产量标准工时 − 实际产量标准工时)
× 标准费用分配率

【例 6 − 21】M 公司本月甲产品计划产量 2 200 件,实际产量 2 000 件;计划固定制造费用为 95 700 元,实际发生固定制造费用 100 000 元;计划总工时为 12 760 小时,实际耗用 12 000 小时;工时标准为 5.8 小时,固定制造费用标准分配率为每小时 7.5 元。

固定制造费用成本差异计算如下:
固定制造费用耗费差异 = 100 000 − 95 700 = 4 300(元)(不利差异)
固定制造费用能量差异 = (12 760 − 2 000 × 5.8)× 7.5
= (12 760 − 11 600)× 7.5
= 8 700(元)(不利差异)

2. 三差异分析法

三差异分析法是将固定制造费用的成本差异区分为耗费差异、能量差异和效率差异三种成本差异。其中,耗费差异与两差异分析法中相同,其计算公式仍为:

固定制造费用耗费差异 = 实际固定制造费用 − 计划固定制造费用

能量差异是指实际产量实际工时脱离计划产量标准工时而引起的生产能力利用程度差异而导致的成本差异。其计算公式为:

固定制造费用能力差异 =（计划产量标准工时 - 实际产量实际工时）
　　　　　　　　　　× 标准费用分配率

效率差异是指因生产效率差异导致的实际工时脱离标准工时而产生的成本差异。其计算公式为：

固定制造费用效率差异 =（实际产量实际工时 - 实际产量标准工时）
　　　　　　　　　　× 标准费用分配率

【例 6-22】沿用【例 6-21】的资料。采用三差异分析法，计算固定制造费用成本差异。

固定制造费用成本差异计算如下：

固定制造费用耗费差异 = 100 000 - 95 700 = 4 300（元）（不利差异）

固定制造费用能力差异 =（12 760 - 12 000）× 7.5 = 5 700（元）（不利差异）

固定制造费用效率差异 =（12 000 - 2 000 × 5.8）× 7.5 = 3 000（元）（不利差异）

由以上可以看出，三差异分析法的能力差异与效率差异之和，等于两差异分析法的能量差异。因此，采用三差异分析法，能够较清楚地说明生产能力利用程度和生产效率高低所导致的成本差异情况，便于分清责任。

固定制造费用也是一个综合性的费用项目，因此，为了较准确地查明差异产生的原因，必须将固定制造费用各项目的预算数与其实际发生数进行对比，以便逐项分析原因和责任。

固定制造费用耗费差异的出现有外部原因，但大多数是内部原因，如临时购置固定资产，超计划雇用管理人员及辅助生产人员，研究开发费、培训费的增加等。

固定制造费用能力差异的出现主要是由于产销数量引起的，如经济萧条、产品定价过高造成销路不好和开工不足，或原材料、能源供应不足造成生产能力利用不充分。

固定制造费用效率差异出现的原因与直接人工效率差异的形成原因相同，主要应由人事部门和管理部门负责。

五、标准成本法的账务处理

（一）标准成本法账务处理的特点

标准成本法的账务处理具有以下几方面的特点：

（1）"生产成本""库存商品"等科目可以只登记标准成本，设置各种成本差异科目，分别核算各种差异。在标准成本法下，"生产成本""库存商品"科目，无论是借方还是贷方均登记实际产量的标准成本，至于各种差异，则可另设各个成本差异科目进行核算。

对于直接材料成本差异，应设置"材料价格差异"和"材料用料差异"两个科目；对于直接人工成本差异，应设置"直接人工工资率差异"和"直接人工效率差异"两个科目；对于变动制造费用差异，应设置"变动制造费用耗费差异"和"变动制造费用效率差异"两个科目；对于固定制造费用差异，应设置"固定制造费用耗费差异""固定制造费用能力差异"和"固定制造费用效率差异"三个科目（在两差异分析法下，只需设"固定制造费用耗费差异"和"固定制造费用能量差异"两个科目。在以下的账务处理中，我们采用三差异分析法）。各种不利差异，应分别记入有关差异科目的借方；各种有利差异，应分别记入有关差异科目的贷方。

材料价格差异的核算有两种方法。第一种方法是：在购入材料时就计算其价格差异，将材料的标准成本计入"原材料"科目，而是将其价格差异计入"材料价格差异"科目。在这种情况下，"材料价格差异"科目核算的是购入材料的价格差异。第二种方法是：购入材料时将实际成本计入"原材料"科目，生产领用材料时才计算价格差异，将领用材料的标准成本由"原材料"科目转入"在产品"科目，而将价格差异由"原材料"科目转入"材料价格差异"科目。在这种情况下，"材料价格差异"科目核算的是领用材料的价格差异。对于材料价格差异的核算本节采用第二种方法。

（2）会计期末对成本差异进行处理。期末分析计算各种成本差异后，要对其进行处理。成本差异的处理方法有以下两种：

第一种方法是将本期的各种成本差异，按标准成本的比例分配给期末在产品、期末库存产成品和本期已售产品。采用这种方法的理由是：本期发生的成本差异与上述三者均有关系，这样分配差异后，资产负债表的"在产品"项目和"产成品"项目以及利润表中的本期已售产品成本均反映的是实际成本。

第二种方法是将本期发生的各种差异全部计入当期损益。在这种处理方法下，资产负债表中的"在产品"项目和"产成品"项目只反映标准成本。采用这种方法的理由是：本期发生的成本差异是本期成本控制的结果，应当全部体现在本期的损益之中，只有这样，才能使各期的利润如实地反映各该期生产经营工作的损益之中，只有这样，才能使各期的利润如实地反映各该期生产经营工作的全部损益，标准成本才是真正的正常成本，因此，期末资产负债表中的"在产品"项目和"产成品"项目以标准成本反映能较为如实地反映资产的价值，避免了繁杂的成本差异分配工作，使产品成本的计算大为简化。但是，如果标准成本已经陈旧，显得过高或过低，那么第二种方法则会使会计报表反映失实。这时，必须对标准成本进行修订，以使其符合实际。西方企业一般都采用第二种方法，在下面的举例中，我们也采用第二种方法进行账务处理。

（二）账务处理举例

【例 6 - 23】沿用【例 6 - 21】的资料。假设 M 公司"生产成本"和"库存商品"科目均无期初余额，本期投产的 2 000 件甲产品已全部完工，并已全部出售，每件售价 380 元。

1. 领用材料及将直接人工费用、变动制造费用、固定制造费用计入产品成本的会计分录（购入材料以及实际支付以上各项费用时的会计分录从略）

（1）领用材料的会计分录。根据【例 6 - 18】，投产 2 000 件甲产品的直接材料的有关数据如下：

直接材料标准成本：(5 × 15 + 10 × 10) × 2 000 = 350 000（元）

直接材料实际成本：6 × 28 000 + 9 × 20 000 = 348 000（元）

直接材料价格差异：8 000（元）（不利差异）

直接材料用量差异：- 10 000（元）（有利差异）

根据以上数据编制会计分录如下：

借：生产成本　　　　　　　　　　　　350 000
　　材料价格差异　　　　　　　　　　　8 000
　　贷：原材料　　　　　　　　　　　　　348 000
　　　　材料用量差异　　　　　　　　　　10 000

（2）将直接人工费用计入产品成本的会计分录。根据【例 6 - 19】，投产 2 000 件甲产品的直接人工费用的有关数据如下：

直接人工标准成本：7.5 × 5.8 × 2 000 = 87 000（元）

直接人工实际成本：84 000（元）

直接人工工资率差异：- 6 000（元）（有利差异）

直接人工效率差异：3 000（元）（不利差异）

根据以上数据编制会计分录如下：

借：生产成本　　　　　　　　　　　　87 000
　　直接人工效率差异　　　　　　　　　3 000
　　贷：应付职工薪酬　　　　　　　　　　84 000
　　　　直接人工工资率差异　　　　　　　6 000

（3）将变动制造费用计入产品成本的会计分录。根据【例 6 - 20】，变动制造费用有关数据列示如下：

标准变动制造费用：4.5 × 5.8 × 2 000 = 52 200（元）

实际变动制造费用：48 000（元）

变动制造费用耗费差异：- 6 000（元）（有利差异）

变动制造费用效率差异：1 800（元）（不利差异）

根据以上数据编制会计分录如下：

借：生产成本　　　　　　　　　　　　　52 200
　　变动制造费用效率差异　　　　　　　 1 800
　　　贷：变动制造费用　　　　　　　　　　　48 000
　　　　　变动制造费用耗费差异　　　　　　　 6 000

（4）将固定制造费用计入产品成本的会计分录。根据前述的【例6－22】，固定制造费用的有关数据列示如下：

标准固定制造费用：7.5×5.8×2 000＝87 000（元）

实际固定制造费用：100 000（元）

固定制造费用耗费差异：4 300（元）（不利差异）

固定制造费用能力差异：5 700（元）（不利差异）

固定制造费用效率差异：3 000（元）（不利差异）

根据以上数据编制会计分录如下：

借：生产成本　　　　　　　　　　　　　87 000
　　固定制造费用耗费差异　　　　　　　 4 300
　　固定制造费用能力差异　　　　　　　 5 700
　　固定制造费用效率差异　　　　　　　 3 000
　　　贷：固定制造费用　　　　　　　　　　　100 000

2. 结转完工入库产品标准成本的会计分录，完工入库2 000件甲产品的标准成本为

直接材料	350 000 元
直接人工	87 000 元
变动制造费用	52 200 元
固定制造费用	87 000 元
合计	576 200 元

会计分录为：

借：库存商品　　　　　　　　　　　　　576 200
　　　贷：生产成本　　　　　　　　　　　　　576 200

（1）销售产品的会计分录为：

借：应收账款　　　　　　　　　　　　　760 000
　　　贷：主营业务收入　　　　　　　　　　　760 000

其中：销售收入＝380×2 000＝760 000（元）

（2）结转已售出产品标准成本。

借：主营业务成本　　　　　　　　　　　576 200
　　　贷：库存商品　　　　　　　　　　　　　576 200

（3）结转本期各项成本差异。本期各项成本差异的汇总结果详见表6－22。

表 6-22　　　　　　　　　　成本差异汇总表　　　　　　　　　单位：元

科目	不利差异	有利差异
材料价格差异	8 000	
材料用量差异		10 000
直接人工工资率差异		6 000
直接人工效率差异	3 000	
变动制造费用耗费差异		6 000
变动制造费用效率差异	1 800	
固定制造费用耗费差异	4 300	
固定制造费用能力差异	5 700	
固定制造费用效率差异	3 000	
合计	25 800	22 000
差异净额	3 800	

根据表 6-22，编制结转各种成本差异的会计分录：

借：主营业务成本　　　　　　　　　　　3 800
　　材料用量差异　　　　　　　　　　　10 000
　　直接人工工资率差异　　　　　　　　6 000
　　变动制造费用耗费差异　　　　　　　6 000
　　贷：材料价格差异　　　　　　　　　8 000
　　　　直接人工效率差异　　　　　　　3 000
　　　　变动制造费用效率差异　　　　　1 800
　　　　固定制造费用耗费差异　　　　　4 300
　　　　固定制造费用能力差异　　　　　5 700
　　　　固定制造费用效率差异　　　　　3 000

六、标准成本法与定额法的比较

如前所述，标准成本法是西方企业所采用的一种将成本计算与成本控制结合在一起，由一个包括制定标准成本、计算和分析成本差异以及处理成本差异三个环节所组成的完整系统。它与我国一些企业所采用的定额法既有相同之处，又有许多区别。从总体上看，两者具有基本上相同的功能和实施环节，都要事先制定产品应该发生的成本，以此作为控制成本的依据，并据以计算和分析成本差异，追查产生差异的原因，落实责任，以便采取措施，挖掘潜力，降低产品成本。

两者的主要区别在于以下几个方面：

（1）定额法要计算产品的实际成本，而在标准成本法下，一般只计算产品的标准成本，不计算产品的实际成本。这是标准成本法与定额法以及其他成本计算方法的根本区别

（2）在定额法下，对成本差异的核算较为简单，只核算各成本项目的成本差异，且不为各种成本差异单独设置会计科目，而是与定额成本在同一个成本明细账中进行核算。在标准成本法下，对成本差异的核算较细，要为各种成本专门设置许多总账科目进行核算，并详列于利润表中。

（3）在定额法下，要将成本差异在各种产品之间、完工产品与在产品之间进行分配；在标准成本法下，对成本差异的处理，企业一般采用前述的第二种方法，即将各种成本差异全部计入当期损益。

此外，在定额法下，计算和分析成本差异所依据的定额成本都是现行的；而在标准成本法下，计算和分析成本差异所依据的标准成本多种多样，如现实标准成本、正常标准成本和理想标准成本等。

第四节 各种成本计算方法的实际应用

一、各种成本计算方法实际应用概述

在实际工作中，一个企业可能有若干个车间，一个车间也可能生产若干种产品，这些车间或产品的生产类型和管理要求并不一定相同，因而在一个企业或车间中，就有可能同时应用几种不同的产品成本计算方法。即使是一种产品，在该产品的各个生产步骤，各种半产品和各个成本项目之间，它们的生产类型或管理要求也不一定相同，因而在一种产品的成本计算中，也有可能将几种成本计算方法结合起来应用。

（一）几种产品成本计算方法同时应用

在下列情况下，一个企业或车间往往同时采用几种成本计算方法。

（1）一个企业的各个生产车间的生产类型不同，可以采用不同的成本计算方法。

例如，基本生产车间和辅助生产车间的生产类型不同：基本生产车间大批量、多步骤生产某种产品，而辅助生产车间大批量、单步骤生产水、电、气等，在这种情况下，对基本生产车间可以采用分步法计算产品成本，而对辅助生产车间则可以采用品种法计算产品成本。

即使同为基本生产车间，若生产类型不同，也可以采用不同的成本计算方法。如第一、第二车间为两个密封式的基本生产车间，第一车间大批量、单步骤生产 A 产品，第二车间小批量、单件生产 B 产品、在这种情况下，可以采用品种法计算 A 产品成本，采用分批法计算 B 产品成本。

（2）一个企业的各生产车间的生产类型相同，但管理上的要求不同，可以采用不同的成本计算方法。

例如：第一、第二两个基本生产车间分别大批量、多步骤生产 A、B 两种产品，管理上要求分步骤计算 A 产品成本，而对 B 产品则并不要求分步骤计算成本。在这种情况下，对 A 产品应采用分步法计算其成本，而对 B 产品则可以采用品种法计算其成本。

（3）一个车间生产多种产品，由于各种产品的生产类型或管理上的要求不同，可以采用不同的成本计算方法。

例如：一个基本生产车间生产 A、B 两种产品，A 产品已经定型，可以大批量进行生产，而 B 产品正处于小批量试制阶段。在这种情况下，A 产品可以采用品种法计算产品成本，B 产品则应采用分批法计算产品成本。

（二）几种产品成本计算方法结合应用

计算一种产品的成本，在下列情况下，往往结合采用几种成本计算方法。

（1）一种产品的不同生产步骤，由于生产特点和管理要求不同，可以采用不同的成本计算方法。

例如，在小批量、单件生产的机械厂，最终产品是经过铸造、机械加工、装配等相互关联的生产阶段完成的。就其最终产品来看，产品成本的计算应采用分批法，但从其产品生产的各个阶段来看，铸造车间可以采用品种法计算铸件的成本；加工、装配车间则可采用分批法计算各批产品的成本；而铸造和加工、装配车间之间，则可采用逐步结转分步法结转铸件的成本；如果在加工和装配车间之间要求分配计算成本，但加工车间所产半产品种类较多，又不外售，不需要计算半产品成本，则在加工和装配车间之间可以采用平行结转分步法结转成本。这样，该厂就在分批法的基础上，结合采用了品种法和分步法，在分步法中还结合采用了逐步结转和平行结转的方法。

（2）在一种产品的不同零件之间，由于管理上的要求不同，也可以采用不同的成本计算方法。

例如，某种产品由若干种零部件组装而成，其中不外售的零部件一般不要求单独计算成本；经常外售的零部件，管理上要求计算零部件成本，则应按照这些零部件的生产类型和管理要求，采用适当的成本计算方法单独计算成本。

(3) 一种产品的不同成本项目,可以采用不同的成本计算方法。

例如,在大批量、多步骤生产某种产品,且该产品原材料费用比重较大的情况下,则原材料费用可以采用逐步结转分步法,分步骤计算该产品的原材料费用;其他成本项目的比重较小,则可以采用品种法等适当的成本计算方法,不分步计算该产品的其他成本项目的费用。

另外,分类法和定额法,是为了简化成本计算工作和加强定额管理而采用的两种辅助方法,它们与生产类型的特点没有直接联系,在各种类型的生产中都可以应用,但必须与基本的成本计算方法,即品种法、分批法、分步法,结合起来应用。例如,食品厂所生产的各种饼干(单步骤大量生产)的成本,可以采用品种法和分类法相结合的方法计算:先采用品种法计算饼干这一类产品的成本,然后再采用分类法分配计算其中各种饼干的成本。又如,在大批量、多步骤生产的企业中,若消耗定额比较准确、稳定,定额管理基础较好,就可以在采用分步法的基础上,结合定额法来计算产品成本。

总之,在实际工作中,应根据不同企业的生产特点和管理要求,并考虑到企业的规模和管理水平等具体条件,从实际出发,对各种成本计算法加以灵活运用。

二、各种成本计算方法实际应用举例

【例 6-24】某工业企业设有第一和第二两个基本车间。第一车间利用外购原料(辅助材料)生产 A 半成品。第二车间利用 A 半成品和外购材料(主要材料)加工生产甲产品。半成品通过半成品库收发。甲产品已经定型,是可以大量生产的成品,消耗定额比较准确、稳定,因而在采用分步法的基础上结合定额法来计算成本;先计算第一车间 A 半成品的成本,在按照定额法的要求计算第二车间甲产品的成本。

该厂所用原料按实际成本进行核算,所用材料按计划成本进行明细核算,按实际成本进行总分类核算。该厂的半成品成本按计划成本综合结转(在甲产品的成本项目中加设"半成品"项目),按实际成本进行总分类核算。材料成本差异(本月材料成本差异率为 -1%)和半成品成本差异,计入各车间的产成品成本。

在 A 半成品的成本中,直接材料费用所占比重很大,因而月末在产品按所耗原材料的实际费用计价。直接材料费用在完工半成品和月末在产品之间,按完工半成品和月末在产品的重量比例分配。本月完工交库半成品 70 000 千克,月末在产品 5 000 千克。

该厂规定，甲产品的月初在产品定额变动差异和原材料、半成品成本差异，均由产成品成本负担，脱离定额差异按定额成本比例在产成品和月末在产品之间分配。本月甲产品的产成品为 800 件。

第二车间甲产品的定额成本和脱离定额差异的资料如下：

该车间甲产品 9 月末 100 件在产品的定额总成本（按 9 月旧定额计算）和脱离定额差异如表 6-23 所示（说明：月初在产品定额工时为 4 000 小时）。

表 6-23　　　　　　　　甲产品定额成本资料　　　　　　　　单位：元

成本项目	定额成本	脱离定额差异
半成品	138 000	-3 061.50
直接材料	31 000	-155.20
直接燃料和动力	1 600	+1.18
直接人工	12 000	+1 214.10
制造费用	12 800	+1 356.08
成本合计	195 400	-645.34

从本月（10 月）1 日起，修改产品设计，第二车间产品修订消耗定额：半成品消耗定额由每件 92 千克将为 90 千克（每千克计划成本 15 元未变），材料消耗定额由每件 62 千克降为 60 千克（每千克计划成本 5 元未变）。其他消耗定额没有变更。

本月 1 日第二车间甲产品开始实行新的单位定额成本如表 6-24 所示。

表 6-24　　　　　　　　甲产品单位定额成本表
20××年 10 月 1 日起执行　　　　　　　　金额单位：元

成本项目	消耗定额	计划单位成本	脱离定额差异
半成品	90 千克	15 元/千克	1 350
直接材料	60 千克	5 元/千克	300
直接燃料和动力		0.4 元/小时	20
直接人工		3 元/小时	150
制造费用		3.2 元/小时	160
定额成本合计			1 980

说明：甲产品定额工时为 50 小时。

第二车间甲产品所用的半成品和材料，均在生产开始时一次投入。本月甲产品投产件数为 800 件。本月用于甲产品的定额工时总共为 39 600 小时。

根据甲产品的投产件数、原材料消耗定额和原材料计划单位成本计算的原材料定额费用,根据甲产品领用原材料的定额凭证、差异凭证、车间余料盘存资料和原材料计划单位成本计算的原材料计划价格费用,以及根据以上两者计算的原材料脱离定额差异如表 6 – 25 所示。

表 6 – 25　　　　直接材料定额费用和脱离定额差异汇总表

20 × × 年 10 月

车间名称:第二车间　　　　产品名称:甲　　　　投产数量:800 件

材料类别和名称	计划单位	计划单位成本	消耗定额	定额费用		计划价格费用		脱离定额差异	
				数量	金额	数量	金额	数量	金额
主要原料	千克	5	60	48 000	240 000	47 600	238 000	– 400	– 2 000

说明:本表是汇编原材料发出汇总表的依据之一。

根据本月全厂生产费用的发出情况编制各种费用分配表(与管理费用、销售费用等有关的部分此处从略)。

(1) 根据本月付款凭证汇总编制的各项货币支出汇总表,详见表 6 – 26。

表 6 – 26　　　　　　　货币支出汇总表

(假定均以银行存款支付)

20 × × 年 10 月　　　　　　　　　　　　单位:元

费用项目	一车间	二车间	合计
水费	1 600	3 000	4 600
劳动保护费	2 400	5 000	7 400
办公费	1 000	3 000	4 000
其他	2 000	7 670	9 670
合计	7 000	18 670	25 670

根据表 6 – 26 编制会计分录如下:

借:制造费用　　　　　　　　　　　　25 670
　　贷:银行存款　　　　　　　　　　　　25 670

(2) 根据原材料的领退和本月材料成本差异率等资料,编制原材料发出汇总表,见表 6 – 27。

表 6-27　　　　　　　　　　原材料发出汇总表

20××年10月　　材料成本差异：-1%　　单位：元

原材料用途		原料	主要原料			辅助原料			实际成本合计
		实际成本	计划成本	差异	实际成本	计划成本	差异	实际成本	
产品用料	A 半成品耗用	935 000				32 000	-320	31 680	966 680
	甲产品耗用 定额		240 000						
	甲产品耗用 差异		-2 000						
	甲产品耗用 实际		238 000	-23 800	235 620				235 620
	合计	935 000			235 620			31 680	1 202 300
车间一般耗用	一车间耗用 机物料消耗					7 000			
	一车间耗用 劳动保护费					2 000			
	一车间耗用 小计					9 000	-90	8 910	8 910
	二车间耗用 机物料消耗					35 000			
	二车间耗用 劳动保护费					9 000			
	二车间耗用 小计					44 000	-440	43 560	43 560
	合计							52 470	52 470
合计		935 000			235 620			84 150	1 254 770

根据表 6-27 编制会计分录如下：

借：基本生产成本　　　　　　　　　　1 202 300

　　制造费用　　　　　　　　　　　　 52 470

　　贷：原材料　　　　　　　　　　　　　　1 254 770

（3）根据各车间耗电数量、电价编制电费汇总分配表，见表 6-28。

表 6-28　　　　　　　　　　电费汇总分配表

20××年10月　　　　　　　　　　　　金额单位：元

电力用途		度数	电费（分配率：0.2）
动力	一车间	55 220	11 044
	二车间	80 500	16 100
	小计	135 720	27 144
车间照明	一车间	2 400	480
	二车间	5 000	1 000
	小计	7 400	1 480
合计		143 120	28 624

根据表 6-28 编制会计分录如下：

借：基本生产成本　　　　　　　　　　　　27 144
　　制造费用　　　　　　　　　　　　　　1 480
　　贷：应付账款　　　　　　　　　　　　　　　28 624

（4）根据各车间的工资结算凭证和其他职工薪酬（包括各种社会保险、住房公积金以及工会经费、职工福利费和职工教育经费）等的计提办法编制职工薪酬汇总分配表，见表 6-29。

表 6-29　　　　　　职工薪酬费用汇总分配

20××年10月　　　　　　　　单位：元

职工类别/车间	生产工人	管理人员	合计
一车间	36 480	2 736	39 216
二车间	116 280	9 348	125 628
合计	152 760	12 084	164 844

根据表 6-29 编制会计分录如下：

借：基本生产成本　　　　　　　　　　　　152 760
　　制造费用　　　　　　　　　　　　　　12 084
　　贷：应付职工薪酬　　　　　　　　　　　　164 844

（5）根据本月应计提固定资产原价和月折旧费，计算本月应计提固定资产折旧，编制折旧费用汇总分配表，见表 6-30。

表 6-30　　　　　　折旧费用汇总分配表

20××年10月　　　　　　　　单位：元

车间	折旧费用
一车间	15 000
二车间	50 000
合计	65 000

根据表 6-30 编制会计分录如下：

借：制造费用　　　　　　　　　　　　　　65 000
　　贷：累计折旧　　　　　　　　　　　　　　　65 000

（6）根据在产品的盘点情况和其他有关资料，计算在产品盘盈、盘亏或毁损。

本月末，第二车间对甲产品的在产品进行了盘点。其账面数量是60 件（已加工的定额工时共 770 小时），实存数量为 58 件（已加工的定额工时共 700 小时），盘亏和毁损 2 件（已加工的定额工时为 70 小时）。盘亏和毁损的在产品按定额成本计价。

报经批准，残料计价 92 元，验收入库，盘亏和毁损的损失计入当月的管理费用。盘亏和毁损在产品的定额成本和净损失的计算，见表 6 – 31。

表 6 – 31　　　　　　在产品盘亏和毁损损失计算表

20 × × 年 10 月

车间名称：第二车间　　　产品名称：甲　　　毁损数量：2　　　定额工时：70

单位：元

成本项目	半成品	直接材料	直接燃料和动力	直接人工	制造费用	合计
单件或单位小时费用定额	1 350	300	0.4	3	3.2	
定额总成本	2 700	600	28	210	224	3 762
减：残料价值	—	—	—	—	—	92
在产品净损失						3 670

根据表 6 – 31 对于清查中发现的盘亏和毁损在产品应编制会计分录如下：

（1）盘亏和毁损的在产品应按期定额成本编制会计分录。

借：待处理财产损溢　　　　　　　　3 762
　　贷：基本生产成本　　　　　　　　　　3 762

（2）根据回收的残料以及经批准计入当月管理费用的净损失编制会计分录。

借：原材料　　　　　　　　　　　　92
　　管理费用　　　　　　　　　　　3 670
　　贷：待处理财产损溢　　　　　　　　　3 762

根据以上各种费用分配表以及有关资料登记有关账簿，计算产品成本，见表 6 – 32、表 6 – 33。

表 6 – 32　　　　　　　　制造费用明细账

车间名称：第一车间　　　　　　　　　　　　　　　　　　　　单位：元

月	日	摘要	职工薪酬	机物料消耗	折旧	水电费	劳动保护费	办公费	价差	其他	合计	转出
10	31	货币收支汇总表				1 600	2 400	1 000		2 000	7 000	
10	31	原材料发出汇总表		7 000			2 000		–90		8 910	

续表

月	日	摘要	职工薪酬	机物料消耗	折旧	水电费	劳动保护费	办公费	价差	其他	合计	转出
10	31	职工薪酬费用汇总表	2 736								2 736	
10	31	折旧汇总分配表			15 000						15 000	
10	31	电费汇总分配表				480					480	
10	31	结转制造费用										34 126
10	31	合计	2 736	7 000	15 000	2 080	4 400	1 000	-90	2 000	34 126	34 126

表 6-33　　　　　　　　　产品成本明细账

车间名称：　　　　　产品名称：A（半成品）　　　　　单位：元

月	日	摘要	直接材料	直接燃料和动力	直接人工	制造费用	合计
9	30	在产品费用	82 120				82 120
10	31	本月生产费用	966 680	11 044	36 480	34 126	1 048 330
10	31	生产费用合计	1 048 800	11 044	36 480	34 126	1 130 450
10	31	完工半产品成本（71 000 千克）	979 800	11 044	36 480	34 126	1 061 450
10	31	在产品费用（5 000 千克）	69 000				69 000

根据第一车间制造费用明细账的记录，编制结转本月第一车间制造费用的会计分录如下：

借：基本生产成本　　　　　　　　　　　　34 126
　　贷：制造费用　　　　　　　　　　　　　　34 126

根据第一车间产品成本明细账以及 A 半成品的入库单等，编制半成品收入汇总表，见表 6-34。

表 6-34　　　　　　　　　半成品收入汇总表
20××年10月

半成品名称：A　　　　　库名：半成品库　　　　　计划单位成本：15 元

半成品来源	收入数量（千克）	计划成本（元）	实际成本（元）
第一车间	71 000	1 065 000	1 061 450

根据半成品收入汇总表编制会计分录如下：
　　借：自制半成品　　　　　　　　　　　　1 061 450
　　　　贷：基本生产成本　　　　　　　　　　　　1 061 450

根据本月第二车间半成品领用单，甲产品的定额资料，A 半成品的计划成本以及本月 A 半成品的成本差异率等编制半成品发出汇总表，见表 6-35。

表 6-35　　　　　　　　　半成品发出汇总表
20××年10月

半成品名称：A　　　　　库名：半成品库　　　　　计划单位成本 15 元

半成品用途		领用数量（千克）	计划成本（元）	成本差异（差异率 -0.4%）	实际成本（元）
甲产品	定额	7 200	1 080 000	—	—
	差异	-200	-3 000	—	—
	实际	71 800	1 077 000	-4 308	1 072 692

根据半成品发出汇总表编制会计分录如下：
　　借：基本生产成本　　　　　　　　　　　　1 072 692
　　　　贷：自制半成品　　　　　　　　　　　　1 072 692

根据 A 半成品收入汇总表和发出汇总表，登记自制半成品明细账，见表 6-36。

根据第二车间制造费用明细账（见表 6-37）的记录，编制结转本月第二车间制造费用的会计分录：
　　借：基本生产成本　　　　　　　　　　　　122 578
　　　　贷：制造费用　　　　　　　　　　　　　122 578

根据本月定额变动情况（见表 6-24）和期初在产品数量（100件）计算月初在产品定额调整，见表 6-38。

表 6-36　半成品明细账

半成品名称 A　　　　20××年12月　　　　计划单位成本：15 元　单位：元

月份	月初余额			本月增加			合计				本月减少		
	数量	计划成本	实际成本	数量	计划成本	实际成本	数量	计划成本	实际成本	成本差异率%	数量	计划成本	实际成本
10	3 000	45 000	44 110	71 000	1 065 000	1 061 450	74 000	1 110 000	1 105 560	-4 440	-0.4	71 800	1 077 000	1 072 692
11	2 200	33 000	32 868										

表 6-37

制造费用明细表

车间名称：第二车间　　　　　　　　　　　　　　　　　　　　　　　　　单位：元

月	日	摘要	职工薪酬	机物料消耗	折旧	水电费	劳动保护费	办公费	价差	其他	合计	转出	余额
10	31	货币支出汇总表				3 000	5 000	3 000		7 670	18 670		
10	31	原材料发出汇总表		35 000			9 000		-440		43 560		
10	31	职工薪酬汇总分配表	9 438								9 348		
10	31	折旧汇总分配表			50 000						50 000		
10	31	电费汇总分配表				1 000					1 000		
10	31	结转制造费用										122 578	
10	31	合计	9 438	35 000	50 000	4 000	14 000	3 000	-4 000	7 670	122 578	122 578	0

表 6-38　　　　　　　月初在产品定额调整计算表

20××年10月

车间名称：第二车间　　　　　　　　　　　　　　　产品名称：甲

成本项目	计划单价	单件定额变更				在产品数量（件）	定额调整	
		变更前数（千克）	变更后数量（千克）	变更数量（千克）	变更金额（元）		数量（千克）	金额（元）
半成品	15	92	90	-2	-30	100	-200	-3 000
直接材料	5	62	60	-2	-10	100	-200	-1 000
合计	—	—	—	—	-40	—	—	-4 000

根据本月开始执行的新定额及产成品数量计算产成品定额总成本，见表6-39。

表 6-39　　　　　　　产成品定额总成本计算表

20××年10月

车间名称：第二车间　　产品名称：甲　　产量：820件　　　　单位：元

成本项目	半成品	直接材料	直接燃料和动力	直接人工	制造费用	成本合计
单位成本	1 350	300	20	150	160	1 980
总成本	1 107 000	246 000	16 400	123 000	131 200	1 623 600

根据本例前述有关资料及本例中的各项费用分配表、计算表中的资料，登记甲产品成本明细账，见表6-40。

根据第二车间甲产品成本计算单编制结转完工甲产品成本的会计分录：

　　借：库存商品　　　　　　　　　　　　1 609 801
　　　　贷：基本生产成本　　　　　　　　　　　1 609 801

表 6-40

产品成本明细账

车间名称：第二车间
产品名称：甲

20××年10月
产量：820 件

单位：元

成本项目	月初在产品			本月生产费用				生产费用合计			
	定额成本	脱离定额差异	月初在产品定额变更定额调整	定额成本	脱离定额差异	本月生产定额变更差异	价差	定额成本	脱离定额差异	价差	定额变更差异
半成品	138 000	-3 061.5	-3 000	1 080 000	-3 000	+3 000	-4 308	1 215 000	-6 061.5	-4 308	+3 000
直接材料	31 000	-155.2	-1 000	240 000	-2 000	+1 000	-2 380	270 000	-2 155.2	-2 380	+1 000
直接燃料与动力	1 600	+1.18		15 840	+260			17 440	+261.18		
直接人工	12 000	+1 214.1		118 800	-2 520			130 800	-1 305.9		
制造费用	12 800	+1 356.08		126 720	-4 142			139 520	-2 785.92		
合计	195 400	-645.4	-4 000	1 581 360	-11 402	+4 000	-6 688	1 772 760	-12 047.34	-6 688	+4 000

成本项目	在产品亏损		差异率（%）	产成品成本				月末在产品			
	定额成本	脱离定额差异		定额成本	脱离定额差异	价差	定额变更差异	定额成本	实际成本	价差	脱离定额差异
半成品	2 700	28	-0.5	1 107 000	-5 535	-4 308	+3 000	105 300	1 100 157		-526.5
直接材料	600	210	-0.8	246 000	-1 968	-2 380	+1 000	23 400	242 652		-187.2
直接燃料与动力	28	224	+1.5	16 400	+246			1 012	16 646		+15.18
直接人工	210		-1	123 000	-1 230			7 590	121 770		-75.9
制造费用	224		-2	131 200	-2 624			8 096	128 576		-161.92
合计	3 762		—	1 623 600	-11 111	-6 688	+4 000	145 398	1 609 801		-936.34

【本章小结】

1. 分类法，是按产品类别作为成本计算对象归集生产费用，计算出各类完工产品实际成本后，再按照一定标准将其在类内各种产品之间进行成本分配，从而计算出各种产品实际成本的方法。

分类法一般适用于使用同样的原材料，经过基本相同的加工工艺过程，所生产的产品品种、规格、型号繁多，可以按一定要求和标准予以分类的企业或企业的生产单位。具体有：（1）联产品的生产；（2）同类产品的生产；（3）主副产品的生产。

2. 定额成本法是以产品的定额成本为基础，加减定额成本脱离定额的差异、材料成本差异和定额变动差异，计算产品实际成本的一种成本计算方法。该方法以产品的定额成本来控制实际生产费用的支出，随时查明实际生产费用脱离定额的差异及其原因，加强成本管理，以实现降低产品成本目的。所以它既是一种核算产品成本的方法，更是一种对产品成本进行直接控制和管理的方法。

定额成本法的内容包括定额成本的计算、脱离定额差异的计算、材料成本差异的计算以及定额变动差异的计算等。产品实际成本与定额成本的关系可用下列公式表示：

$$产品实际成本 = 定额成本 \pm 脱离定额差异 \pm 材料成本差异 \pm 定额变动差异$$

3. 标准成本法，也称标准成本制度，或标准成本会计，是以预先制定的标准成本为基础，将实际发生的成本与标准成本进行比较，核算和分析成本差异的一种成本核算方法，也是加强成本控制、评价经营业绩的一种成本控制制度。

标准成本的种类有多种，主要包括理想标准成本、正常标准成本和现实标准成本。

【思考题】

1. 凡是产品品种、规格、型号繁多的企业，为了简化成本核算工作，是否都可以运用分类法计算产品成本？
2. 原材料的定额消耗量应根据本期完工产品数量还是投产产品数量来计算？
3. 如何理解定额法下的各种差异？
4. 标准成本分几类？如何制定？

【业务练习题】

1. 练习分类法。

（1）资料：大华工厂生产甲、乙、丙三种产品，这三种产品的原材料和生产工艺相近，因而归为一类产品，采用分类法计算成本。

该类产品的消耗定额比较准确、稳定，各月在产品数量波动不大，因而月末在产品按定额成本计价。本月（10月）月初、月末在产品的定额总成本，以及本月实际发生的生产费用如下表所示。

月初和本月发生　　　　　　　　　　　　　　　　　单位：元

项目	直接材料	直接人工	制造费用	合计
月初在产品定额费用	7 300	1 500	4 500	13 300
月末在产品定额费用	5 200	1 000	3 000	9 200
本月生产费用	65 100	12 250	36 750	114 100

该类产品的消耗定额及本月产量资料如下表所示。

工时和消耗定额

	材料消耗定额（千克）	工时消耗定额（小时）	产品产量（件）
甲	9.6	6	1 500
乙	8	7	2 000
丙	6.4	5	500

该厂各种产品成本的分配方法是：

原材料费用按事先确定的耗料系数比例分配，耗料系数根据产品的材料消耗定额，以乙产品为标准产品计算确定。其他各项费用均按定额工时比例分配。

（2）要求：根据上述资料，采用产品成本计算中的分类法计算甲、乙、丙三种产品的成本。

2. 练习定额法。

（1）资料：某企业对甲产品采用定额法计算成本。本月有关甲产品直接材料的资料如下：

①月初在产品定额费用为1 000元，月初在产品脱离定额差异为节约200元，月初在产品定额费用调整后降低100元。定额变动差异全部由完工产品负担。

②本月定额费用为9 000元，本月脱离定额差异为节约97元。

③本月原材料成本差异为超支1%，原材料成本差异全部由完工产品成本负担。

④本月完工产品的定额原材料费用为8 100元。

（2）要求：

①计算月末在产品的直接材料费用。

②计算完工产品和月末在产品的直接材料实际费用（脱离定额差异按定额费用比例在完工产品和月末在产品之间分配）。

第七章 成本费用报表的编制与分析

【学习目标】
1. 理解成本报表的作用。
2. 能编制产品成本报表和各种费用报表。
3. 能进行利用报表进行成本分析。

【引导案例】
　　江城宏博机械厂的性质是一家有限责任公司。主要生产1号车床、2号铣床两种产品，产品销往全国各地，该厂注册资金5 000万元，全厂职工220人。厂内设有三个基本生产车间，即铸造车间、机械加工车间和装配车间，顺序加工，生产产品，各车间均不设半成品库。设有两个辅助生产车间，即机修车间和配电车间，机修车间负责全厂机器设备的维修，配电车间接受外来电源，负责供给和记录全厂各部门的用电及电器的维修。厂领导要求财务室出具比历年更为详尽的成本报表，并且帮助厂领导分析成本下降的空间。
　　(1) 财务科长王伟设计的报表包括主要产品单位成本表和成本项目分析表，因为厂里主要生产两种产品，并无其他可比产品，所以编制各自的单位产品成本表就够了。他分析后认为车床的成本降低，铣床的成本升高，主要是直接材料成本升高造成的。
　　(2) 成本核算员赵玲设计的成本报表包括商品产品成本表、主要产品单位成本表、商品产品生产成本分析表和两种产品的成本项目分析表。她分析后认为总成本在攀升。其中车床成本略有降低，铣床成本升高，完成得不好，根据现有资料分析，各个成本项目都完成得不好，其中其他直接支出完成得最不好，但是根据现有资料来看，只能分析本月完成情况，要想具体分析还要结合前11个月的成本资料。
　　请分析王伟和赵玲二人谁的意见更为正确？

第一节　成本费用报表的作用、种类、特点

一、成本报表的概念

企业会计报表按服务对象划分为两类：一类为向外报送的会计报表，如资产负债表、利润表、现金流量表等；另一类为企业内部管理需要的报表，如成本报表等。

成本报表是根据日常成本核算资料定期编制、反映企业耗费和产品成本的构成及其升降变动情况，用以考核和分析企业成本费用计划执行结果的书面报告。

成本报表是会计报表体系的重要组成部分，是企业内部报表中的主要报表，是根据成本管理的需要，依据企业日常核算资料和其他有关资料定期或不定期编制的，用以反映和控制企业一定时期产品成本水平和成本构成情况，以及有关各项费用支出情况的一种报告文件。编制与分析成本报表是成本会计工作的重要内容。

产品成本表是反映企业在报告期内生产的全部产品（包括可比产品和不可比产品）的总成本以及各种主要产品的单位成本和总成本的报表。所谓可比产品是指去年或者以前年度正式生产过，具有较完备成本资料的产品；不可比产品是指去年或以前年度未正式生产过的产品，因而没有成本资料。对于去年试制成功，今年正式投产的产品，也应作为不可比产品。

二、成本报表的作用

（1）通过成本报表分析，可以综合反映企业报告期内产品生产耗费和成本水平。

揭示影响产品成本指标和费用项目变动的因素和原因，从生产技术、生产组织和经营管理等各个方面挖掘和动员节约费用支出和降低产品成本的潜力，提高企业生产耗费的经济效益。

（2）成本报表客观反映各成本中心的成本管理业绩，便于评价和考核企业成本计划的完成情况。

（3）成本报表提供的实际产品成本和费用支出的资料，不仅可以满足企业、车间和部门加强日常成本、费用管理的需要，而且是企业进行成本、利润的预测、决策以及编制产品成本和各项费用计划、

制定产品价格的重要依据。

（4）成本报表作为成本分析的重要依据，有利于日常成本控制工作的有效进行，同时为例外管理提供必要的信息。

（5）成本报表分析可以解释影响产品成本指标和费用项目变动的因素和原因，挖掘降低产品成本的潜力。

除此之外，对于有主管部门的企业，将成本报表报送上级主管部门，既有利于主管部门了解所属企业整体的成本水平，又有利于同行业间各企业的交流对比，同时还将有助于主管部门了解企业对国家有关政策、法规、制度的执行情况，从而加强对企业成本管理工作的督导。

三、成本报表的种类

企业的成本报表主要用来服务于企业内部经营管理部门，所以，成本报表的种类、格式和编制时间一般都由企业根据生产经营过程的特点和企业管理的具体要求而定。目前工业企业应编制的成本报表通常有以下几种分类：

（一）成本报表按其所反映的内容分类

1. 反映产品成本计划完成情况的报表

这种报表主要反映企业为生产一定种类和一定数量产品所支出的生产费用水平及其构成情况，并与计划水平、上年实际水平、历史最好水平或同行业同类产品先进水平相比较，反映产品成本的变动情况和变动趋势。全部产品生产成本表、主要产品单位成本表等就属于这类报表。

2. 反映费用支出情况的报表

这种报表主要反映企业在一定时期内各种费用总额及其构成情况，并与计划或预算水平、上年实际水平对比，反映各项费用支出的变动情况和变动趋势。制造费用明细表、财务费用明细表、管理费用明细表、销售费用明细表等就属于这类报表。

3. 反映生产经营情况的报表

这种报表反映特种生产经营业务的情况，生产情况表、材料耗用表、材料差异分析表、质量成本表等属于这类报表。

4. 特殊目的成本报表

除了上述一般性的成本报表外，有些企业还会出于特殊目的编制相应的成本报表。例如，企业为了提高产品质量管理效果，可能需要编制质量成本报表；为了提高环境成本管理效果，可能需要编制环境成本管理报表等。因此，属于此类成本报表的有质量成本报表、环境成本报表等。

（二）按报表编制的时间分类

1. 定期报表

产品生产成本表、主要产品单位成本表、制造费用明细表、管理费用明细表、营业费用明细表、财务费用明细表等属于定期成本报表。可分为年报、季报、月报、旬报、周报、日报等。

2. 不定期报表

这类报表是针对成本管理中出现的某些问题或急需解决的问题而随时按要求编制的。有关成本费用表等属于不定期成本报表。

此外，各企业还可以根据其生产特点和管理要求，对上述成本报表作必要的补充，也可以结合本企业经营决策的实际需要，编制必要的其他内部成本报表。

（三）成本报表按其编制的范围分类

一般情况下，全厂（企业）成本报表有产品生产成本表、主要产品单位成本表、制造费用明细表、管理费用明细表、营业费用明细表、财务费用明细表等。而制造费用明细表、生产情况表、质量成本表等报表可以是全厂（企业）成本报表，也可以是车间、班组、个人（责任）成本报表。

四、成本报表的编制要求

成本费用报表的编制必须做到数字准确、内容完整和编制及时。

1. 数字准确

数字准确就是指报表的指标必须如实地反映企业成本工作的实际情况，不得以估计数字、计划数字、定额数字代替实际数字，更不允许弄虚作假，篡改数字。

2. 内容完整

内容完整是指应编制的成本报表的种类必须齐全；应填列的报告指标和文字说明必须全面；表内项目和表外补充资料，不论根据账簿资料直接填列，还是分析计算填列，都应当完整，不得随意取舍。

3. 编报及时

编报及时是要求按照规定期限报送成本报表，以便有关方面及时利用成本资料信息进行检查、分析等工作。

此外，成本报表的设置还应符合以下要求：报表的专题性；报表指标内容的实用性；报表格式的针对性；计算口径和填报方法保持各会计期间的一致性。

五、成本报表的特点

成本报表属于内部报表，主要是为了满足企业内部经营管理的需要而编制的，不对外公开。因此，成本报表的种类、格式、项目、指标的设计和编制方法、编报日期、具体报送对象、监管部门都不作统一规定，而由企业自行决定。母公司或国有企业的主管机构等利益方为了解和评价企业的成本管理绩效，也可以要求企业将其成本报表作为会计报表的附表进行报告。

成本报表作为对内报表，与现行会计制度规定的对外报表（财务报表）相比，具有以下特点：

1. 有更强的针对性

成本报表编制的目的主要是满足企业内部经营管理者的需要，因而内容更具有针对性。企业对外提供的会计报表，包括资产负债表、利润表、现金流量表三张主表和利润分配表等附表，是为政府部门、企业投资人和债权人以及企业内部经营管理者服务的，反映企业财务状况和经营成果的财务报表，而成本是商业秘密，不对外公开，成本报表作为内部报表主要是为企业内部经营管理者服务，满足企业领导以及各部门、车间和岗位责任人员对成本信息的需求。因而成本报表的内容要有针对性，而不要泛泛地、千篇一律地提供情况，要主动地促进各有关部门和人员关心成本、了解工作好坏对成本的影响，明确其在成本升降中的责任。

2. 有更强的灵活性

成本报表的种类、内容和格式可由企业灵活设置。现行制度中的财务报表的种类、内容、格式以及报送对象等应遵从国家统一规定，一般企业不可随意改动。但成本报表与其不同，应针对各企业具体管理要求具体分析制定报表的各项内容。如果主管的上级机构要求企业上报主要成本报表，则主管企业的上级机构可以会同企业共同商定报表的具体设置。总之，成本报表各项设置的根本出发点在于实质重于形式、言简意赅地反映满足管理要求的内容。

3. 更注重时效性

成本报表作为对内报表更注重时效。作为对内报表的成本报表与定期编制和报送的对外报表相比，更注重实效性。为使成本报表及时指导生产，报表提供的信息必须与其反映的内容在时间上保持一致。因此，成本报表除了定期编报一些报表（反映产品成本情况的报表一般按月编报，反映费用情况的报表一般按年编报）外，还采用了日报、周报、旬报的形式定期和不定期地向有关部门和人员编报不同的成本报表，及时揭示成本工作中存在的问题和技术经济指标变动对成本的影响，从而更有利于企业控制和降低成本，提高经济效益。成本报表的特点概括在表 7-1 中。

表 7-1　　　　成本报表的特点（与企业财务报表相比）

比较项目	财务报表特点	成本报表特点
在服务对象上	为企业外部的会计信息使用者服务，属于外部报表	为企业内部经营管理者服务，属于内部报表
在种类、内容、格式和编制方法、编报时间、报送对象上	因为种类、内容、格式和编制方法、编报时间、报送对象等都由国家做出统一规定和说明，不得随意变动，具有统一性，各个企业财务报表差异小	都由企业自行决定，并可根据企业的实际情况不断进行修改和调整，具有灵活性与多样性，即各个企业成本报表各不相同，就是同一企业在不同时期的成本报表也可能会因为进行修改和调整而有所不同
在内容要求上	要求全面性	要求专题性、针对性
在编报时效上	定期编报	定期与不定期编报相结合，可以根据需要适时地不定期地编报，更具时效性与灵活性
在设置的指标及包含的信息上	一般设置货币指标，主要包含会计核算信息资料	不仅设置货币指标，还设置大量反映成本费用消耗的数量指标，是会计核算资料与技术经济资料相结合的产物，包含了各个方面的信息，更具有综合性

成本报表一般根据企业的生产特点与管理需要自行设置，并可随着情况的变化对报表的种类、格式进行调整。

第二节　成本费用报表的编制

一、成本费用报表的编制方法

各种成本报表，有的反映本期产品的实际成本，有的反映本期经营管理费用的实际发生额，有的还可能反映实际成本或实际费用的累计数。为了考核和分析成本计划的执行情况，这些报表一般还反映有关计划数和某些补充资料。

表中的成本、费用等指标的实际数，一般根据有关的产品成本或费用明细账的实际发生额填列。表中的实际成本、费用等指标的累计数，一般根据本期报表的本期成本、费用实际数加上上期报表的实际成本、费用累计数计算填列；如果有关的明细账簿中记有期末实际成本、费用累计数，可以直接根据该数据填列。表中的成本、费用等指标计划或预算数，一般根据有关的计划或预算填列。表中的其他资料和补充资料，应根据报表相应的编制规定填列。

二、全部产品生产成本报表的编制

全部产品生产成本报表是反映企业在报告期内所生产的全部产品总成本的一种成本报表，它可以从两个不同角度进行编制和分析。

一是按产品种类编制全部产品生产成本报表，反映企业在报告期所产全部产品的总成本及主要产品（含可比产品和不可比产品）单位成本和总成本。利用此表可以定期、总括地考核和分析企业全部产品成本计划的完成情况和可比产品成本降低计划的完成情况，对企业产品成本工作从总体上进行评价，并为进一步分析指明方向。

二是按成本项目编制全部产品生产成本报表，汇总反映企业在报告期发生的全部生产费用（按成本项目反映）和全部产品总成本。利用此表可以定期、总括地考核和分析企业全部生产费用和全部产品总成本计划的完成情况，对企业成本工作从总体上进行评价，并为进一步分析指明方向。

下面举例说明按上述两个不同角度编制全部产品生产成本报表的方法。

1. 全部产品生产成本表（按产品种类反映）的编制

【例 7-1】某企业 20××年 12 月的全部产品生产成本表（按产品种类反映），如表 7-2 所示。

表 7-2　　全部产品生产成本表（按产品种类反映）

编制单位：××工厂　　　　　20××年 12 月　　　　　单位：元

产品名称	计量单位	实际产量		单位成本				本月总成本			本年累计总成本		
		本月①	本年累计②	上年实际平均③	本年计划④	本月实际⑤=⑨÷①	本年实际累计平均⑥=⑫÷②	按上年实际平均单位成本计算⑦=①×③	按本年计划单位成本计算⑧=①×④	本期实际⑨	按上年实际平均单位成本计算⑩=②×③	按本年计划单位成本计算⑪=②×④	本年实际⑫
甲	件	110	1 200	340	337	336	336.5	37 400	37 070	36 960	408 000	404 400	403 800
乙	件	70	800	376	370	369	368	26 320	25 900	25 830	300 800	296 000	294 400
丙	件	56	600		250	252	253		14 000	14 112		150 000	151 800
合计		—	—	—	—	—	—	63 720	76 970	76 902	708 800	850 400	850 000

注：甲、乙两种产品为可比产品，丙产品为不可比产品。

补充资料（本年累计实际数）。

（1）可比产品成本降低额 10 600 元。

（2）可比产品成本降低率 1.495%。

此表分为基本报表和补充资料两部分，基本报表部分应按可比产品和不可比产品分别填列。所谓可比产品是指去年或者以前年度正式生产过，具有较完备成本资料的产品；不可比产品是指去年或以前年度未正式生产过的产品，因而没有成本资料。对于去年试制成功，今年正式投产的产品，也应作为不可比产品。补充资料部分主要反映可比产品成本的降低额和降低率。

产品生产成本表（按产品种类反映）的基本报表部分，应反映各种可比和不可比产品本月及本年累计的实际产量（第①、②栏）、实际单位成本（第⑤、⑥栏）和实际总成本（第⑨、⑫栏）。该表一般可以分为实际产量、单位成本、本月总成本和本年累计总成本四部分。其格式如表7-2所示。

本表中可比产品的单位成本、本月总成本和本年累计总成本，又分别列出上年实际平均数（第③栏）、本年计划数（第④栏）、本月实际数（第⑤、⑨栏）和本年累计实际平均数（第⑥栏），这样做便于分析可比产品成本降低任务的完成情况。

本表中不可比产品的单位成本、本月总成本和本年总成本，以及全部商品产品的总成本，同时列出本年计划数（第④栏）、本月实际数（第⑤栏）和本年累计实际数（第⑥栏）。便于考核不可比产品以及全部商品产品成本计划的执行情况。

"产品名称"项目应填列主要的"可比产品"和"不可比产品"的名称，主要商品产品的品种要按规定填写。

"实际产量"栏，反映本月和从年初起至本月末止各种主要商品产品的实际产量。一般可分为"计量单位""本月"（第①栏）和"本年累计"（第②栏）三小栏，分别填列计量单位、本月和从年初至本月末止各种商品产品的实际产量，可根据"成本计算单"或"库存商品明细账"的记录计算填列。

"单位成本"栏，一般分为四小栏：（1）"上年实际平均"栏（第③栏）可根据上年12月本表所列的各种本年度继续生产的可比产品"本年累计实际平均单位成本"资料填列，用以反映可比产品上年实际平均单位成本。(2)"本年计划"栏（第④栏）应根据本年成本计划的有关数据填列，用以反映各种主要商品产品的本年计划单位成本。(3)"本月实际"栏（第⑤栏），可直接根据各产品的本月"成本计算单"填列或按下列公式计算填列：某产品本月实际单位成本＝某产品本月实际总成本/某产品本月实际产量，也就是表7-2所列公式⑤＝⑨/①计算填列，用以反映个别产品本月实际单位成本。(4)"本年累计实际平均"栏（第⑥栏），根据成本计算单的有关数字，按下列公式计算填列：某产品本年累计实际平均单位成本＝某产品本年累计实际总成本/某产品本年累计实际产量，应根据表7-2所列公式⑥=⑫/②计算填列。

"本月总成本"栏，一般可分为三小栏：（1）"按上年实际平均单位成本计算"栏（第⑦栏），应根据表7-2所列公式⑦=①×③，将各可比产品的上年实际平均单位成本乘以本月实际产量计算填列，用以反映按上年实际平均单位成本计算的本月总成本。（2）"按本年计划单位成本计算"栏（第⑧栏），可按照表7-2所列公式⑧=①×④，将各产品的本年计划单位成本乘以本月实际产量计算填列，反映本月各产品的计划总成本。（3）"本月实际总成本"栏（第⑨栏），可根据本月各产品"成本计算单"资料填列。

"本年累计总成本"栏一般可分为三小栏：（1）"按上年实际平均单位成本计算"栏（第⑩栏）。（2）"按本年计划单位成本计算"栏（第⑪栏），数据均以本年累计实际产量为依据，分别乘以上年实际平均单位成本或本年计划单位成本，即按表7-2所列公式计算填列。（3）"本年实际"栏（第⑫栏），应根据上月本表的"本年实际"栏与本月本表的"本月实际总成本"栏相加之和填列，反映本年实际累计成本（见表7-2）。

补充资料部分只填列本年累计实际数。

本表补充资料中的"可比产品成本降低额"和"可比产品成本降低率"应按下列公式计算填列。

（1）可比产品实际成本降低额和降低率的计算公式：

可比产品实际成本降低额=全部可比产品的实际产量按上年实际平均单位成本计算的本年总成本-全部可比产品的实际产量按本年实际平均单位成本计算的本年总成本

$= \sum$（实际产量×上年实际平均单位成本）$- \sum$（实际产量×本年实际平均单位成本）

$= \sum$ 实际产量×（上年实际平均单位成本-本年实际平均单位成本）

以表7-2中的资料为例计算如下：

可比产品成本降低额=408 000+300 800-403 800-294 400=10 600（元）

（2）可比产品实际成本降低率：

=可比产品成本降低额$\div \sum$（实际产量×上年实际平均单位成本）

$= \sum$ 实际产量×（上年实际平均单位成本-本年实际平均单位成本）

以表7-1中的资料为例计算如下：

可比产品实际成本降低率=10 600/（408 000+300 800）×100%=

1.495%

2. 全部产品生产成本表（按成本项目反映）的编制

【例7-2】某企业20××年12月的全部产品生产成本表（按成本项目反映），见表7-3。

表7-3　　　　全部产品生产成本表（按成本项目反映）

编制单位：××工厂　　　　20××年　　　　单位：元

成本项目	本年计划	本月实际	本年累计实际
生产费用			
直接材料费用	406 460	42 132	413 500
直接人工费用	192 370	16 300	182 600
制造费用	248 330	23 500	263 000
生产费用合计	847 160	81 932	859 100
加：在产品、自制半成品期初余额	38 520	35 170	31 100
减：在产品、自制半成品期初余额	31 600	40 200	40 200
产品生产成本合计	854 080	76 902	850 000

按成本项目编制全部产品生产成本报表，汇总反映企业在报告期发生的全部生产费用（按成本项目反映）和全部产品总成本。利用此表可以定期、总括地考核和分析企业全部生产费用和全部产品总成本计划的完成情况，对企业成本工作从总体上进行评价，并为进一步分析指明方向。

全部产品生产成本表（按成本项目反映）中的产品生产成本的本月实际数与本年累计实际数，应分别与全部产品生产成本（按产品种类反映）表中的产品生产成本的本月实际数与本年累计实际数核对相符。

该报表的项目一般可分为生产费用和产品生产成本两部分。其中生产费用部分应按照产品成本项目分别反映报告期内发生的直接材料费用、直接人工费用和制造费用部分以及生产费用合计数；产品生产成本合计部分是在生产费用合计数的基础上，加上在产品和自制半成品的期初余额，减去在产品和自制半成品的期末余额，计算产品生产成本合计数。

由于全部产品包括可比产品和不可比产品，因此该报表的栏目共三栏："本年计划""本月实际"和"本年累计实际"，而不设上年实际数栏。其中"本年计划"应根据相应的计划资料填列；"本月实际"栏可以根据本月各产品成本计算单中各相应的产品成本项目汇总填列；"本年累计实际"栏应根据上月本表的"本年累计实际"数据加上"本月实际"相应数据之和填列。期初、期末在产品和自制半成品余额,应根据各种产品成本明细账的期初、期末在产品成本和各种自制半成品明细账的期初、期末余额,分别汇总填列。以生产费用合计数加上在产品、自制半成品期初余额,减去在产品、自制半成品明细账的期末余额,即可计算出产品成本合计数。该报表如表7-3所示。

三、主要产品单位成本表的编制

主要产品是指企业经常生产、在企业全部产品中所占比重较大、能概括反映企业生产经营面貌的那些产品。主要产品单位成本表是反映企业在报告期内生产的各种主要产品单位成本水平和构成情况及各项主要技术经济指标执行情况的报表。它是企业生产成本中某些主要产品单位成本的进一步反映,是对全部产品生产成本表所列各种主要产品成本的补充说明的内部报表。该表应按主要产品分别编制。利用主要产品单位成本表所提供的资料,可以按照成本项目分析和考核各种主要产品的主要技术经济指标的执行情况,可以考核各种主要产品单位成本计划的执行结果,分析各成本项目和消耗定额的变化及其原因,并便于在生产同种产品的企业之间进行成本对比,进而查明各种主要产品单位成本升降的具体原因,以利于找出差距,挖掘潜力,降低成本。

现以甲产品为例说明主要产品单位成本表的编制。

【例7-3】某企业甲产品单位成本表的格式和内容详见表7-4。

表7-4　　　　　　　　主要商品产品单位成本表
20××年12月

产品名称:甲　　　　　　　　　　　　　　产品销售单价:450元
产品规格:××　　　　　　　　　　　　　本月实际产量:110
计量单位:件　　　　　　　　　　　　　　本年累计实际产量:1 200

成本项目	历史先进水平	上年实际平均	本年计划	本月实际	本年累计实际平均
直接材料(元)	235	237	234	231	232
直接人工(元)	74	75	76.50	79.50	80
制造费用(元)	26	28	26.50	25.50	24.5
生产成本合计(元)	335	340	337	336	336.5
主要技术经济指标	耗用量				
A 材料(千克)	23	25	20	18	22
B 材料(千克)	35	34	32	30	33
C. 燃料(千克)					

该表一般由按成本项目反映的单位成本和主要技术经济指标两部分组成。该表的单位成本部分是最主要的组成部分，可以分别按"历史先进水平""上年实际平均""本年计划""本月实际"和"本年累计实际平均"等栏目列示各种单位成本资料，便于多角度分析比较。该表的技术经济指标部分，主要反映 A 材料、B 材料的消耗数量。

上述除"历史先进水平"外，其余各栏目的"生产成本合计"应与"全部商品产品成本表（按产品种类反映）"即表 7-2 中的相应的单位成本相符。

主要产品单位成本表的填列方法：

（1）"本月计划产量"和"本年累计计划产量"项目，应根据本月和本年产品产量计划资料填列。

（2）"本月实际产量"和"本年累计实际产量"项目，应根据统计提供的产品产量资料或产品入库单填列。本月实际产量应根据产品成本明细账或库存商品成本汇总表填列；本年累计实际产量应根据上月本表的本年累计实际产量，加上本月实际产量计算填列。

（3）"销售单价"应根据产品定价表填列。

（4）"主要技术经济指标"项目，是反映主要产品每一单位产量所消耗的主要 A 材料、B 材料的数量。①"历史先进水平"，应根据该企业历史上该种产品成本最低年度本表的实际单位耗用量填列。②"上年实际平均耗用量"，根据上年度本表的累计实际平均耗用量填列。③"本年计划耗用量"，应根据本年度成本计划中的资料填列。④"本月实际耗用量"，应根据产品成本明细账或产成品成本汇总表中的资料填列。⑤"本年累计实际平均耗用量"，应根据本年年初起至报告期末止，该产品成本明细账完工入库产品的本年累计实际耗用量与本年累计实际产量之商填列。

（5）"历史先进水平"，是指本企业历史上该种产品成本最低年度的实际平均单位成本和实际单位用量填列。

（6）"上年实际平均"，是指上年实际平均单位成本和单位用量。应根据上年度本表的本年累计实际平均单位成本和单位用量的资料填列。

（7）"本年计划"，是指本年计划单位成本和单位用量。应根据本年度成本计划中的资料填列。

（8）"本月实际"，是指本月实际单位成本和单位用量。应根据本月完工的该种产品成本明细账或产成品成本汇总表中有关本月的资料填列。

（9）"本年累计实际平均"，是指本年年初至本月末止该种产品的实际平均单位成本和单位用量。应根据年初至本月末止的已完工产品成本计算单等有关资料，用本年累计实际总成本与本年累计实际产量之商，采用加权平均法计算后填列，其计算公式如下：

某产品实际平均单位用量＝该产品累计总用量/该产品累计产量

要注意的是，本表对不可比产品，则不填列"历史先进水平""上年实际平均"的单位成本和单位用量。

四、各种费用报表的编制

各种费用是指企业在生产经营过程中，各个车间、部门为进行产品生产、组织和管理生产经营活动所发生的制造费用、销售费用、管理费用和财务费用。制造费用属于产品成本的组成部分，销售费用、管理费用和财务费用属于期间费用。

编制上述四种费用报表的作用在于反映各项费用计划的执行情况，分析各种费用变动的原因以及对产品成本和当期损益的影响。

制造费用明细表、销售费用明细表、管理费用明细表和财务费用明细表分别按制造费用项目、销售费用项目、管理费用项目和财务费用项目，反映各项费用的本年计划数、上年同期实际数、本月实际数和本年累计实际数。

1. 制造费用明细表的结构和编制方法

制造费用明细表是反映企业在报告期内发生的各项制造费用的报表。利用制造费用明细表所提供的资料，可以分析制造费用的构成和各项费用增减变动情况，考核制造费用预算的执行结果，以便进一步采取措施，节约开支，降低费用，从而降低产品的制造成本。

制造费用明细表的格式和内容见表7－5。

【例7－4】某企业20××年12月制造费用明细表的格式如表7－5所示。

表7－5 　　　　　　　　　制造费用明细表

20××年12月　　　　　　　　　　　　　　　单位：元

项目	本年计划数	上年同期实际数	本月实际数	本年累计实际数
职工薪酬	100 000	9 000	9 100	105 000
折旧费	90 000	8 800	8 900	86 400
租赁费	13 000	1 260	1 360	14 200
修理费	48 000	4 500	4 600	41 200
机物料消耗	16 000	1 750	1 760	15 500
低值易耗品	22 000	2 310	2 320	21 800
取暖费	52 000	5 280	5 300	51 700

续表

项目	本年计划数	上年同期实际数	本月实际数	本年累计实际数
水电费	48 000	5 050	5 060	47 300
办公费	30 000	3 140	3 160	33 000
差旅费	30 000	2 800	300	27 900
保险费	50 000	6 300	6 500	49 300
设计制图费	19 000	1 920	1 960	18 100
试验经验费	31 000	3 300	3 400	36 700
劳动保护费	44 000	4 100	4 200	43 200
其他	20 000	2 080	2 090	21 000
合计	613 000	61 590	62 710	612 300

制造费用明细表的结构是按规定的制造费用项目，分别反映"本年计划数""上年同期实际数""本年累计实际数"。这样做，便于用本年实际数分别同本年计划数和上年同期实际数进行比较，以便加强对制造费用的管理。其中：

（1）"本年计划数"各项数字，根据制造费用的年度计划数填列。

（2）"上年同期实际数"各项数字，根据上年同期本表"本年累计实际数"填列。如果表内所列项目和上年度的费用项目在名称或内容上不一致，应对上年度的各项数字按照表内规定的项目进行调整。

（3）"本年累计实际数"各项数字，填列自年初起至编报月月末止的累计实际数，应根据"制造费用"总账科目所属各基本生产车间制造费用明细账本年年初起至本月月末止的本年累计发生额汇总计算填列，也可以根据上月本表的本年累计实际数与本月实际数之和填列。

2. 期间费用明细表的结构和编制方法

期间费用报表一般包括管理费用明细表、销售费用明细表、财务费用明细表。它们的结构基本相同，都是按照规定的费用项目，分别反映"本年计划数""上年实际数"和"本年实际数"，这样反映便于用本年实际数分别同本年计划数和上年实际数进行比较，以便加强对费用的控制和管理。

管理费用明细表、财务费用报表明细表和销售费用明细表各项目的填列方法为："本年计划数"各项目数字，根据本年度各项费用预算填列。"上年实际数"各项目数字，根据上年度本表的"实际数"

相应数字填列。如果表内所列费用项目和上年度的费用项目在名称和内容上不相一致,应对上年度的各项数字按本年度表内项目的规定进行调整。"本年实际数"各项目数字,根据本年度"管理费用明细账""财务费用明细账""销售费用明细账"中各项费用的累计数填列。

有关期间费用报表的格式和内容参见表7-6、表7-7、表7-8。

(1) 销售费用明细表的结构和编制方法。

【例7-5】某企业20××年12月销售费用明细表的格式如表7-6所示。

表7-6　　　　　　　　销售费用明细表

20××年12月　　　　　　　　　　　单位:元

项目	本年计划数	上年同期实际数	本月实际数	本年累计实际数
职工薪酬	85 000	8 280	8 290	83 100
差旅费	44 200	4 392	4 397	43 400
办公费	21 500	2 080	2 081	19 700
保险费	21 000	1 900	1 910	19 500
修理费	2 800	280	290	2 890
物料消耗	2 200	226	227	3 100
运杂费	8 000	860	880	8 560
包装费	4 000	508	509	4 600
折旧费	6 000	680	690	5 700
…	…	…	…	…
其他	2 000	160	150	2 070
合计	201 600	19 366	19 424	205 360

此表按销售费用项目分别反映各项费用的本年计划数、上年同期实际数、本月实际数和本年累计实际数。其中,本年计划数应根据本年销售费用计划填列;上年同期实际数应根据上年同期销售费用明细表的本月实际数填列;本月实际数应根据销售费用明细账的本月合计数填列;本年累计实际数应根据销售费用明细账的本月末累计数计算填列。

(2) 管理费用明细表的结构和编制方法。

【例7-6】某企业20××年12月管理费用明细表的格式如表7-7所示。

表 7-7　　　　　　　　　　　管理费用明细表

20××年12月　　　　　　　　　　　　单位：元

项目	本年计划数	上年同期实际数	本月实际数	本年累计实际数
职工薪酬	95 000	9 200	9 300	96 000
折旧费	70 000	7 100	7 120	73 000
办公费	56 000	5 100	5 200	53 400
修理费	30 000	3 100	3 200	38 000
差旅费	42 000	4 100	4 110	46 030
物料消耗	12 000	1 200	1 220	11 000
劳动保险费	10 000	990	1 100	10 000
待业保险费	14 250	1 380	1 400	14 400
低值易耗品摊销	9 000	950	960	9 300
…	…	…	…	…
其他	18 000	2 050	2 060	15 000
合计	404 000	41 325	41 735	402 130

此表按管理费用项目分别反映各项费用的本年计划数、上年同期实际数、本月实际数和本年累计实际数。其中，本年计划数应根据本年企业行政管理部门的管理费用计划填列；上年同期实际数应根据上年同期管理费用明细表的本月实际数填列；本月实际数应根据管理费用明细账的本月合计数填列；本年累计实际数应根据管理费用明细账的本月末累计数计算填列。

（3）财务费用明细表的结构和编制方法。

【例 7-7】某企业 20××年12月财务费用明细表的格式如表 7-8 所示。

表 7-8　　　　　　　　　　　财务费用明细表

20××年12月　　　　　　　　　　　　单位：元

项目	本年计划数	上年同期实际数	本月实际数	本年累计实际数
利息支出	110 000	11 800	11 900	102 000
金融机构手续费	22 000	2 180	2 190	21 350
汇兑损失	4 500	570	580	6 100
其他筹资费用	12 000	1 500	1 600	11 420
合计	148 500	16 050	16 270	140 870

此表按财务费用项目分别反映各项费用的本年计划数、上年同期实际数、本月实际数和本年累计实际数。其中，本年计划数应根据本年财务费用计划填列；上年同期实际数应根据上年同期财务费用明细表的本月实际数填列；本月实际数应根据财务费用明细账的本月合计数填列；本年累计实际数应根据财务费用明细账的本月末累计数计算填列。

五、质量成本报表与环境成本报表

1. 质量成本报表

质量成本报表属于特殊目的的成本报表，是根据企业质量管理的需要，按照企业实际发生的各种质量成本项目进行分类汇总和归集，计算企业实际发生的质量成本，用以反映、分析和考核企业一定时期内质量成本预算执行情况和控制情况的内部成本报表，反映的内容包括预防成本、鉴定成本、内部失败成本和外部失败成本。质量成本报表应该由会计部门会同质量管理部门共同编制。

质量成本信息发生在生产经营过程的各个环节中，在每一个环节控制质量成本需要解决的问题，可能涉及许多部门，这就需要确定追踪和控制质量成本的网点。质量成本表的内容就是根据各网点追踪和控制质量成本的具体内容和对质量管理分工的要求来确定的。各网点的质量成本表和汇总的质量成本表，都应反映质量成本有关项目的预算控制数、实际数和差异数。

质量成本表的主要作用有：

（1）利用质量成本表提供的信息，有利于正确处理产品质量与产品成本、经济效益三者之间的关系。因为产品质量是在设计和加工过程中形成的，因此，适度地增加预防成本，可能会避免外部和内部故障成本的发生，从而降低产品成本，增加经济效益。如果预防成本增加过度，不仅与增加经济效益发生矛盾，而且会造成质量溢出浪费。进行质量成本核算，编制质量成本表，能够为企业管理机构提供相关的信息，有助于正确处理质量成本、产品成本和经济效益三者之间的辩证关系。

（2）利用质量成本表提供的信息，有利于分析质量成本各构成项目之间的内在联系，实现质量成本总体最优化控制。质量成本各构成项目之间存在着对立统一的辩证关系。如预防成本的增加，必然会使故障成本减少；而预防成本的减少，又会使故障成本增加。质量成本表是揭示质量成本各构成项目之间相互影响和相互制约的内在联系，这对于研究质量成本构成变化的规律性，寻求质量成本总体的最优化起着重要的作用。

（3）根据质量成本表提供的信息，可以帮助企业全面提高质量管理水平。企业通过对质量成本表项目指标的分析，可以了解质量成本计划的执行情况和结果，及时发现企业在质量管理中的薄弱环节，采取有效措施改善企业的质量监控机制，不断提高企业的质量管理水平。

（4）利用质量成本表提供的信息，可用来分析和考核质量成本的管理责任，推动企业内部经济责任制严格实施，从而促使企业内部经济责任制的不断完善，企业经济责任制的健全、完善，也就更有利于对质量成本的控制。

质量成本表编制的依据主要有：

（1）表中质量成本的实际数一般来源于原始记录和原始凭证。如废品通知单、返修单、检验工时报告单、质量事故减产损失计算表及各种台账的统计数等。质量管理各网点的核算人员，应负责收集原始资料，进行登记、汇总，并据以编制质量成本表。

（2）表中质量成本的预算控制数，应根据计划年度企业制订的质量成本预算控制数逐项填列。

（3）表中的差异数应根据质量成本实际数与预算控制数逐项计算填列。差异栏中用金额表示的差异应等于实际数减去预算控制数，用百分比表示的差异应等于差异额除以预算控制数求得的。

质量成本报表是根据质量成本的日常核算资料进行编制的。进行质量成本核算时，必须搞好统计工作，及时、准确地统计因发生废品而损失的材料、工时等，为正确进行质量成本核算提供可靠的原始资料。质量成本有显见成本与隐含成本之分，显见成本可用会计方法进行核算，对未实际支出的隐含成本，如质量事故的停工损失、产品降级损失、产品降价损失等，很难用会计方法进行核算，只能用统计方法计算确定。因此，质量成本的核算可以说是以会计核算为主，统计核算为辅，相互配合，才能全面、正确、及时地反映质量成本。根据日常核算的资料进行质量成本报表的编制，质量成本报表包括两类：第一类汇总反映全厂质量成本的实际发生额；第二类分别反映各部门的质量成本发生数及其与计划数的差额。

汇总反映全厂质量成本的实际发生额的报表见【例7-8】。

【例7-8】某企业20××年12月质量成本汇总表的格式如表7-9所示。

表 7-9　　　　　　　　　　　　质量成本汇总表

20××年12月　　　　　　　　　　　单位：元

成本项目	明细项目	预算数 ①	实际数 ②	差异额 ③=②-①	差异率④=③÷①×100%
预防成本	1. 设计工程费	2 800	2 920	120	4.29
	2. 流程改进费	800	850	50	6.25
	3. 培训费	2 400	2 690	290	12.08
	4. 审计费	3 000	3 200	200	6.67
	5. 评估费	900	900	0	0
	6. 维修费	9 900	10 560	660	6.67
	7. 其他				
	小计	19 800	21 120	1 320	6.67
鉴定成本	1. 验收费	450	460	10	2.22
	2. 包装检验费	200	120	-80	-40
	3. 设备检测费	600	700	100	16.67
	4. 外部鉴定费	900	1 000	100	11.11
	5. 其他	190	180	-10	-5.26
	小计	2 340	2 460	120	5.13
内部失败成本	1. 废品损失	1 200	1 210	10	0.83
	2. 返工费用	960	860	-100	-10.42
	3. 停工检验费	1 600	1 800	200	12.5
	4. 重新测试费	200	200	0	0
	5. 设备变更费	300	400	100	33.33
	6. 其他				
	小计	4 260	4 470	210	4.93
外部失败成本	1. 退货损失	900	950	50	5.56
	2. 折价损失	1 000	1 200	200	20
	3. 保修损失	200	300	100	50
	4. 赔偿损失	1 000	900	-100	-10
	5. 其他				
	小计	3 100	3 350	250	8.06
	质量成本合计	29 500	31 400	1 900	6.44
	本期产品生产总成本	850 400	850 000	-400	-0.05
	质量成本率（%）	3.47	3.69	—	0.22

此表分别反映各项质量成本项目的实际发生数。该数据根据质量成本明细账进归类汇总。质量管理各网点的核算人员应负责收集原始资料,进行登记、汇总,最后提供给会计部门编制凭证、登记账簿并编制质量成本汇总表。通过将预防成本、鉴定成本、内部失败成本和外部失败成本四类成本项目进行汇总,便得到质量成本合计数。表中的本期产品生产总成本来源于生产成本明细账。质量成本率＝质量成本合计/本期产品生产总成本。质量成本率越高,表明企业的质量成本管理与控制水平越差。

2. 环境成本报表

环境成本报表属于特殊目的成本报表,是根据环境成本管理的需要,按照企业实际发生的各种环境成本项目进行分类汇总和归集,以综合反映企业在一定时期内关于环境成本管理和控制情况的报表。

环境成本报表一般可以按照环境成本项目进行编制,用以分类反映各种环境成本项目的发生数,便于企业根据此表进行环境成本分析和管理。

【例7-9】某企业20××年12月环境成本汇总表的格式如表7-10所示。

表7-10　　　　　　　　　环境成本汇总表

20××年12月　　　　　　　　　　　　单位:元

成本项目	明细项目	环境成本
环境保护成本	1. 培训费	15 000
	2. 产品设计费	5 000
	3. 设备挑选费	2 000
	4. 环境评估费	4 000
	5. 其他	100
	小计	26 100
环境监测成本	1. 检查费	1 500
	2. 指标制定费	1 200
	3. 污染程度检测费	5 000
	4. 其他	800
	小计	8 500
内部失败成本	1. 污染控制设备操作费	15 000
	2. 污染控制设备维护费	5 000
	3. 废料回收费	2 000
	4. 其他	1 000
	小计	23 000

续表

成本项目	明细项目	环境成本
外部失败成本	1. 湖泊清理费	30 000
	2. 土地恢复治理费	10 000
	3. 赔偿损失	2 000
	4. 其他	2 000
	小计	44 000
环境成本合计		20 500
本期产品生产总成本		850 000
环境成本率（%）		2.41

此表按各项环境成本项目归集实际发生数。环境成本的实际发生数一般来源于原始记录和原始凭证，如环境培训费用支出单、环境污染赔偿支付单及各种台账的统计数据。通过将环境保护成本、环境监测成本、内部失败成本和外部失败成本四类成本项目进行汇总，便得到环境成本合计数。表中的本期产品生产总成本来源于生产成本明细账。

环境成本率＝环境成本合计÷本期产品生产总成本

环境成本率越高，表明企业的环境成本管理水平越差。需要说明的是，此表还提供了环境成本结构的信息，企业可以根据各类环境成本的相对比重，进行有针对性的环境成本管理。

第三节 成本分析

一、成本分析的程序和方法

（一）成本分析的意义

1. 成本分析的含义

成本分析是为了满足企业各管理层了解成本状况及进行经营决策的需要，以成本核算资料为基础，结合其他有关的计划和统计资料，采用一定的方法反映成本各项指标的变动以及指标之间的相互关系，评价企业成本计划完成情况以揭示影响成本升降的各种因素及其变动的原因，寻找降低成本的潜力，是企业对管理中存在的问题及业绩进行分析解剖的一种管理活动。

2. 成本分析的意义

（1）通过成本分析，可以考核企业成本计划的执行情况，评价企业过去的成本管理工作。成本分析有利于培育企业的成本竞争优势。21世纪，企业的成本竞争优势决定了企业在市场中的地位。

（2）通过成本分析，可以揭示问题和差距，促使企业挖掘降低成本的潜力，寻求降低成本的途径，成本分析是增加企业利润的根本途径。通过成本控制，企业不仅能增加利润，而且能使销售利润率得到显著改善。

（3）通过成本分析，可以认识和掌握成本变动的规律，从中总结成本管理的经验和教训，提高企业的成本管理水平。成本分析为有效的策略调整提供保障，企业做任何策略调整都要基于成本之上。如调整价格，只有在成本调整的基础上进行价格调整才是正确的成本分析。可以为企业编制成本计划、预算和进行经营决策提供可靠的依据。

（4）通过成本分析，可以检查企业成本管理行为的合理合法性，从而促使企业更好地贯彻有关成本管理的法规和制度。

（5）通过成本分析，可以分清成本管理的经济责任，了解各项成本管理责任制度是否健全，促使企业完善成本管理责任制度。成本分析为日常工作的改善提供信息支撑，提高工作效率、提升工作价值都可以从成本控制着手。分析成本的控制点，可以明确工作的核心重点。

3. 影响产品成本的因素

提高或降低企业产品成本是由固有因素、宏观因素和微观因素共同影响、综合作用的结果。进行成本分析应明确如下三大类因素。

（1）固有因素。所谓固有因素，就是指企业建厂时先天条件的好坏对企业产品成本影响的因素，主要包括：企业地理位置和资料条件；企业规模和技术装备水平；企业的专业化协作水平。

（2）宏观因素。所谓宏观因素，就是从整个国民经济活动这样一个宏观的方面来观察的因素，主要包括：宏观经济政策的调整；成本管理制度的改革；市场需求和价格水平。

（3）微观因素。所谓微观因素，就是从企业本身的经济活动这样一个微观的方面来观察的因素，主要包括：劳动生产率水平；生产设备利用效果；原材料和燃料动力的利用情况；产品生产的工作质量；企业的成本管理水平；企业精神文明建设情况。

通常企业本身无法控制和改变固有因素和宏观因素，因此可以控制、调整的微观因素对企业管理来说更加重要，产品成本是与企业各项管理相联系的某些微观因素的集中反映，成本越高，企业的管理水平就越低，反之亦然。但是三类因素在不同企业、不同时期的划分不是固定不变，只是相对而言的。因此，企业在不忽略对客观因素的管理的同时应紧抓企业可控因素。

（二）成本分析的程序

成本分析的一般程序，可以概括为以下几个步骤：

1. 明确分析目标

要进行成本分析，首先要明确分析目标。概括来说，成本分析的目标有三个：第一，降低成本，找到成本降低点；第二，为业绩评价提供依据；企业的成本实施预算、销售费用预算达成率等都属于业绩评价；第三，为决策提供信息支持，其包括为公司产品的定价和选择提供分析信息等。

2. 确定分析对象

确定分析对象是指对材料成本、员工成本、销售费用、管理费用还是财务费用等进行分析。一般来说，分析的原则有两个：一是全面分析；二是重点分析，也即专项分析。通常在实务过程中，建议做重点分析，如要控制差旅费就做差旅费的专项分析。

另外，需注意的是，在分析过程中，最忌讳出现什么都想分析但都分析不到位的情况。因此，一个阶段的重点分析对象不可太多，时间精力有限，要用有限的时间去做最有价值的事情。

3. 数据的收集与汇总

分析对象确定后，企业就要围绕对象收集数据，如果数据不全就会导致分析结果失去价值，因此，数据的收集和汇总非常关键。收集与汇总数据的标准主要有三个：第一，及时。数据不及时会误导决策。比如，生产部门领用1 000千克原材料，原材料已经到了生产现场，但是信息化经销圈系统没有开单或审核，系统没有扣账，账面上有2 000千克，但实际上只有1 000千克。如果用2 000千克来分析，就会误导企业的材料采购，导致库存呆滞。第二，完整。数据完整非常关键。如做成本对比时，分析的结果是某月工资成本下降，而实际上有一项费用没加进来，这会导致决策失误。第三，正确。很多企业的相关部门不太重视数据，甚至连财务部都不清楚报表数据是否准确，得出的结果也就很难保证正确了。

数据的收集与汇总，要注意解决财务报表延迟问题。在企业的经营中，财务部发挥着显示器、监视器、预警器、制动器四大价值功能，因此，在成本分析的流程中，财务部的工作非常重要。作为企业的显示器，大部分企业的财务工作都出现延迟和滞后的现象，从而造成财务报表失去价值。事实上，财务报表每提前一天上交，其信息价值就增加一级，所以，企业要进行成本控制，首先就要解决财务报表延迟的问题，即将显示器提前。要将显示器提前，最简单的技巧就是分层次上交报表。分层有两种方式：第一，月末工作平时化。把月末要做的事情放到平时来做，另外销售单据当天审核，不要积压。第二，月初工作月末化。将这个月初要做的事情在上个月月末完成，如折旧计提、费用摊销、客户对账等工作都可以提前做。

4. 运用恰当的分析方法

所选用方法要实际化。简单实用的方法才是好方法，好的分析方法要实用、容易得出结论且能让老板看懂。比如，财务分析中的杜邦分析法对上市公司很实用，但对民营企业不一定实用。

5. 得出分析结论

企业的财务部在进行财务分析报告时，无论结论是好是坏都应当总结后得出结论。需注意的是，财务分析中绝不能带有个人感情色彩，财务人员不可优柔寡断，分析要客观，结论观点要鲜明简练。此外，得出结论并不是最终目的，一个好的财务分析要实现三大目标：呈现事实、解释变化、调试未来。

6. 提出优化与改进建议

分析人员对信息掌握得最全面，对整个流程也最了解，因此提出优化和改进建议非常关键。这是整个分析的价值体现，也是真正使企业业绩改善的精华部分。

从上述分析的一般程序中可以看出，成本报表分析的过程实际上是成本指标的分解和综合相结合的过程。通过指标分解可以使分析不断深入，通过综合分析才能获得对企业成本工作全面、本质的认识。这一程序也体现了定性分析和定量分析相结合的原则要求。没有定性分析就弄不清事物的本质、趋势和与其他事务的联系，没有定量分析就弄不清影响因素的数量界限及事物发展的阶段性和特殊性。

（三）成本报表的分析方法

在对成本报表进行分析的过程中，在研究各项成本指标的数量变动和指标之间的数量关系、测定各种因素变动对成本指标的影响程度时，还要应用数量分析方法。通常有以下几种方法：

1. 比较分析法

比较分析法是一种应用范围十分广泛的成本分析方法，该方法的基本思路是从相对差异和绝对差异两个方面对比两个同质指标，以数量确定二者的差异，目的在于揭示客观事实，明确解决问题的方向。

由于各企业有不同的分析目的和要求，比较分析法在实际操作中一般有以下几种：

（1）以计划指标或定额指标作为基期指标，通过实际指标与其相比，可以了解成本计划或定额的执行情况，找出实际成本与计划成本或与定额成本的差异，检查成本计划或定额的完成情况。二者存在差异时，应主要看成本的制定是否缺乏科学性和先进性。但前提是制订的计划或定额要先进可行。计算公式如下：

实际成本与计划成本对比或与定额成本对比，找出实际成本与计划成本或与定额成本的差异，检查成本计划或定额的完成情况。二者存在差异时，应主要看成本的制定是否缺乏科学性和先进性。计算公式如下：

$$实际成本与计划成本（或定额成本）的相对差异 =$$
$$实际成本 / 计划成本（定额成本）\times 100\%$$
$$实际成本与计划成本（或定额成本）的绝对差异 =$$
$$实际成本 - 计划成本（定额成本）$$

（2）以以前实际指标（上月、上季、上年同期、历史先进或最好水平等）作为基期指标，通过实际指标与其相比，可以考察企业成本的发展变化趋势以及经营管理工作的改进情况，揭示企业成本指标的变动情况和变动趋势，了解企业生产经营水平、管理水平等的改进情况。分析公式为：

$$相对差异 = 本期实际成本 \div 上期实际成本 \times 100\%$$
$$绝对差异 = 本期实际成本 - 上期实际成本$$

（3）以国内外同行业的先进指标作为基期指标，通过本企业的实际指标（或某项技术经济指标）与其相比，可以开阔眼界，在更大范围内找差距，有利于学习先进经验，提高企业的经营管理水平，提高经济效益，分析公式：

$$相对差异 = 本期（本企业）实际成本 / 国内外同行业先进成本 \times 100\%$$
$$绝对差异 = 本期（本企业）实际成本 - 国内外同行业先进成本$$

但要注意的是，比较分析法只适用于同质指标的数量对比。因此，采用此种分析方法的前提条件是用来进行对比的两个指标之间应具可比性，一是指标间的计算方法、计算单位、计算价格和时间可比，二是同行业间进行横向比较的企业规模、技术经济特点可比。

比较分析法是经济分析中广泛应用的一种分析方法。对比的范围越广泛，就越能发现差距，越有利于企业挖掘潜力，学习和推广先进经验。

2. 比率分析法

比率分析法是指通过计算和对比经济指标的比率进行数量分析的一种方法。采用这种方法，先要把对比的数值变成相对数，求出比率，然后再进行对比分析。比如，将销售费用与销售收入比较得出销售费用率，将管理费用除以销售收入得出管理费用率等。

在成本分析中，企业应在遵从教科书中既有指标的基础上，结合行业特性和企业现状，设计指标值，创造出比率值。需注意的是，指标值应简单、易懂、易控制,让专业人士与非专业人士都可以计算。

比率分析法实质上也是一种比较分析法,是相对数指标的实际数与基数的对比分析。分析的内容、要求不同,计算出来进行比较的比率也不同,主要有以下几种:

(1) 相关指标比率分析法。所谓相关指标比率分析法就是计算两个性质不同而又相关的指标的比率(即相对数),进行数量分析的一种方法。例如,将成本指标与反映生产、销售等生产经营成果的产值、销售收入、利润指标对比求出的产值成本率和成本费用利润率指标,可据以分析和比较生产耗费的经济效益。

(2) 构成比率分析法。所谓的构成比率又称结构比率,是指某项指标的各个组成部分占总体的比重,故构成比率分析法也称为比重分析法,即通过计算部分与全部的比率进行数量分析的一种方法。例如,将构成产品成本的各个成本项目同产品成本总额相比,计算其占成本的比重,确定成本的构成比率,然后将不同时期的成本构成比率相比较,通过观察产品成本构成的变动,掌握经济活动情况,了解企业改进生产技术和经营管理对产品成本的影响。

(3) 动态比率分析法。动态比率分析法也叫趋势分析法,是通过对连续若干期相同指标数值(这里的相同指标可以是绝对数指标,如成本、利润等,也可以是相对数指标,如产值成本率、成本利润率等)的动态比较,来分析该指标的增减速度以及发展变化趋势,从而发现企业在生产经营方面取得的成绩或存在的不足的一种分析方法。

采用的基期数值不同,计算出来的动态比率也不同。在进行动态比较时,本期的实际指标若是与固定不变的某期的基数指标进行对比,称为定比,求得的指标就是定基指数;本期的实际指标若是分别与上一期的指标对比,称为环比,求得的指标就是环比指数,其计算公式如下:

$$基期指数 = \frac{分析期指标数额}{固定期指标数额}$$

$$环比指数 = \frac{分析期指标数额}{前一期指标数额}$$

【例7-10】假定某企业甲产品连续四年实际单位成本为900元、910元、930元、920元。

如果以第一年为基期,以该年单位成本900元为基数,可以计算其他各年甲产品单位成本与之相比的定基比率如下:

第二年:$\frac{910}{900} \times 100\% = 101\%$

第三年:$\frac{930}{900} \times 100\% = 103\%$

第四年：$\frac{920}{900} \times 100\% = 102\%$

通过以上计算可以看出，甲产品单位成本第二年、第三年比第一年有上升趋势，但第四年又有所下降。

如果分别以上一年为基期，可以计算各年环比比率如下：

第二年比第一年：$\frac{910}{900} \times 100\% = 101\%$

第三年比第二年：$\frac{930}{910} \times 100\% = 102\%$

第四年比第三年：$\frac{920}{930} \times 100\% = 98.9\%$

通过以上计算可以看出，甲产品的单位成本变动趋势呈倒马鞍形，第二年、第三年呈上升趋势，第四年又有所下降。

3. 因素分析法

所谓因素分析法（又称连环替代法），是指将一个需要分析的综合指标分解成若干个相互联系的构成因素（即建立起各个因素与该综合指标之间的函数关系），通过一定的计算程序和方法，定量地确定各个因素对分析指标差异的影响程度的一种分析方法。在成本分析中采用因素分析法，就是将构成成本的各种因素进行分解，测定各个因素变动对成本计划完成情况的影响程度，并据此对企业的成本计划执行情况进行评价，并提出进一步的改进措施。该法是各项因素替换结果的对比，所以实质上也是一种对比分析法。

采用因素分析法的程序如下：

（1）将要分析的某项经济指标分解为若干个因素的乘积。在分解时应注意经济指标的组成因素应能够反映形成该项指标差异的内在构成原因，否则，计算的结果就不准确。如材料费用指标可分解为产品产量、单位消耗量与单价的乘积。但它不能分解为生产该产品的天数、每天用料量与产品产量的乘积。因为这种构成方式不能全面反映产品材料费用的构成情况。

（2）计算经济指标的实际数与基期数（如计划数、上期数等），从而形成了两个指标体系。这两个指标的差额，即实际指标减基期指标的差额，就是所要分析的对象。各因素变动对所要分析的经济指标完成情况影响合计数，应与该分析对象相等。

（3）确定各因素的替代顺序。在确定经济指标因素的组成时，其先后顺序就是分析时的替代顺序。在确定替代顺序时，应从各个因素相互依存的关系出发，使分析的结果有助于分清经济责任。替代的顺序一般是先替代数量指标，后替代质量指标；先替代实物量指标，后替代货币量指标；先替代主要指标，后替代次要指标。

（4）计算替代指标。其方法是以基期数为基础，用实际指标体系中的各个因素，逐步顺序地替换。每次用实际数替换基数指标中的一个因素，就可以计算出一个指标。每次替换后，实际数保留下来，有几个因素就替换几次，就可以得出几个指标。在替换时要注意替换顺序，应采取连环的方式，不能间断，否则，计算出来的各因素的影响程度之和，就不能与经济指标实际数与基期数的差异额（即分析对象）相等。

（5）计算各因素变动对经济指标的影响程度。其方法是将每次替代所得到的结果与这一因素替代前的结果进行比较，其差额就是这一因素变动对经济指标的影响程度。

（6）将各因素变动对经济指标影响程度的数额相加，应与该项经济指标实际数与基期数的差额（即分析对象）相等。

【例7-11】某企业影响材料费用总额的各项指标的计划数和实际数资料如表7-11所示。

表7-11　　　　　　　　材料费用各项指标

项目	单位	计划数	实际数	差异
产品产量	件	90	100	+10
单位产品材料消耗量	公斤	32	30	-2
材料单价	元	16	19	+3
材料费用总额	元	46 080	57 000	+10 920

我们知道，材料费用总额受产品产量、单位产品材料消耗量、材料单价三个因素的影响，并有下列经济关系存在：

材料费用总额 = 产品产量 × 单位产品材料消耗量 × 材料单价

由资料可知，材料费用总额的实际数比计划数增加10 920元（57 000 - 46 080），这一差异的产生，是因为产量、单位产品材料消耗量、材料单价三个因素综合影响的结果。现将分析过程列在表7-12中。

表7-12　　　　　　　　材料费用差异分析

以计划数为基数①	材料费用总额 = 90 × 32 × 16 = 46 080（元）
首先用产品产量的实际数替代其计划数② 产量变动对材料费用总额的影响	材料费用总额的替代值 100 × 32 × 16 = 51 200（元） 影响值② - ①51 200 - 46 080 = 5 120（元）
其次用单位产品材料消耗量的实际值替代计划数③ 单位产品材料消耗对材料费用总额的影响	替代值 100 × 30 × 16 = 48 000（元） 影响值③ - ②48 000 - 51 200 = -3 200（元）

续表

其三用材料单价的实际值替代计划数④ 材料单价变动对材料费用总额的影响	替代值 100×30×19＝57 000（元） 影响值④－③57 000－48 000＝9 000（元）
各因素影响值之和	5 120＋（－3 200）＋9 000＝10 920（元）

该方法思路是先计算出综合指标的各影响因素的实际值与计划数之间的差异，然后按事先的替代顺序依次计算出各因素变动对综合指标的影响。现应用该方法对上述资料进行分析如下：

（1）确定分析因素。

实际材料费用总额－计划材料费用总额

57 000－46 080＝10 920（元）

（2）测定各因素影响。

①产量变动的影响＝（＋10）×32×16＝＋5 120（元）

②单位产品材料消耗量的影响＝100×（－2）×16＝－3 200（元）

③材料单价变动的影响＝100×30×（＋3）＝＋9 000（元）

合计　　　　　　　　　　＝＋10 920（元）

成本是一个综合的经济指标，成本的形成与变动是由若干个相互联系的经济因素共同决定的。因素分析法就是把某一综合经济指标分解，为了突出各个因素对这一综合经济指标的影响方向、影响程度和影响水平，从中抓住主要矛盾找出解决的关键所在。连环替代法的基本原理就是从计划水平（基期水平）出发，把各影响因素的计划数（基期数）顺次地用实际数（报告期数）来替代，有几个影响因素就替换几次，每替代一次均与替代前相比较，从而说明被替代的这个因素对综合指标的影响程度，形成一个连环替代，连环相减。然而，这个基本原理的成立是建立在两个假设基础之上的：其一，假设某一综合经济指标的各构成因素之间是根据综合经济指标与各构成因素之间的内在经济关系并按照一定的先后顺序结合在一起的。其二，假设在测定其中某一因素对综合经济指标的影响值时，其他因素不变。

以上所述只是常用的几种数量分析方法。此外，还可以根据分析的目的和要求，采用分组法、指数法、图表法等其他数量分析方法。

需要指出的是，不论采用什么分析方法，都只能为进一步调查研究指明方向，而不能代替调查研究。要确定导致成本管理工作好坏的具体原因，并据以提出切实有效的建议和措施来改进工作，还必须在采用上述分析方法进行分析的基础上，深入实际调查研究。

二、全部产品生产成本计划完成情况分析

全部产品成本报表是反映工业企业在报告期内生产的全部产品总

成本的报表，全部产品成本分析是一种总括性的分析，属于成本事后分析和成本定期分析。该分析将全部产品按本年实际产量调整的上年（或计划）总成本与实际总成本进行比较，计算出成本降低额和成本降低率，借以评价全部产品成本的升降情况。一般可以从成本项目和产品种类两个角度进行分析。

1. 全部产品生产成本表（按产品种类反映）的分析

进行全部产品成本计划完成情况的总括分析，一般是对比本期的实际成本与计划成本，确定实际成本与计划成本相比的降低额和降低率。由于表中的计划总成本是按实际产量计算的，这样就剔除了产量变动对成本的影响。

具体分析时应用如下公式分别计算确定全部产品、可比产品和不可比产品成本的降低额和降低率。

$$成本降低额 = 实际产量的计划（或上年）总成本 - 实际产量的实际总成本$$

$$成本降低率 = \frac{成本降低额}{实际产量的计划（或上年）总成本} \times 100\%$$

$$= \frac{成本降低额}{\sum(实际产量 \times 计划（或上年）单位成本)} \times 100\%$$

【例 7–12】光明实业 20××年度生产甲、乙、丙三种产品，其中甲、乙是可比产品，丙为不可比产品，其商品产品成本表见表 7–13。

表 7–13　　　　产品成本分析表（按产品类别）　　　　单位：元

商品名称	实际产量		实际比计划的差异	
	计划总成本 ①	实际总成本 ②	降低额 ③=①-②	降低率（%） ④=③÷①
可比产品				
甲	404 400	403 800	600	0.15
乙	296 000	294 400	1 600	0.54
可比产品合计	700 400	698 200	2 200	0.31
不可比产品				
丙	150 000	151 800	-1 800	-1.20
全部商品产品	850 400	850 000	400	0.05

通过上述分析可以看出，该企业可比产品成本实际比计划下降 2 200 元，降低率为 0.31%，而不可比产品成本上升 1 800 元，上升率为 1.2%，最终使全部商品产品成本实际比计划有所下降 400 元，降低率为 0.05%。按产品别来分析全部商品产品成本既能使全部商

品产品的计划执行情况一目了然，也指明了以后的分析方向，突出了管理重点。

2. 全部产品生产成本表（按成本项目反映）的分析

按产品类别进行分析固然能清晰地了解各种产品的成本升降情况，但究竟是哪些成本项目升降还不甚清楚，因而有必要将全部产品成本按成本项目分别进行分析。按成本项目分别进行分析，就是将全部产品的总成本按成本项目分别进行实际总成本与计划总成本对比，然后来确定每个成本项目的降低额和降低率。其计算公式为：

$$成本降低额 = 实际产量的计划（或上年）总成本 - 实际产量的实际总成本$$

$$成本降低率 = \frac{成本降低额}{实际产量的计划（或上年）总成本} \times 100\%$$

$$= \frac{成本降低额}{\sum(实际产量 \times 某产品该成本项目的计划（或上年）单位成本)} \times 100\%$$

根据成本计划和本年有关成本核算资料，按成本项目分别进行全部产品成的分析，见表 7-14。

表 7-14　　　　　　　　产品成本分析表　　　　　　　单位：元

成本项目	本年实际产量的总成本		实际比计划	
	计划总成本 ①	实际总成本 ②	降低额 ③=①-②	降低率（%） ④=③÷①
直接材料	406 460	413 500	-7 040	-1.73
直接工资	192 370	182 600	9 770	5.08
制造费用	248 330	263 000	-14 670	5.91
产品成本	847 160	859 100	-11 940	1.41

分析结果表明，该企业全部商品产品制造成本实际比计划升高主要是由原材料和制造费用升高引起的，这些变动是不利的。对工资项目的降低，企业应该进一步分析了解其变动是由主观因素造成还是客观原因所致，以便采取相应的措施。

如果企业生产的产品全部是可比产品，则按成本项目分别进行全部商品产品成本分析时，还可以采取本年实际与上年实际比较的方式，以总括了解各成本项目的差别。

通过按成本项目别的分析，可以确定全部产品成本实际与计划（或上年）的差异主要是因哪些成本项目变动产生的结果，从而进一步抓住重点项目来研究成本升降的原因，以便企业在日后的成本管理工作中抓住关键,确定主攻方向。按成本项目分别分析的资料来源可借助于产品单位成本表及有关成本计划资料等。

三、可比产品成本降低计划完成情况分析

可比产品成本分析通常采用传统因素分析法对可比产品成本降低任务完成情况进行分析。

1. 可比产品成本降低任务及其完成情况指标的计算

(1) 可比产品成本计划降低任务指标。

可比产品成本降低任务是在编制成本计划时确定的,它主要是反映本年计划成本与上年成本的差异,该差异可以用绝对数和相对数表示,可分别称为计划降低额和计划降低率,其计算公式为如下:

$$可比产品成本计划降低额 = \sum[计划产量 \times (上年实际单位成本 - 本年计划单位成本)]$$

$$可比产品成本计划降低率 = \frac{可比产品成本计划降低额}{\sum(计划产量 \times 上年实际单位成本)} \times 100\%$$

【例7-13】假定【例7-1】中企业本年可比产品成本降低计划表如表7-15所示。

表7-15　　　　　　可比产品成本降低计划表　　　　　单位:元

可比产品	全年计划产量(件)	单位成本		总成本		计划降低指标	
		上年实际平均	本年计划	按上年实际平均单位成本计算	按本年计划单位成本计算	降低额	降低率(%)
甲	1 000	340	337	340 000	337 000	3 000	0.8824
乙	800	376	370	300 800	296 000	4 800	1.5957
合计	—	—	—	640 800	633 000	7 800	1.2172

(2) 可比产品成本实际完成情况指标。

可比产品成本实际完成情况是通过实际核算资料来确定的,它主要是反映本年实际成本与上年成本的差异,该差异也可以用绝对数和相对数表示,可分别称为实际降低额和实际降低率。其计算公式如下:

$$可比产品成本实际降低额 = \sum[实际产量 \times (上年实际单位成本 - 本年实际单位成本)]$$

$$可比产品成本实际降低率 = \frac{可比产品成本实际降低额}{\sum(实际产量 \times 上年实际单位成本)} \times 100\%$$

可比产品成本降低计划的完成情况，详见根据表 7-2 编制的可比产品成本降低计划完成情况表，如表 7-16 所示。

表 7-16　　可比产品成本降低计划完成情况分析表　　单位：元

可比产品	全年实际产量（件）	单位成本		总成本		计划完成情况	
		上年实际平均	本年实际	按上年实际平均单位成本计算	按本年实际单位成本计算	降低额	降低率（%）
甲	1 200	340	336.5	408 000	403 800	4 200	1.0294
乙	800	376	368	300 800	294 400	6 400	2.1277
合计	—	—	—	708 800	698 200	10 600	1.4955

可比产品成本降低任务完成情况的分析，即是通过找出实际完成情况与计划降低任务的差距，分析产生差距的原因，区分有利因素和不利因素，进一步挖掘降低成本的潜力。分析对象可以从绝对数和相对数两个方面反映，以上面表 7-15 和表 7-16 数据为例，其计算公式如下：

分析对象：降低额 = 实际降低额 - 计划降低额 = 10 600 - 7 800 = 2 800（元）

降低率 = 实际降低率 - 计划降低率 = 1.4955% - 1.2172% = 0.2783%

从以上计算中可以看出，可比产品成本降低计划已经完成，实际比计划多降低 2 800 元（或多降低 0.2783%）。

2. 影响可比产品成本降低任务完成情况的因素及各因素的影响程度

影响可比产品成本降低任务完成情况的因素有三个：分别是产品产量因素，品种构成因素和单位成本因素。

（1）产品产量变动的影响。

因为可比产品成本降低任务是根据各可比产品的计划产量分别乘以该产品的单位成本与计划单位成本的差额计算的，可比产品成本的实际完成情况是根据各可比产品的实际产量分别乘以该产品的上年单位成本与实际单位成本的差额计算的。因此，在品种构成不变，单位成本不变的情况下，产品产量的变动就会引起成本降低额发生同比例的变动，但不会影响成本降低率的变动。

（2）品种构成变动的影响。

所谓品种构成，也称品种结构，它是指各种产品数量在全部产品数量总和中所占的比重。由于各种产品的实物量不能简单相加，所以在分析可比产品成本时，一般以上年单位成本为基础计算，则某产品的品种构成可表示为：

某产品的品种构成 =（某产品实物量 × 该产品上年单位成本）/ $\sum$（各产品实物量 × 该产品上年单位成本）

当企业生产两种或两种以上产品时，如果各种产品产量变化不是同比例的，就会引起品种构成变动。一般来说，各种产品的成本降低率是不同的，有高有低，企业如果增大降低率较高的产品生产比重，或减少降低率较低的产品生产比重，企业可比产品平均降低率就会比原来提高，降低额也随之提高；反之，则会使降低率和降低额下降。

假设某企业有甲、乙两种可比产品，可比产品总的计划成本降低率为8%，期中甲产品成本计划降低率为10%，乙产品成本计划降低率为5%，甲、乙产品上年成本占可比产品上年总成本的比重分别是60%、40%，则以各种产品的降低率为计算基础，以各种产品成本占成本（以上年单位成本为基础）的比重为权数计算加权平均数。即：

$$8\% = 10\% \times 60\% + 5\% \times 40\%$$

通过上式计算可以看出，即使个别产品成本降低率没有变化，但只要产品品种结构变动，全部可比产品成本降低率也会发生变化。因此，在实际中可能出现以下情况：

如果甲、乙产品成本降低率完成了计划，但由于降低率较大的甲产品的比重由60%下降到40%，而降低率较小的乙产品的比重由40%上升到60%，这时企业可比产品成本降低率没有完成计划，其计算式如下：

$$40\% \times 10\% + 60\% \times 5\% = 7\%$$

如果甲、乙产品成本降低率都没有完成计划，其中甲产品降低率为9%，乙产品降低率为4%，但由于降低率较大的甲产品的比重由60%上升到80%，而降低率较小的乙产品的比重由40%下降到20%，于是可比产品成本降低率完成了计划，其计算如下：

$$80\% \times 9\% + 20\% \times 4\% = 8\%$$

通过以上计算，可以看到企业可比产品成本降低率，实际上是一个加权平均数，它是以各种产品成本降低率为基础，各种产品比重为权数计算出来的平均降低率。所以，它的变动除受各种产品降低率影响之外，同时还受产品品种结构变动的影响。

（3）单位成本变动的影响。

可比产品成本计划降低额是以本年计划单位成本和上年实际单位成本相比较来确定的；可比产品实际降低额是以本年实际单位成本与上年实际单位成本相比较来确定的。因此，本年实际单位成本较计划单位成本降低或提高时，必然会引起可比产品降低额和降低率的变动。也就是说，实际单位成本越低，降低额和降低率完成计划情况越好。

3. 可比产品成本降低任务完成情况的分析方法

产品产量、品种构成和单位成本三个因素变动对可比产品成本降低任务完成情况影响的分析，可采用因素分析法的基本原理，三个因素影响的代数和必定与分析对象吻合。下面根据【例 7 – 13】及表 7 – 15 和表 7 – 16 的资料，介绍具体分析方法，见表 7 – 17。

表 7 – 17　可比产品降低任务完成情况分析表（因素分析法）　　单位：元

顺序	影响因素			计算方法	
	产量	品种构成	单位成本	降低额	降低率（%）
（1）	计划	计划	计划	计划降低额 7 800	计划降低率 1.2172
（2）	实际	计划	计划	实际产量上年实际总成本 ×计划降低率 708 800 × 1.2172% = 8 627.51	计划降低率 1.2172
（3）	实际	实际	计划	实际产量的上年实际总成本 – 实际产量的本年计划总成本 708 800 – 700 400 = 8 400	$\dfrac{本步骤的降低额}{实际产量的上年实际总成本} \times 100\%$ $\dfrac{8\,400}{708\,800} \times 100\% = 1.1851$
（4）	实际	实际	实际	实际降低额 10 600	实际降低率 1.4955
各因素影响：					
（2）~（1）　产量影响 （3）~（2）　品种构成影响 （4）~（3）　单位成本影响				8 627.51 – 7 800 = 827.51 8 400 – 8 627.51 = –227.51 10 600 – 8 400 = 2 200	0 1.1851 – 1.2172 = –0.0321 1.4955 – 1.1851 = 0.3104
	合计			2 800	0.2783

从表 7 – 17 可以看到，成本降低任务之所以超额完成，主要原因是产量增加和产品单位成本比计划下降，这是企业的成绩所在。此外，品种构成变动也是促使企业超额完成降低任务，但其影响程度是较小的。该厂产品品种构成变动是在企业完成规定的产品品种计划的情况下，多增产甲产品而引起的，这是完全合理的。由此可见，该厂可比产品在增产和节约两方面都取得了一定的成绩。

可比产品成本降低任务完成情况的分析，也可以采用"余额推算法"分别计算各因素变动的影响数。即先计算由于单位成本变动对降低额和降低率的影响，然后用成本降低率的变动总数减去单位成本变动对降低率的影响，其余额即产品品种构成变动对降低率的影响数。以这一影响数乘以可比产品实际产量按上年单位成本计算的总成本,即可推算出品种构成变动对降低额的影响数。最后用成本降低额变动的总数减去单位成本与品种构成变动对降低额的影响,即是产量变动对成本降低额的影响。

现仍以前述资料为例,用"余额推算法"分析计算可比产品成本降低任务完成情况,见表7-18。

表7-18 可比产品成本降低任务完成情况分析表(余额推算法) 单位:元

分析对象 I 降低额(元) 2 800①	产量影响: 总的影响额－单位产品成本的影响－品种构成的影响 2 800 - 2 200 - (- 227.52) = 827.52④	分析对象 II 降低率(%) 0.2783①	产品数量、品种构成影响对成本降低率的影响: 0.2783% - 0.3104% = - 0.0321%③
	品种构成影响: 实际产量的上年总成本×品种结构对成本降低的影响率 708 800 × (- 0.0321%) = - 227.52③		单位成本影响: $\dfrac{单位成本变动对降低额的影响}{实际产量的上年总成本} \times 100\%$ $\dfrac{2\ 200}{708\ 800} \times 100\% = 0.3104\%$②
	单位成本影响: 实际产量的计划总成本－实际产量的实际总成本 700 400 - 698 200 = 2 200②		

由计算结果可见,余额推算法与因素分析结果是一致的(产量和品种结构的影响有0.01元的尾数差),运用上述哪种方法都可以对可比产品成本降低任务完成情况进行分析。需要指出的是,因素分析法步骤清晰明了,对于各因素影响的分析易于理解,只是计算上较为烦琐;余额推算法计算方法简便,但因素的替代程序与计算步骤口径不一;同时,采用余额推算法,一步计算之差将影响以后几步的正确性。

四、主要产品单位成本表的分析

主要产品单位成本表是反映企业在报告期内生产的各种主要产品的单位成本的构成情况和各种主要技术经济指标执行情况的报表。实际上是商品产品成本表的一个附表或补充报表。主要产品的单位成本分析,主要包括一般分析和成本项目分析。分析的依据是企业的主要产品单位成本表、有关定额核算资料、成本计划、统计以及与成本核算有关的业务技术资料等。如果条件允许,企业还可以选择同行业同类型的产品,进行单位成本的横向对比分析。

分析主要产品单位成本的意义，在于揭示各种产品单位成本及其各个成本项目的变动情况，尤其是各项消耗定额的执行情况；确定产品结构、工艺和操作方法的改变，以及有关技术经济指标变动对产品单位成本的影响，查明产品单位成本升降的具体原因。

主要产品单位成本表分析依据是主要产品单位成本表、成本计划和各项消耗定额资料，以及反映各项技术经济指标的业务技术资料等。

主要产品单位成本表分析程序：首先检查本月（或本季、本年度等）各种产品单位成本实际比计划、比上年实际、比历史最好水平的升降情况；然后按成本项目分析其增减变动，查明造成单位成本升降的具体原因，在可能的情况下还可以组织厂际间同类产品单位成本的对比分析。

根据前述的主要产品单位成本表（见表7-4）的有关数据，可编制12月甲产品单位成本分析表，详见表7-19。

表7-19　　　　　　　　甲产品单位成本分析表
20××年12月　　　　　　　　　　单位：元

成本项目	历史最好水平	上年实际平均	本年计划	本年累计实际平均	本月实际	差异			
						比历史最好水平	比上年实际平均	比本年计划	比本年累计实际平均
直接材料	235	237	234	232	231	-4	-6	-3	-1
直接人工	74	75	76.5	80	79.5	+5.5	+4.5	+3	-0.5
制造费用	26	28	26.5	24.5	25.5	-0.5	-2.5	-1	+1
生产成本合计	335	340	337	336.5	336	+1	-4	-1	-0.5

1. 主要产品单位成本变动分析

从表7-19可知，甲产品本月实际单位成本比本年计划、上年实际平均、全年累计实际平均都降低了，虽然还未达到历史最好水平，但总的情况是好的。从成本项目对比中可以看出，产品单位成本的降低主要是由于直接材料、制造费用的节约，说明企业在降低甲产品直接材料、制造费用方面，在改进甲产品的生产组织和劳动组织、提高劳动生产率方面采取了措施，取得了成绩。但是，也要看到直接人工费用本月实际比本年计划、上年实际平均、历史最好水平都超支了，说明可能还存在薄弱环节。为了查明产品单位成本及其成本项目变动的原因，还应进一步对各个成本项目特别是重点项目，即变动影响大的项目做具体分析。

2. 主要成本项目分析

一定时期产品单位成本的高低,是与企业该时期的生产技术、生产组织的状况和经营管理水平,以及采取的技术组织措施效果相联系的。因此,紧密结合企业技术经济方面的资料,查明成本升降的具体原因,是进行产品单位成本各个成本项目分析的要点。

下面以直接材料、直接人工和制造费用几个主要成本项目为例,说明分析的一般方法。

(1) 直接材料费用的分析。

直接材料费用的变动主要受单位产品原材料消耗数量和原材料价格两个因素的变动影响,其变动影响可用差额计算法计算如下:

原材料消耗数量变动的影响 = (实际单位耗用量 - 计划单位耗用量) × 原材料计划单价

原材料价格变动的影响 = (原材料的实际单价 - 原材料的计划单价) × 单位产品原材料实际耗用量

【例7-14】假定表7-4中甲产品的有关单位成本资料如表7-20所示。

表7-20 甲产品单位产品直接材料费用分析表 单位:元

原材料名称	计量单位	耗用量		单价		直接材料费用		差异	
		计划	实际	计划	实际	计划	实际	数量	金额
A	千克	20	18	13.5	14	270	252	-2	-18
B	千克	32	30	8.75	9	280	270	-2	-10
合计						550	522		-28
减:废料回收价值	元					70	47		-23
合计						480	475		-5

甲产品直接材料费用实际比计划降低28元,其中:

第一,由于耗用量变动。

A 材料 -2 × 13.50 = -27 (元)

B 材料 -2 × 8.75 = -17.50 (元)

合计   -44.50 (元)

第二,由于价格变动。

A 材料 (14 - 13.50) × 18 = 9 (元)

B 材料 （9 – 8.75）×30 = 7.50（元）
合计　　　　　　　　　16.50（元）

两因素变动共使甲产品直接材料费用降低 28 元（– 44.50 + 16.50）。

在上述两个因素中，原材料价格变动多属于外界因素，需结合市场供求和材料价格变动情况具体分析。这里重点分析原材料消耗数量的变动情况和变动原因。【例 7 – 14】的计算表明，由于原材料消耗数量变动使甲产品单位产品直接材料费用降低 44.5 元。影响单位产品原材料消耗数量变动的原因很多，归纳起来主要有以下几点：

第一，产品或产品零部件结构的变化。

在保证产品质量的前提下，改进产品设计，使产品结构合理、体积缩小、重量减轻，就能减少原材料消耗，降低直接材料费用。

由于改进产品设计，减轻产品重量对单位产品直接材料费用的影响可按下式计算：

产品重量变动对单位产品直接材料费用的影响 =

$$\left(1 - \frac{\text{变动后产品重量}}{\text{变动前产品重量}}\right) \times \text{变动前单位产品直接材料费用}$$

【例 7 – 15】假定企业用钢材制造某种产品，产品原净重 30 千克，耗用钢材的成本为 1 000 元。改进产品设计后，产品结构更加合理，产品净重缩减为 27 千克。这项措施使产品单位成本变动的金额为：（1 – 27 ÷ 30）× 1 000 = 100（元）

第二，原材料加工方法的改变。

改进工艺和加工方法或采取合理的套裁下料措施，减少毛坯的切削余量和工艺损耗，提高原材料利用率，节约原材料消耗，从而降低产品成本。

原材料利用率是反映原材料有效利用程度的指标，其计算公式为：

$$\text{原材料利用率} = \frac{\text{产品有效重量}}{\text{投入生产的原材料重量}} \times 100\%$$

原材料利用率变动对单位产品直接材料费用的影响，可按下列公式计算：

原材料利用率变动对单位产品直接材料费用的影响

$$= \left(1 - \frac{\text{变动前的原材料利用率}}{\text{变动后的原材料利用率}}\right) \times \text{变动前单位产品直接材料费用}$$

【例 7 – 15】中，假定某种产品改进原材料加工方法前后的有关资料如表 7 – 21 所示。

表7-21　　　　　　　　　　原材料利用率分析表　　　　　　　产量：50件

项目	单位	改进前	改进后
原材料消耗总量	千克	12 500	11 800
原材料平均单价	元/千克	20	20
原材料总成本	元	250 000	236 000
加工后产品净重	千克	11 250	10 856
每件净重	千克	225	217.12
单位产品原材料成本	元	5 000	4 720

由表7-21可知，该产品单位直接材料成本降低280元（5 000 - 4 720），是由于产品重量减轻和原材料利用率提高两个因素引起的。现假定我们先计算分析原材料利用率提高对单位产品的直接原材料成本影响，在此基础上，再分析产品重量减轻对单位产品直接材料成本的影响。有关计算分析如下：

①原材料利用率提高对单位产品直接材料成本的影响。

改进前原材料利用率 $= \dfrac{11\ 250}{12\ 500} \times 100\% = 90\%$

改进后原材料利用率 $= \dfrac{10\ 856}{11\ 800} \times 100\% = 92\%$

原材料利用率变动对单位产品直接材料费用的影响 $= \left(1 - \dfrac{90\%}{92\%}\right) \times 5\ 000 = 108.7$（元）（降低）

②产品重量减轻对单位产品直接材料成本的影响。

产品重量减轻对单位产品直接材料费用的影响 $= \left(1 - \dfrac{217.12}{225}\right) \times (5\ 000 - 108.7) = 171.3$（元）（降低）

第三，材料质量的变化。

实际耗用的原材料质量如高于计划规定，可能会提高产品质量或者节约材料消耗，但材料费用会升高；反之，如果质量低于计划要求，价格虽低，但会增大材料消耗量，增加生产操作时间，或者降低产品质量。

第四，原材料代用或配料比例的变化。

在保证产品质量的前提下，采用廉价的代用材料，选用经济合理的技术配方，就会节约原材料消耗或降低原材料费用，其计算方法如下：

由于原材料代用而形成的节约或（超支）= 原使用的原材料消耗量
　　　　　　　　　　　　　　　　　× 该材料的计划单价
　　　　　　　　　　　　　　　　　- 代用的原材料消耗量
　　　　　　　　　　　　　　　　　× 该材料的计划单价

原材料配料比例变动对单位产品直接材料费用的影响 =
单位产品实际耗用配料总量×(按实际配方计算的平均单价 −
按计划配方计算的平均单价)

【例 7 – 15】中,假定生产某种产品所消耗的各种原材料的单价不变,原材料消耗总量也不变,只是各种材料的配料比例发生变化,其对产品单位成本的影响分析计算详见表 7 – 22。

表 7 – 22　　　　　　　配料比例变动分析表

原材料名称	材料单价（元）	原配方		改进后配方	
		用量（千克）	金额（元）	用量（千克）	金额（元）
A	6	100	600	120	720
B	12	100	1 200	90	1 080
C	15	100	1 500	90	1 350
合计	—	300	3 300	300	3 150
平均单价			11		10.5

配料比例变动对单位成本的影响 = 300 × (10.5 − 11) = − 150 (元)(降低)

如果各种原材料配料比例的变动是在原材料单价和原材料消耗总量同时变化的情况下发生的,三个因素变动对产品单位成本影响的计算公式如下:

① 原材料消耗总量变动的影响。
原材料消耗总量变动影响 = (实际消耗总量 − 计划消耗总量)
× 计划配方的计划平均单价

② 配料比例变动的影响。
配料比例变动影响 = 实际消耗总量 × (实际配方的计划平均单价
− 计划配方的计划平均单价)

上式中的实际配方的计划平均单价按下列公式计算:

$$实际配方的计划平均单价 = \frac{\sum(原材料实际消耗量 \times 该材料计划单价)}{实际消耗总量}$$

③ 原材料价格变动的影响。
原材料价格变动影响 = 实际消耗总量 × (实际配方的实际平均单价
− 实际配方的计划平均单价)

第五,原材料综合利用。

有些工业企业在利用原材料生产主产品的同时还生产副产品,开展原材料的综合利用。这样就可以将同样多的直接材料费用分配到更多品种和数量的产品,从而降低主产品的直接材料费用。

第六,生产中产生废料数量和废料回收利用情况的变化。

此外,生产工人的劳动态度、技术操作水平、机械设备性能以及材料节约奖励制度的实施等,都会影响原材料消耗数量的增减。

假定根据乙产品的有关业务技术报告资料得知,A、B两种原材料耗用量的减少是由于改进了产品设计,简化了产品结构,重量变轻所致,显然这是企业工作的成绩,应予以充分肯定。

表7-22中,废料回收价值的减少使原材料费用升高23元。引起废料回收价值减少的原因可能有两个:一是加工中废料减少,因而废料回收价值减少了;二是加工中废料并未减少,但由于废料回收工作组织得不好而造成废料回收价值的减少。显然,只有前一种情况才能使单位产品直接材料费用降低。【例7-15】如属前一种情况,就应给予肯定。

(2)直接人工费用的分析。

分析单位成本中的工资费用,必须按照不同的工资制度和直接人工费用计入成本的方法来进行。在计件工资制度下,计件单价不变,单位成本中的工资费用一般也不变,除非生产工艺或劳动组织方面有所改变,或者出现了问题。在计时工资制度下,如果企业生产多种产品,产品成本中的直接人工费用一般是按生产工时比例分配计入的。这时产品单位成本中直接费用的多少,取决于生产单位产品的工时消耗和每小时工资两个因素。生产单位产品消耗的工时越少,成本中分摊的工资费用也越少,而每小时工资的变动则受计时工资总额和生产工时总数的影响,其变动原因需从这两个因素的总体去查明。基于这种原因,分析单位成本中的工资费用,应结合生产技术、工艺和劳动组织等方面的情况,重点查明单位产品生产工时和每小时工资变动的原因。

通过表7-23可以看出,乙产品单位成本中的直接人工费用,本月实际数不仅低于本年计划数、上年实际平均数和本年累计实际平均数,而且低于历史最好水平,情况是好的。

【例7-16】假定乙产品每件所耗工时数和每小时工资的计划数和实际数如表7-23所示。

表7-23　　　　乙产品直接人工费用分析表

项目	单位产品所耗工时	每小时工资(元)	单位产品成本中的直接人工费用(元)
本年计划	2	41	82
本月实际	1.5	50	75
直接人工费用差异	-0.5	+9	-7

以实际与计划对比，乙产品单位成本中直接人工费用本月实际数比本年计划数降低 7 元。采用差额计算法分析各因素影响程度：

单位产品所耗工时变动的影响 = -0.5 × 41 = -20.5（元）
每小时工资变动的影响 = 9 × 1.5 = +13.5（元）
合计　　　　　　　　　　　　-7（元）

以上分析计算表明，乙产品单位成本中直接人工费用节约 7 元，完全是工时消耗大幅度节约的结果，而每小时工资则是超支的。单位产品所耗工时的节约，可能是由于改进了生产技术或工人提高了劳动熟练程度，从而提高了劳动生产率的结果；每小时工资的提高，由于它受计时工资总额和生产工时总额两个因素的变动影响，因而应结合这两个因素的分析查明原因。

(3) 制造费用的分析。

制造费用在生产两种以上产品的企业或车间是间接计入费用，与生产工人计时工资一样，一般是根据生产工时等分配标准分配计入产品成本的。因此产品单位成本中制造费用的分析与计时工资制度下的直接人工费用分析类似，先分析单位产品所耗工时和每小时制造费用两因素变动的影响，然后查明这两个因素变动的原因。

【例 7-17】假定乙产品每件所耗工时数和每小时制造费用的计划数和实际数如表 7-24 所示。

表 7-24　　　　　　乙产品制造费用分析表

项目	单位产品所耗工时	每小时制造费用（元）	单位产品制造费用（元）
本年计划	2	70	140
本月实际	1.5	96.67	145
差异	-0.5	+26.67	+5

根据表 7-24 中的资料，采用差额计算法分析各因素影响程度：
单位产品所耗工时变动的影响 = -0.5 × 70 = -35（元）
每小时工资变动的影响 = 26.67 × 1.5 = +40（元）
两因素影响程度合计　　　　　　+5（元）

在进行上述产品成本计划完成情况的分析中，还要注意以下问题：

(1) 成本计划本身的正确性。计划如果不正确、不科学，就难以作为衡量的标准和考核的依据。尤其是不可比产品，因为过去没有正式生产过，缺乏完整、可靠的成本资料作为制订计划的依据。

(2) 成本核算资料的真实性。如果成本计划是正确的，而成本核算资料不真实，也难以正确评价企业成本计划的完成程度和生产耗费的经济效益。检查成本核算资料是否真实,关键是看生产费用的归集和分配是否严格遵守了规定的成本开支范围,是否正确划分了各个月份、各种产品以及完工产品与在产品之间的费用界限,有无乱计成本、少计成本等任意调剂成本的现象。

(3) 划清经济责任。为了分清企业或车间在降低成本方面的主观努力和客观因素影响,划清经济责任,在评价企业成本工作时,应从实际成本中扣除客观因素和相关车间、部门工作的影响。

五、费用报表的分析

制造费用、销售费用、管理费用和财务费用,虽然有的是作为生产费用计入产品成本,有的是作为期间费用直接计入当期损益,各自的经济用途不同,但是,它们都是由许多具有不同经济性质和不同经济用途的费用组成的。这些费用支出的节约或浪费,往往与公司(总厂)的行政管理部门、销售部门和生产车间工作的质量和有关责任制度、节约制度的贯彻执行情况密切相关。因此,向企业管理层和各有关部门、车间编报上述报表,分析这些费用的支出情况,不仅是促进节约各项费用支出、杜绝一切铺张浪费、不断降低成本和增加盈利的重要途径,也是推动企业改进生产经营管理工作、提高工作效率的重要措施。

由于上述各种费用都是按整个公司(总厂)或分厂、车间、部门编制计划加以控制的,因而分析各种费用计划的执行情况,查明各种费用实际脱离计划的原因,也只能按整个公司(总厂)或分厂、车间、部门来进行。但在实际分析时要注意以下几点:

(1) 要按各个费用项目分别进行分析,不能只对费用总额的预算完成情况进行分析。因为费用总额完成了预算,不代表各个费用项目也完成了预算。只对费用总额的预算完成情况进行分析,易使一些费用项目的超支被一些费用项目的节约所掩盖,或是出现各个费用项目预算完成情况的平均化。而不同的费用项目具有不同的经济性质和经济用途,发生差异的原因也各不相同,分析时应采用不同的程序分别进行分析。

(2) 各种费用的明细项目很多,要对其中费用比重大的、与预算偏差大的、非生产性的存货盘亏或损毁等一些费用项目进行重点分析,并从动态上观察比较其变动情况和变动趋势,以了解企业成本管理工作的改进情况。因为像制造费用中的"在产品盘亏和损毁"、管理费用中的"材料、产成品盘亏和损毁"等非生产性费用的发生,一般都与企业生产经营管理不善有关,避免这些损失就可以大大降低成本,所以分析时要作为重点项目来抓。在分析变动情况时要注意费用指标口径前后期是否一致，是否可比。如不一致，应经过调整以后再进行比较。

（3）分析时要与经济效益联系，注意具体费用项目的支出特点，不能按照比较结果简单地认为，一切费用支出的超支都是不好的，一切费用支出的节约都是好的，直接就作出草率评价。如因超额完成全年销售计划而相应增加营业费用中的工资及福利费、运输费、广告费、差旅费等项目的支出，这种超支就是合理的。再如制造费用中的修理费的减少，就可能会带来因不按计划进行维修，而影响机器设备的正常运转和缩短机器设备使用寿命的不良后果，这种节约就不是好现象。

（4）应注意费用预算（计划）的合理性也很重要，可以将本期实际与上期实际或历史先进水平对比分析。

（5）将费用分为固定费用、变动费用还有同时包括固定费用与变动费用的混合费用（或半变动成本）等，分别进行分析。固定费用在相关范围内不受业务量变动的影响，可以直接用实际数与预算数对比，确定差异，如按直线法计算的管理费用中的折旧费；而变动费用随着业务量的变动成正比例的变动，应联系业务量的变动，计算相对的节约或超支差异。如营业费用中的运输费、装卸费、包装费，会随着销售量的变动而变动，就应与销售量联系进行分析。有些费用项目如机器设备的维护保养费。在业务量一定的范围内固定，超过这一范围后，随着业务量的增加而增加，就属于混合成本。掌握有关费用项目的这些特点，对于正确分析各种费用十分重要。

下面以管理费用的年度分析为例，说明各项费用分析的一般方法。

【例7-18】根据前述的管理费用明细表的资料，可以编制管理费用分析表，如表7-25所示。

表7-25　　　　　　　　　　管理费用明细表

20××年12月　　　　　　　　　　单位：元

项目	本年计划数	本年累计实际数	差异	差异率
职工薪酬	95 000	96 000	+1 000	+1.05
折旧费	70 000	73 000	+3 000	+4.29
办公费	56 000	53 400	-2 600	-4.64
修理费	30 000	38 000	+800	+2.67
差旅费	42 000	46 030	+4 030	+9.60
物料消耗	12 000	11 000	-1 000	-8.33
劳动保险费	10 000	10 000	0	0

续表

项目	本年计划数	本年累计实际数	差异	差异率
待业保险费	14 250	14 400	+150	+1.05
低值易耗品摊销	9 000	9 300	+300	+3.33
…	…	…		
其他	18 000	15 000	−3 000	−16.67
合计	404 000	402 130	−1 870	−0.46

通过管理费用分析表（见表7-25）可以看出，本年度职工薪酬、折旧费、修理费，尤其是差旅费超支较多，应作为重点项目进一步深入分析。

需要指出的是，在分析各费用项目的差异时，要注意不同费用项目支出的特点，不能简单地把任何超过计划的费用支出都看作不合理的；同样，对某些费用项目支出的减少也要做具体分析；有的可能是企业工作成绩，有的则可能是企业工作中的问题。总之，不能孤立地看费用是超支了还是节约了，而应结合其他有关情况，结合各项技术组织措施效果来分析，结合各项费用支出的经济效益进行评价。

分析时，除了以本年实际数与本年计划数进行比较，检查计划完成情况外，为了从动态上观察、比较各项费用的变动情况和变动趋势，还应将本月实际数与上年同期实际数进行对比，以了解企业工作的改进情况，并将这一分析与推行经济责任制结合，与检查各项管理制度的执行情况结合，以推动企业改进经营管理，提高工作效率，降低各项费用支出。

为了深入地研究制造费用、销售费用、管理费用和财务费用变动的原因，评价费用支出的合理性，寻求降低各种费用支出的途径和方法，也可按照费用的用途及影响费用变动的因素，将上述费用包括的各种费用项目按以下分类方法归类进行研究。

（1）生产性费用。如制造费用中的折旧费、机物料消耗等，这些费用的变动与企业生产规模、生产组织、设备利用程度等有直接联系。这些费用的特点，既不同于与产量增减成正比例变动的变动费用，又不同于固定费用，即在业务量一定的范围内相对固定，超过这个范围就可能上升。分析时应根据这些费用的特点，联系有关因素的变动评价其变动的合理性。

（2）管理性费用。如行政管理部门人员的工资、办公费、业务招待费等。管理性费用的多少主要取决于企业行政管理系统的设置和运行情况以及各项开支标准的执行情况。分析时，除按明细项目与限额指标相比分析其变动的原因外，还应从紧缩开支、提高工作效率的要求出发，检查企业对有关精简机构、减少层级、合并职能、压缩人员等措施的执行情况。

（3）发展性费用。如职工教育经费、设计制图费、试验检验费、研究开发费等。这些费用与企业的发展相关，实际上是对企业未来的投资。但是这些费用应当建立在合理规划、经济、可行的基础上，而不是盲目地进行研究开发或职工培训，应将费用的支出与取得的效果联系起来进行分析评价。

（4）防护性费用。如劳动保护费、保险费等。这类费用的变动直接与劳动条件的改善、安全生产等相关。显然，对这类费用的分析就不能认为支出越少越好，而应结合劳动保护工作的开展情况，分析费用支出的效果。

（5）非生产性费用。主要是指材料、在产品、产成品的盘亏和毁损。分析这类费用发生的原因，必须从检查企业生产工作质量是否符合要求、各项管理制度是否健全，以及库存材料、在产品和产成品的保管情况入手，并把分析与推行和加强经济责任制结合起来。

六、成本效益分析

成本效益分析（cost-benefit analysis）是通过比较项目的全部成本和效益来评估项目价值的一种方法。成本效益分析作为一种经济决策方法，将成本费用分析法运用于政府或企业等部门的计划决策之中，以寻求在投资决策上如何以最小的成本获得最大的收益。

在企业生产经营中，成本费用与企业的经济效益有着密切、直接的联系。节约劳动耗费，降低产品成本是提高企业经济效益的重要途径。因此，要全面评价企业的成本管理工作，就不能局限于成本费用指标的变动分析，还应将成本费用指标与反映企业经济效益方面的指标联系起来，从而全面地分析、评价企业劳动耗费的经济效益，即要进行成本效益分析。

反映企业成本效益的指标很多，其中最为常用的有产值成本率、主营业务成本率和成本费用利润率等指标，有些企业还会对一些特殊成本项目进行分析，例如，进行质量成本效益和环境成本效益分析。

1. 产值成本率分析

$$产值成本率 = \frac{全部商品产品生产成本}{商品产值} \times 100\%$$

产值成本率可以反映产品的劳动耗费与生产成本之间的关系；产值成本率越低，表明产品劳动耗费的经济效益越高，反之经济效益越低。

分析产值成本率，一般是先运用比较法，将本期实际数与计划、上期实际、上年实际平均或同类企业实际数进行对比,检查其计划完成情况,分析其发展变化趋势以及与同类企业的差距。在此基础上,应研究影响产值成本率变动的各个因素,确定各因素的影响程度。

影响产值成本率指标变动的因素主要有:产品品种构成的变动;产品单位成本的变动;价格的变动(在商品产值按现行价格计算时)。

各因素影响程度的计算方法如下:

(1) 以计划(或上年实际)产值成本率指标为基础。

$$产值成本率 = \frac{按计划产量、计划单位成本计算的总成本}{按计划产量、计划出厂价格计算的商品产值} \times 100\%$$

式 (7.1)

(2) 按实际产品品种构成、计划单位成本、计划出厂价格计算的每百元商品产值的产值成本率。

$$产值成本率 = \frac{按实际产量、计划单位成本计算的总成本}{按实际产量、计划出厂价格计算的商品产值} \times 100\%$$

式 (7.2)

将式 (7.2) 与式 (7.1) 相比较,就可求得由于产品品种构成变动影响的数额。

(3) 实际产品品种构成、实际单位成本、计划出厂价格计算的每百元商品产值的产值成本率。

$$产值成本率 = \frac{按实际产量、实际单位成本计算的总成本}{按实际产量、计划出厂价格计算的商品产值} \times 100\%$$

式 (7.3)

将式 (7.3) 与式 (7.2) 相比较,就可求得由于产品单位成本变动影响的数额。

(4) 按实际产品品种构成、实际单位成本、实际出厂价格计算的每百元商品产值的产值成本率。

$$产值成本率 = \frac{按实际产量、实际单位成本计算的总成本}{按实际产量、实际出厂价格计算的商品产值} \times 100\%$$

式 (7.4)

将式 (7.4) 与式 (7.3) 相比较,就可求得由于出厂价格变动影响的数额。

在上述各影响因素中,出厂价格的变动一般属于客观因素,而且如果采用不变价格,可以消除这个因素的影响。产品品种构成的变动,情况比较复杂,特别是在不同年度的动态分析中,应结合生产分析进行,以便准确评价这一因素变动的影响。在单位成本变动影响中,也要注意区分哪些是由于企业工作质量造成的,哪些是属于客观原因,如材料价格的变动等。

【例 7-19】某企业 20×× 年度生产和销售甲、乙两种产品。

该年度这两种产品的产量、成本、价格及每百元产值成本的资料如表 7-26 所示。

表 7-26　　　　　某企业甲、乙产品成本资料　　　　　单位：元

产品	产量（件）		单价		单位成本		产值		总成本		产值成本率（%）	
	计划	实际	计划	实际	计划	实际	计划	实际	计划	实际	计划	实际
甲	100	110	300	310	200	180	30 000	34 100	20 000	19 800	66.67	58.06
乙	200	180	400	380	300	270	80 000	68 400	60 000	48 600	75	71.05
合计	—	—					110 000	102 500	80 000	68 400	72.73	66.73

通过表 7-26 的资料可知，该企业 20××年度的产值成本率完成了计划，实际较计划的差异为 -6%（66.73% - 72.73%），且甲、乙两种产品均完成了计划。在总体分析的基础上，可进一步进行因素分析如下：

（1）产值成本率 $=\dfrac{80\,000}{110\,000}\times 100\% = 72.73\%$

（2）按实际产品品种结构、计划单位成本、计划出厂价格计算的产值成本率 $=\dfrac{200\times 110 + 300\times 180}{300\times 110 + 400\times 180}\times 100\% = 72.38\%$

产品品种结构变动的影响为：72.38% - 72.73% = -0.35%

（3）按实际产品品种结构、实际单位成本、计划出厂价格计算的产值成本率 $=\dfrac{180\times 110 + 270\times 180}{300\times 110 + 400\times 180}\times 100\% = 65.14\%$

产品单位成本变动的影响为：65.14% - 72.38% = -7.24%

（4）按实际产品品种结构、实际单位成本、实际出厂价格计算的产值成本率 $=\dfrac{180\times 110 + 270\times 180}{310\times 110 + 380\times 180}\times 100\% = 66.73\%$

产品出厂价格变动的影响为：66.73% - 65.14% = 1.59%

2. 主营业务成本费用率分析

主营业务成本费用率是本期的主营业务成本及期间费用等与主营业务收入的比率。其计算公式如下：

$$主营业务成本费用率 = \dfrac{主营业务成本 + 期间费用}{主营业务收入}\times 100\%$$

主营业务成本费用率指标反映主营业务收入耗用成本费用的水平，可以较为全面地反映企业生产经营过程中各种劳动损耗的经济效益。该指标越低，说明企业的经济效益越好。

一般是先运用比较法，将本期实际数与计划、上期实际、上年实

际平均或同类企业实际数进行对比，检查其计划完成情况，分析其发展变化趋势以及与同类企业的差距。

影响主营业务成本率变动的因素与影响产值成本率的因素类似，主要有销售产品的品种构成、产品单位成本和销售单价。其分析方法与产值成本率的因素分析方法相同。

【例7-20】假定某企业生产和销售 A、B 两种产品，期初无库存商品，本期生产的产品全部售出。本期计划的期间费用为 42 500 元，实际期间费用为 59 000 元。本期的其他有关资料如表 7-27 所示。

表7-27　　　　　　　某企业产品成本资料　　　　　　单位：元

产品	销售量（件）		单价		单位成本		成本		收入	
	计划	实际	计划	实际	计划	实际	计划	实际	计划	实际
A	1 500	1 300	150	170	100	120	150 000	156 000	225 000	221 000
B	1 000	1 200	300	320	200	190	200 000	228 000	300 000	384 000
合计	—	—	—	—	—	—	350 000	384 000	525 000	605 000

根据以上资料，可计算出本期计划和实际的主营业务成本费用率：

$$\text{计划主营业务成本费用率} = \frac{350\,000 + 42\,500}{525\,000} \times 100\% = 74.76\%$$

$$\text{实际主营业务成本费用率} = \frac{384\,000 + 59\,000}{605\,000} \times 100\% = 73.22\%$$

由计算结果可以看出，该企业本期实际的主营业务成本费用率比计划的低，完成了计划，其差异为 -1.54%（73.22% - 74.76%）。

为了进一步对主营业务成本费用率进行分析，可以将主营业务成本费用率分解为主营业务成本率和主营业务费用率，其计算公式如下：

$$\text{主营业务成本费用率} = \frac{\text{主营业务成本} + \text{期间费用}}{\text{主营业务收入}} \times 100\%$$

$$= \left(\frac{\text{主营业务成本}}{\text{主营业务收入}} + \frac{\text{期间费用}}{\text{主营业务收入}}\right) \times 100\%$$

$$= \frac{\text{主营业务成本}}{\text{主营业务收入}} \times 100\% + \frac{\text{期间费用}}{\text{主营业务收入}} \times 100\%$$

$$= \text{主营业务成本率} + \text{主营业务费用率}$$

【例7-21】根据【例7-20】的资料和上述公式，对主营业务成本费用率进行分解分析，如表 7-28 所示。

表 7-28　　　　　　　　　　成本指标对此

指标	计划	实际	差异
主营业务成本率	$\dfrac{350\,000}{525\,000}\times100\%=66.67\%$	$\dfrac{384\,000}{605\,000}\times100\%=63.47\%$	-3.2%
主营业务费用率	$\dfrac{42\,500}{525\,000}\times100\%=8.095\%$	$\dfrac{59\,000}{605\,000}\times100\%=9.75\%$	+1.655%
主营业务成本费用率	$\dfrac{350\,000+42\,500}{525\,000}\times100\%=74.76\%$	$\dfrac{384\,000+59\,000}{605\,000}\times100\%=73.22\%$	-1.54%

在对主营业务成本费用率指标进行分解分析的基础上，可以对主营业务成本率和主营业务费用率指标分别进行进一步的分析。

影响主营业务成本率变动的因素与影响产值成本率的因素类似，主要有销售产品的品种构成、产品单位成本和销售单价。其分析方法与产值成本率的因素分析方法相同。

各因素对主营业务成本率影响程度的计算方法如下：

（1）以计划（或上年实际）主营业务成本率指标为基础。

$$\text{主营业务成本率}=\dfrac{\text{按计划销售量、计划单位成本计算的总成本}}{\text{按计划销售量、计划价格计算的主营业务收入}}\times100\%$$

式（7.5）

（2）按实际产品品种构成、计划单位成本、计划价格计算的主营业务成本率。

$$\text{主营业务成本率}=\dfrac{\text{按实际销售量、计划单位成本计算的总成本}}{\text{按实际销售量、计划价格计算的主营业务收入}}\times100\%$$

式（7.6）

将式（7.6）与式（7.5）相比较，就可求得由于产品品种构成变动影响的数额。

（3）按实际产品品种构成、实际单位成本、计划价格计算的主营业务成本率。

$$\text{主营业务成本率}=\dfrac{\text{按实际销售量、实际单位成本计算的总成本}}{\text{按实际销售量、计划价格计算的主营业务收入}}\times100\%$$

式（7.7）

将式（7.7）与式（7.6）相比较，就可求得由于产品单位成本变动影响的数额。

（4）按实际产品品种构成、实际单位成本、实际价格计算的主营业务成本率。

$$\text{产值成本率}=\dfrac{\text{按实际销售量、实际单位成本计算的总成本}}{\text{按实际销售量、实际价格计算的主营业务收入}}\times100\%$$

式（7.8）

将式 (7.8) 与式 (7.7) 相比较,就可求得由于价格变动影响的数额。

【例 7-22】沿用【例 7-19】和【例 7-20】的资料,可对该企业本期主营业务成本率变动进行因素分析。分析过程如下:

(1) 计划主营业务成本率 = $\dfrac{100 \times 1\,500 + 200 \times 1\,000}{150 \times 1\,500 + 300 \times 1\,000} \times 100\% = 66.67\%$

(2) 按实际产品品种结构、计划单位成本、计划价格计算的主营业务成本率 = $\dfrac{100 \times 1\,300 + 200 \times 1\,200}{150 \times 1\,300 + 300 \times 1\,200} \times 100\% = 66.67\%$

产品品种结构变动的影响为:$66.67\% - 66.67\% = 0$

(3) 按实际产品品种结构、实际单位成本、计划价格计算的主营业务成本率 = $\dfrac{120 \times 1\,300 + 190 \times 1\,200}{150 \times 1\,300 + 300 \times 1\,200} \times 100\% = 69.19\%$

产品单位成本变动的影响为:$69.19\% - 66.67\% = 2.52\%$

(4) 按实际产品品种结构、实际单位成本、实际价格计算的主营业务成本率 = $\dfrac{120 \times 1\,300 + 190 \times 1\,200}{170 \times 1\,300 + 320 \times 1\,200} \times 100\% = 63.47\%$

产品价格变动的影响为:$63.47\% - 69.19\% = -5.72\%$

影响主营业务费用率变动的因素主要有销售量、期间费用以及价格。对主营业务费用率变动进行因素分析时,可采用以下方法:

(1) 销售量变动的影响 =
$\left(\dfrac{\text{计划的期间费用}}{\sum \text{产品的计划价格} \times \text{该产品实际销售量}} - \dfrac{\text{计划期间费用}}{\text{计划销售收入}} \right) \times 100\%$

(2) 期间费用变动的影响
$= \dfrac{\text{实际期间费用} - \text{计划的期间费用}}{\sum \text{产品计划价格} \times \text{该产品实际销售量}} \times 100\%$

(3) 价格变动的影响 =
$\left(\dfrac{\text{实际期间费用}}{\text{实际销售收入}} - \dfrac{\text{实际期间费用}}{\sum (\text{产品计划价格} \times \text{该产品实际销售量})} \right) \times 100\%$

【例 7-23】沿用【例 7-19】和【例 7-20】的资料,可对该企业本期的主营业务费用率的变动进行因素分析。分析过程如下:

(1) 销售量变动的影响 = $\left(\dfrac{42\,500}{150 \times 1\,300 + 300 \times 1\,200} - \dfrac{42\,500}{525\,000} \right) \times 100\% = -0.435\%$

(2) 期间费用变动的影响 = $\dfrac{59\,000 - 42\,500}{150 \times 1\,300 + 300 \times 1\,200} \times 100\% = 2.97\%$

(3) 价格变动的影响 =

$$\left(\frac{59\,000}{170\times1\,300+320\times1\,200}-\frac{59\,000}{150\times1\,300+300\times1\,200}\right)\times100\% = -1.49\%$$

3. 成本费用利润率分析

成本费用利润率是企业一定期间的利润总额与成本、费用总额的比率。其计算公式如下：

$$\text{成本费用利润率} = \frac{\text{利润总额}}{\text{成本费用总额}} \times 100\%$$

成本费用利润率指标，反映每一元成本费用可获得的利润，体现企业生产经营耗费与财务成本之间的关系，因此，是一个综合反映企业成本效益优劣的重要指标。该指标越高，说明企业经济效益越好，越低说明企业经济效益越差。

分析成本费用利润率一般是运用比较法，将本年实际数与本年计划数或上年实际数进行对比，按指标形成的各项因素，查明其变动原因及对指标升降的影响，为加强成本管理、制定控制成本费用的措施提供有用信息。

需要指出的是，由于企业的利润指标可以有多种形式，如营业利润、利润总额、净利润等，成本费用也可以分为主营业务成本和各项期间费用等，不同利润值与相应的成本费用指标之间的比率，说明不同的问题。因此，成本费用利润率的分析，应根据企业的实际情况和成本管理的实际需要来进行；在分析时，必须注意计算这类指标时所采用的有关"利润"和"成本费用"之间的相关性，以使分析的结果更具说服力和有用性。

例如，由于利润总额中包括投资收益、营业外收入和营业外支出，而这三个项目与成本费用没有内在联系，对比结果不利于分析。因此，分析时，应扣除这三个项目，将营业利润与成本费用对比，计算成本费用营业利润率指标。其计算公式如下：

$$\text{成本费用营业利润率} = \frac{\text{营业利润额}}{\text{成本费用总额}} \times 100\%$$

又如，企业的主营业务是企业利润主要的经济性来源，其成本投入的经济效益，对企业经济效益的优劣有着决定性影响。因此，在进行成本效益分析时，应予以重点关注。为此，可以计算和分析主营业务成本毛利率指标。其计算公式如下：

$$\text{主营业务成本毛利率} = \frac{\text{主营业务收入} - \text{主营业务成本}}{\text{主营业务成本}} \times 100\%$$

$$= \frac{\text{主营业务毛利}}{\text{主营业务成本}} \times 100\%$$

【例7-24】某企业20××年度的有关资料如表7-29所示。

表7-29　　　　　　　　　年度财务指标对比　　　　　　　　单位：元

项目	上年度	20××年度
主营业务成本	150 000	200 000
期间费用	30 000	42 000
主营业务毛利	67 800	90 400
营业利润	37 800	48 400
利润总额	34 200	50 820

根据表7-27的资料，可计算出该企业2007年度和20××年度有关成本费用利润率指标，如表7-30所示。

表7-30　　　　　　　　　年度财务指标对比

指标	上年度	20××年度	差异
成本费用利润率	$\dfrac{34\ 200}{150\ 000 + 30\ 000} \times 100\% = 19\%$	$\dfrac{50\ 820}{200\ 000 + 42\ 000} \times 100\% = 21\%$	+2%
主营业务成本毛利率	$\dfrac{67\ 800}{150\ 000} \times 100\% = 45.2\%$	$\dfrac{90\ 400}{200\ 000} \times 100\% = 45.2\%$	0
成本费用营业利润率	$\dfrac{37\ 800}{150\ 000 + 30\ 000} \times 100\% = 21\%$	$\dfrac{48\ 400}{200\ 000 + 42\ 000} \times 100\% = 20\%$	-1%

由表7-28的计算分析资料可以看出，尽管20××年度比2007年度成本费用利润率有所提高，但主营业务成本毛利率没变，成本费用营业利润均有所下降。因此，应结合企业生产经营的其他有关资料和部分情况进行深入分析。

4．质量成本效益与环境成本效益分析

除了对上述一般性成本效益进行分析外，有些企业可能还需要对特殊项目进行成本效益分析。前面的内容提供了质量成本报表和环境成本报表的编制方法，本部分进一步分析质量成本效益和环境成本效益问题。

企业进行质量成本和环境成本管理的目的就是要通过提高产品质量和环境管理水平，提高企业的收入水平和收入质量。因此，可以通过比较质量成本管理和环境成本管理的所得与所费之间的比例关系，来分析质量成本效益和环境成本效益。

质量成本效益的公式如下：

$$质量成本效益 = \dfrac{质量收入}{质量成本}$$

上式中的质量收入是指由于提高产品质量而增加的销售收入，它等于由于提高产品质量所导致的产品价格的提高与销量的增加之乘积。

在实务中,需要根据有关原始资料对质量收入进行归集和测算。质量成本是指企业为提高产品质量发生的所有成本。质量成本效益指标的值越大,表明单位质量成本取得的质量收入越多,质量成本管理的效益越好。

类似地,环境成本效益的公式如下:

$$环境成本效益 = \frac{环境收入}{环境成本}$$

上式中的环境收入是指由于提高环境管理水平而增加的销售收入。

在实务中,也需要根据有关原始资料对环境收入进行归集和测算。环境成本是指企业进行环境管理所耗费的所有成本。环境成本效益指标的值越大,表明单位环境成本取得的环境收入越多,环境成本管理的效益越好。但是,需要特别指出的是,在环境成本中,有些成本是不具有增值性的,在计算环境成本效益时,可以根据需要将这部分成本剔除。

在实务中,可以将企业的上述指标和行业平均值进行比较,从而分析企业在质量成本管理和环境成本管理方面所处的水平。

【例7-25】甲公司20××年度的质量成本效益与环境成本效益分析如表7-31所示。

表7-31　　　　　质量成本效益与环境成本效益分析

	质量收入（元）	质量成本（元）	质量成本效益	行业均值	与行业均值之差	差异产生的原因
质量成本效益分析	200 000	100 000	2.0	1.5	0.5	
	环境收入（元）	环境成本（元）	环境成本效益	行业均值	与行业均值之差	差异产生的原因
环境成本效益分析	350 000	400 000	0.875	1	-0.125	

通过上述分析可以看出,甲公司20××年度的质量成本效益水平高于行业平均水平,表明质量管理水平较高;但环境成本效益低于行业平均水平,表明环境成本管理水平较差。通过这种分析,企业可以找到改进的突破口,有针对性地提高质量成本管理水平和环境成本管理水平。

七、技术经济指标变动对产品成本的影响

技术经济指标是指那些与企业生产技术特点具有内在联系的经济

指标。由于各类工业企业生产技术特点不同,因而用来考核企业经济活动的技术经济指标也不一样。企业的技术经济指标从不同的角度反映企业生产经营活动的效果,其完成的好坏必然会直接或间接地影响产品成本水平。因此,分别向主管各项技术经济指标的部门编报主要技术经济指标变动对产品成本影响的分析表具有十分重要的意义:

(1) 可以使成本分析深入生产技术领域,使经济分析与技术分析相结合,具体查明成本升降的原因。

(2) 可以将企业降低产品成本的目标与车间生产工人技术操作质量和效果联系起来,从而使广大职工关心成本。

(3) 可以把成本分析工作与日常的生产技术和经营管理工作结合起来,变定期分析为经常分析,从而更好地发挥成本分析及时指导和调节生产实践的能动作用。

技术经济指标变动对产品成本的影响主要表现在对产品单位成本的影响上。需要指出的是,各项技术经济指标变动对产品单位成本影响的途径是不同的,因而分析其变动影响的方法也不一样。一种产品单位成本的高低取决于该种产品的总成本和总产量的高低,其计算公式为:

$$产品单位成本 = \frac{总成本(料、工、费)}{总产值}$$

从各项技术经济指标同产品单位成本的关系看,概括起来主要有三种情况:

(1) 一些技术经济指标的变动直接影响产品总成本,从而影响单位成本。比如冶金生产的焦比,每吨电炉钢耗电量,造纸生产的每吨纸耗用标准煤量等,它们的变动直接影响产品总成本中燃料及动力费用水平。

(2) 一些技术经济指标的变动不影响产品总成本,但影响产品产量,并通过产量间接地影响单位成本。比如机械生产的设备利用率指标等。

(3) 一些技术经济指标的变动不仅直接影响总成本,而且影响产品产量,从而影响单位成本。比如铸造、轧钢生产的成品率指标,这些指标的变动直接影响总成本中的原材料和燃料消耗。

下面分别举例说明各类技术经济指标变动对产品单位成本影响的分析方法。

(1) 以冶金生产的焦比指标为例,说明有些技术经济指标的变动会直接影响产品总成本。在炼铁生产中焦比是反映焦炭消耗量与生铁合格品产量之间对比关系的技术经济指标。其计算公式如下:

$$焦比(千克/吨) = \frac{入炉综合干焦量(千克)}{生铁产量(吨)}$$

降低焦比意味着炼制每吨生铁所耗焦炭量的减少。焦比变动对生铁单位成本的影响,就是根据焦炭实际消耗量同计划消耗量对比的节约或超支来确定的。

【例7-26】假定某铁厂有关生铁成本资料如表7-32所示。

表7-32　　　　　　　　某铁厂成本资料

项目	单位	单价（元）	计划数		实际数	
			数量	金额（元）	数量	金额（元）
入炉干焦量	千克	0.08*	400 000	32 000	456 000	36 480
合格生铁	吨		1 000	300 000	1 200	348 000
焦比	千克/吨		400	32	380	30.40
生铁单位成本	元/吨		—	300	—	290

注：*假定干焦计划单价80元/吨。举例中,为了简化计算,许多数字都比较小,或用整数,与实际情况可能不同。

实际焦比比计划降低20千克/吨（400-380）,即降低5%。对生铁单位成本的影响为：

(380-400)×0.08 = -20×0.08 = -1.60（元）（节约）

(2) 以机械生产的设备利用率指标为例

①产量变动对产品单位成本的影响：产量变动时,固定费用总额相对不变,因而单位产品成本中的固定费用相应变动。

②设备利用率指标变动对产品单位成本的影响：假定其他条件不变,设备利用率指标的变动将使产量同比例地增加或减少。

【例7-27】假定某企业6月设备利用率实际比计划增加了20%,其他情况不变,产量也相应增加了20%,其他有关的成本资料如表7-33所示。

表7-33　　　　　　产品单位成本分析表　　　　　　金额单位：元

项目	计划			实际			计划完成率（%）		
	产量（件）	总成本	单位成本	产量（件）	总成本	单位成本	产量（件）	总成本	单位成本
变动费用	—	1 200	12	—	1 440	12	—	120	100
固定费用	—	600	6	—	600	5	—	100	83.33
合计	100	1 800	18	120	2 040	17	120	113.33	94.44

从表 7-33 可以看出，在其他条件不变的情况下，设备利用率提高 20% 产量会相应增加 20%，即由 100 件增加到 120 件；同时，变动费用也相应增加 20%，即由 1 200 元增加到 1 440 元，固定费用保持不变，仍为 600 元。这时，总成本为 2 040 元，单位成本为 17 元，单位成本比计划降低了 1 元（17 - 18）。

产量变动对产品单位成本的影响，也可以采用以下公式计算：

$$产量变动影响产品单位成本降低（或升高）百分比 = \left(单位成本中变动费用所占百分比 + \frac{计划单位成本中固定费用所占百分比}{产量计划完成百分比} \times 100\%\right) - 1$$

根据例 7-28 中的资料，如果设备利用率提高 5%，在其他条件不变的情况下，产量也相应提高 5%。则设备利用率提高对产品单位成本的影响为：

$$设备利用率提高影响产品单位成本变动的百分比 = \left(66.67\% + \frac{33.33\%}{105\%} \times 100\%\right) - 1 = -1.59\%$$

（3）以铸造或轧钢生产的成品率指标为例，说明有些技术经济指标的变动不仅直接影响产品总成本，而且通过产量变动间接影响产品单位成本。

成品率是反映原材料投入量与制成合格品数量之间比例关系的一项技术经济指标。成品率的提高意味着同样数量的原材料可以生产出更多的合格品，既降低了单位产品的原材料消耗，又增加了产量。而产量的增加又会降低产品单位成本中的固定费用。因此，成品率指标变动对产品单位成本的影响，应同时从原材料消耗变动和产量变动两个角度分析。

【例 7-28】假定某企业有关成品率指标变动情况如表 7-34 所示。

表 7-34　　　　　　　　成品率变动情况分析表

项目	单位	计划	实际	差异
原材料投入量	吨	300	300	—
产品产量	吨	240	255	+15
成品率	%	80	85	+5
单位产品耗用原材料数量	吨	1.25	1.18	-0.07
单位产品废料回收数量	吨	0.25	0.18	-0.07

其他费用项目支出如下：

（1）单位产品工资计件单价为 8 元。

(2) 扣除原材料和工资以外的其他直接费用与加工原材料数量成正比，每加工 1 吨原材料的其他直接费用为 18 元。

(3) 制造费用计划数为 3 640 元。

下面分别从两个方面确定成品率指标变动对产品单位成本的影响程度。

第一，由于成品率提高，使单位产品原材料消耗降低，从而降低了单位产品成本。为了确定原材料消耗量降低对单位成本的影响，需要计算产品所消耗的原材料净值，即必须从全部原材料费用中扣除废料回收价值。假定每吨原材料价值为 200 元，回收废料每吨估价 40 元，则每吨产品消耗的原材料净值为：

计划原材料净值 = $1.25 \times 200 - 0.25 \times 40 = 240$（元）

实际原材料净值 = $1.18 \times 200 - 0.18 \times 40 = 228.80$（元）

实际比计划降低 11.20（元）

其他直接费用：每增加 1 吨原材料的其他直接费用为 18 元。

计划：$1.25 \times 18 = 22.50$（元）

实际：$1.18 \times 18 = 21.24$（元）

实际比计划降低 1.26（元）

由于成品率提高使原材料消耗降低和原材料消耗降低使直接加工费用减少，共使产品成本降低 12.46 元（11.20 + 1.26）。

第二，由于成品率提高，使产品产量增加，从而降低了产品单位成本中的固定费用。

制造费用中的多数费用项目属于固定费用。由于产量增加，平均每吨产品应负担的制造费用由每吨 15.17 元（3 640/240）降到每吨 14.27 元（3 640/255），下降了 0.90 元。

综合以上计算，由于成品率提高对产品单位成本的影响详见表 7-35。

表 7-35　　　　　　　　产品单位成本分析表　　　　　　金额单位：元

成本项目	计划	实际	差异 金额	%
1. 原材料价值	250	236	-14.00	
减：废料回收价值	10	7.20	-2.80	
原材料净值	240	228.80	-11.20	
2. 生产工人工资	8	8	—	
3. 其他直接费用	22.50	21.24	-1.26	
4. 制造费用	15.17	14.27	-0.90	
产品单位成本	285.67	272.31	-13.36	-4.68

以上我们举例对原材料投入量不变的情况下，成品率指标变动对产品单位成本的影响进行了分析。实际上，在多数情况下，原材料投入量和成品率指标是同时发生变动的。在这种情况下，就需要将二者的变动结合起来加以分析，并分别计算出对产品单位成本的影响程度。

对于各项技术经济指标的分析过程及其计算结果，可以将其作为工作绩效或工作中的差距，向有关车间、部门报告，也可以以预报分析的形式，向有关车间、部门报告，说明各项技术经济指标在挖潜和提高经济效益方面的重要性以及所存在的差距。

【本章小结】

本章介绍了成本费用报表分析的意义；成本费用报表的种类；成本费用报表分析的内容和分析方法。通过本章学习，应重点掌握成本费用报表包括哪些文件；成本费用报表分析的重点内容是什么；分析的基本方法有哪些；各费用报表分析时应注意的问题：可比产品成本降低计划完成情况的分析、主要产品单位成本计划完成情况的分析、管理费用报表的分析、费用报表的阅读与分析、财务费用报表的分析、销售费用报表的分析。

【思考题】

1. 成本报表编制和分析的意义是什么？
2. 成本报表作为对内报表具有哪些特点？
3. 比率分析法和连环替代法在成本报表分析中的作用是什么？
4. 成本报表分析的一般程序是什么？
5. 对成本报表进行分析的重点内容是什么？

【业务练习题】

练习全部产品生产成本计划完成情况分析。

资料

1. 全部产品生产成本表（按产品种类反映）见下表。

全部产品生产成本表（按产品种类反映）　　金额单位：元

产品名称	计量单位	实际产量	单位成本			总成本		
			上年实际平均	本年计划	本年实际	按上年实际平均单位成本计算	按本年计划单位成本计算	本期实际
可比产品合计								
甲	件	30	700	690	680			

续表

产品名称	计量单位	实际产量	单位成本			总成本		
			上年实际平均	本年计划	本年实际	按上年实际平均单位成本计算	按本年计划单位成本计算	本期实际
乙	件	35	900	850	830			
不可比产品								
丙	件	20		400	450			
全部产品								

2. 产值成本率计划数为60元/百元，商品产值本月实际数按现行价格计算为102 000元。

要求：

1. 计算和填列全部产品生产成本表（按产品种类反映）中总成本各栏数字（各种产品和可比、不可比产品合计）。

2. 计算可比产品成本实际降低额和实际降低率。

3. 分析全部产品生产成本计划的完成情况和产值成本率计划的完成情况。

4. 假设可比产品成本降低额1 800元，计划降低率3.75%。计算和填列上表中总成本各栏数字（各种可比、不可比产品及其合计），并分析可比产品成本降低计划的完成情况。